宜兴西溪

南京博物院
宜兴市考古和文物保护中心　编著

文物出版社

图书在版编目（CIP）数据

宜兴西溪／南京博物院，宜兴市考古和文物保护中心编著．--北京：文物出版社，2025.1．--ISBN 978-7-5010-8593-4

Ⅰ. K878.34

中国国家版本馆 CIP 数据核字第 202469308H 号

宜兴西溪

编　　著：南京博物院
　　　　　宜兴市考古和文物保护中心

责任编辑：黄　曲
助理编辑：蔡睿恺
封面设计：程星涛
责任印制：张　丽

出版发行：文物出版社
社　　址：北京市东城区东直门内北小街 2 号楼
邮　　编：100007
网　　址：http：//www.wenwu.com
邮　　箱：wenwu1957@126.com
经　　销：新华书店
印　　刷：宝蕾元仁浩（天津）印刷有限公司
开　　本：889mm×1194mm　1/16
印　　张：21.75　插页：3
版　　次：2025 年 1 月第 1 版
印　　次：2025 年 1 月第 1 次印刷
书　　号：ISBN 978-7-5010-8593-4
定　　价：320.00 元

Xixi Site of Yixing

(With an English Abstract)

by

Nanjing Museum

Yixing Municipal Institute of Archaeology and Cultural Relics Conservation

Cultural Relics Press

《宜兴西溪》编辑委员会

目录

插图目录

插表目录

彩版目录

第一章　概述

第一节　自然环境和历史沿革[*]

一、自然环境

宜兴西溪遗址位于长江下游的江苏省南部、太湖西部的无锡市（地级）下辖宜兴市（县级）（图一）。宜兴东临太湖，北与常州市武进区、金坛区毗连，西与常州市下辖溧阳市接壤，南与安徽省广德市、浙江省长兴县交界，总面积2038.7平方千米。

宜兴位于中纬度亚洲大陆东岸，属北亚热带湿润季风气候。在太阳辐射、大气环流和特定的地理位置、地貌特征的综合作用下，常年季风显著，四季分明，雨量集中，冬冷夏热，春温多变，

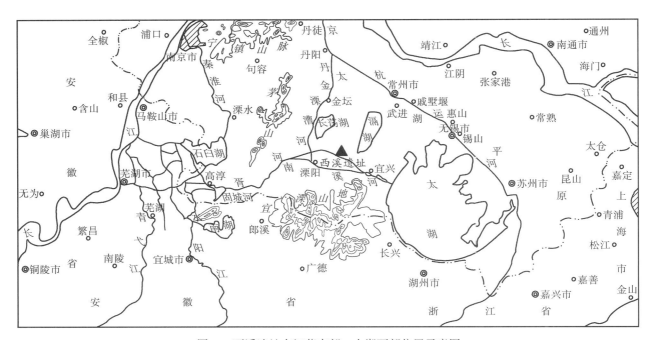

图一　西溪遗址在江苏南部、太湖西部位置示意图

---

[*]　本节内容参考宜兴市地方志编纂委员会：《宜兴市志》，方志出版社，2012年。

秋高气爽，光能充足，热量富裕。气候条件优越，气候资源丰富，自古以来为人类的生产和生活提供了十分有利的条件。

宜兴地处下扬子台褶带，地壳厚度约32千米。基岩出露面积约550平方千米，主要分布于南部，以沉积岩为主。火成岩分布广，规模甚小，面积仅33平方千米。区域内以前震旦系为基底，从奥陶系留下的岩石和构造形迹，演绎了5亿多年的地质历史，经历多次海陆变迁，发展成为现存的低山丘陵、平原谷地、河流湖荡等地貌。

全境地势南高北低，南部、西南部为宜溧低山丘陵地区，面积约681平方千米。山体为黄山—天目山余脉，大致呈东西走向，绵延数十千米。群山中海拔300～600米的29座，最高峰为茗岭主峰黄塔顶，海拔611.5米，是苏南最高峰；著名的有铜官山、离墨山、太华山、龙池山等。山区植被茂密，奇峰竞秀，景色天成。中部以北及东、西部为平原谷地，地势平坦，土壤肥沃，面积约783平方千米，大体划分为太滆平原区、低洼圩区、太湖渎区三大块，是全市粮油主要产区和经济作物生产基地。同时宜兴东临太湖，北嵌滆湖，境内河网纵横交错，湖荡星罗棋布，水域面积约575平方千米。古代中江（古溧水，现大致为胥溪河一线，宜兴境内多称荆溪河，溧阳境内多称南河，溧阳、宜兴境内有时又合称南溪河，高淳境内多称胥河，全线有时称胥溪河）贯穿境内中部低地，向东可达太湖，向西可到长江。

境内矿产资源丰富，主要有石灰石、大理石、陶土、煤、石英砂浆、砂岩等，储量丰富。

二、历史沿革

据历史记载，宜兴古为荆蛮之地。春秋时属吴。周元王四年（前472年）属越，周显王三十六年（前333年）属楚。秦王政二十五年（前222年）属会稽郡（郡治在今苏州），秦始皇二十六年（前221年）改荆邑为阳羡县。东汉顺帝永建四年（129年）置吴郡（郡治在今苏州），阳羡县属吴郡。三国吴宝鼎元年（266年）改属吴兴郡。西晋阳羡人周玘三兴义兵，平定江南地区，朝廷为表彰其功，于晋怀帝永嘉四年（310年）置义兴郡，属扬州，下辖阳羡、国山、临津（以上由原阳羡县分设）、永世、平陵、义乡6县。南朝宋明帝泰始四年（468年），义兴郡属南徐州（今镇江）。南齐武帝永明二年（484年），义兴郡属扬州，后复属南徐州。隋文帝开皇九年（589年），废义兴郡，仍将国山、临津县并入阳羡，并改称义兴县，属常州。唐高祖武德二年（619年），改义兴县为鹅州，下辖阳羡、临津2县；武德七年（624年），改鹅州为南兴州；武德八年（625年），废州，仍改为义兴县，属常州；唐肃宗乾元二年（759年），义兴县属润州（今镇江市）；乾元三年（760年），复属常州。宋太宗太平兴国元年（976年）避赵光义讳，改义兴县为宜兴县，属常州。南宋德祐元年（1275年），改宜兴县为南兴军。元至元十四年（1277年），仍改为宜兴县；至元十五年（1278年），升为宜兴府，属常州路。明洪武二年（1369年），改为宜兴县，属常州府。清初袭明制。清雍正四年（1726年），分为宜兴、荆溪两县，同属常州府。清宣统三年（1911年），宜兴、荆溪县属镇常通海道。

1912年，宜兴、荆溪两县合并，仍称宜兴县。南京临时政府撤道、裁府，存县统管。1914年5月属苏常道。1927年直属江苏省政府。1932年属武进行政区。1934年2月属第一行政督察区（专员公署驻溧阳）。1937年8月属江苏三省第三战区。1939年1月属江苏省江南行署。1941年仍属第一行政督察区（公署先驻溧阳，1948 年 4 月驻丹阳）。

1949 年 4 月，宜兴县属华东军政委员会苏南行政公署武进行政区，6 月改属常州专区。1953
年 1 月属苏州专区。1956 年 2 月属镇江专区。1983 年 3 月，宜兴县属无锡市。1988 年 1 月，国务
院函复江苏省政府，同意撤销宜兴县，设立宜兴市（县级），由无锡市政府领导管理。

第二节　遗址概况和工作经过

一、遗址概况

西溪遗址位于江苏省宜兴市芳庄镇溪东行政村西村自然村，东南距宜兴市区宜城镇约 22 千米
（图二）。处于宜溧低山丘陵和茅山山脉丘陵向太湖平原逐渐过渡临近太湖的平原地带。地理坐标
为北纬 31°26′447″，东经 119°35′815″，海拔约 5 米。1983 年文物普查时发现大量蚬蚌螺蛳壳和陶

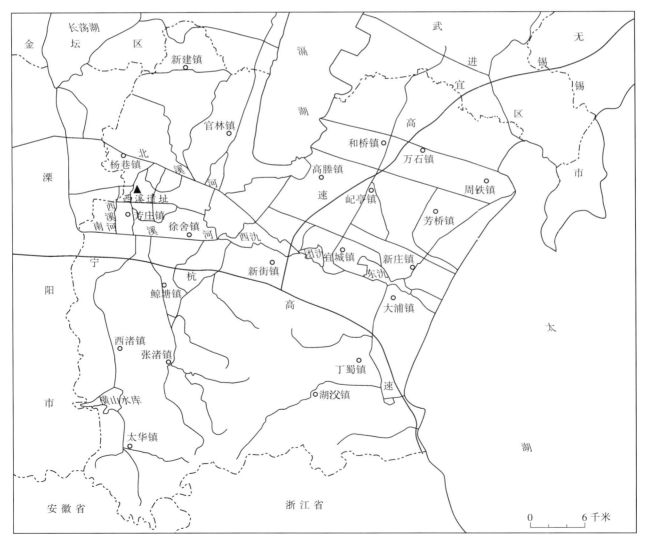

图二　西溪遗址在宜兴市位置图

片、石器、红烧土以及动物骨骼等。1985 年 1 月由宜兴县人民政府公布为县级文物保护单位
（1988 年为宜兴市文物保护单位）。当时的基本认识为："西溪遗址位于宜兴市芳庄镇西溪村西，
为一高出四周地平面约 1—2 米的大型土墩，平面略近方形，面积约 1.8 万平方米。曾出土陶鼎、
陶壶、陶罐等残器，以及斧、锛、镞等石器，还出土有穿孔鹿角器，并发现有红烧土遗迹。根据
出土遗物，表明此处为新石器时代遗址，属崧泽、良渚文化类型。是宜兴目前所知保存较好、规
模较大的新石器遗址。"（彩版一）2002 年由江苏省公布为省级文物保护单位。

　　遗址现为平原地带高出四周地面约 1 米的长条形台地，西高东低，东西长约 350 米，南北宽
约 150 米，面积 5 万多平方米。西部保存相对完好，东部基本压在现代村落之下。遗址周围地势
低平的农田可能为古代居民的一般性活动区，面积可达 10 万 ~ 15 万平方米。西北部和西南部分别
被两条小河环绕，交汇合流形成较大水面，进入西溪河后，再汇入宜兴境内的南溪河，构成太湖
水系的有机组合部分，也成为古代先民对外交流联系广大地域的便利通道（图三；彩版二）。

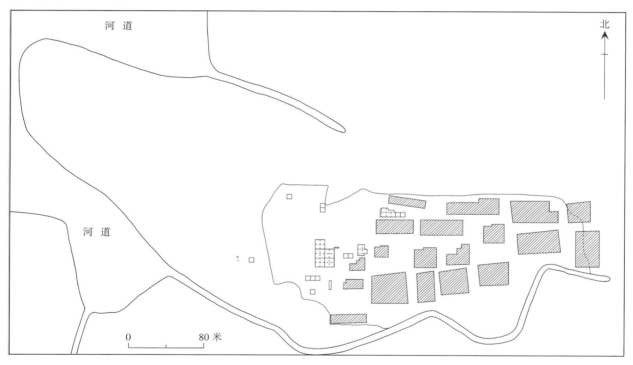

图三　西溪遗址平面图

二、工作经过

　　自从 1959 年马家浜遗址发掘①和 1977 年夏鼐先生正式定名马家浜文化②以来，江、浙、沪的
考古工作者在太湖流域围绕着马家浜文化开展了一系列工作。然而大量的考古发掘相对集中于环
太湖东部地区，环太湖西部地区特别是太湖正西部的宜兴在整个 20 世纪基本处于空白，影响了整
个太湖流域史前考古工作的平衡进展和深入研究。2000 年以来，南京博物院提出了环太湖西部马

① 浙江省文物管理委员会：《浙江嘉兴马家浜新石器时代遗址的发掘》，《考古》1961 年第 7 期。
② 夏鼐：《碳 – 14 测定年代和中国史前考古学》，《考古》1977 年第 4 期。

家浜文化研究课题的设想，在此基础上先后发掘了江阴祁头山[1]、锡山彭祖墩[2]、宜兴骆驼墩[3]等马家浜时期遗址。为了全面了解太湖西部马家浜时期的考古学文化整体面貌，建立完整的新石器时代文化序列，丰富完善太湖西部核心区的文化特征，确定太湖文化区和宁镇文化区的文化分界，动态地把握环太湖流域马家浜时期的文化变迁过程，2002 年至 2004 年经国家文物局批准，对宜兴西溪遗址进行了试掘和两次主动性科学发掘（图四）。

2002 年 5 月，南京博物院、宜兴市文物管理委员会办公室联合组成考古队对遗址进行了试掘。试掘地点位于遗址西部，开 2 米 × 5 米的探沟一条（编号 T1），试掘面积 10 平方米。参加试掘人员有田名利、徐建清、周恒明、张浩林等[4]。

2003 年 5 月至 7 月，南京博物院、宜兴市文物管理委员会办公室联合组成考古队对遗址进行了全面钻探和第一次正式发掘。遗址布方是在遗址西南角确定永久性坐标基点，采用第一象限法，每隔 5 米按正方向统一编号布方。遗址发掘区域主要集中在西部，发掘过程中根据实际情况往往将 4 个 5 米 × 5 米的探方合成 1 个 10 米 × 10 米的探方，并以西南角探方号作为代表进行编号，如 T2221、T2222、T2321、T2322 称为 T2221 等四方；也有在发掘中为了扩方以其中一个探方号作为局部发掘区的代表，如 T3220、T3120、T3121 称为 T3220 等方，T3628、T3629、T3728、T3828 称为 T3628 等方；还包括 T3928、T4028、T2819、T2919、T1632 等。部分探方为保留层面现场未发掘到生土面（如 T3628 等方）。发掘面积 461.75 平方米。参加发掘人员有田名利（领队）、周润垦、徐建清、周恒明、张浩林等。

2003 年 9 月至 2004 年 1 月，南京博物院、宜兴市文物管理委员会办公室（2022 年 8 月 18 日改为宜兴市考古和文物保护中心）联合组成考古队对遗址进行了第二次正式发掘，南京大学历史系考古专业实习师生参加了本次发掘。布方沿用第一次发掘布方规格，发掘过程中根据实际情况往往将 4 个 5 米 × 5 米的探方合成 1 个 10 米 × 10 米的探方，并以西南角探方号作为代表进行编号，如 T2219、T2220、T2319、T2320 称为 T2219 等四方，T2217、T2218、T2317、T2318 称为 T2217 等四方，T2417、T2418、T2517、T2518 称为 T2417 等四方，T2419、T2420、T2519、T2520 称为 T2419 等四方；还包括 T2014、T2114、T2214、T0818、T2329、T2330、T2111、TG1 等。发掘面积 595 平方米。T2219 等四方、T2217 等四方、T2417 等四方、T2419 等四方与第一次发掘的 T2221 等四方共同构成了主发掘区。参加发掘人员有田名利（领队）、周润垦、徐建清、周恒明等。时南京大学历史系考古专业张学锋教授、黄建秋教授带领实习学生彭辉、张海军、王蒙、董淑燕、程绍栋、崔世平、万娇、于丽、田梦等参与了第二次发掘。

试掘和两次发掘累计发掘总面积 1066.75 平方米，发现了新石器时代马家浜时期灰坑 109 个、灰沟 3 条、相关房址 16 座和大面积多层次建筑遗存、墓葬 4 座、祭祀遗迹 1 处，良渚时期墓葬 1

[1] 南京博物院、无锡市博物馆、江阴博物馆：《祁头山》，文物出版社，2007 年。
[2] 南京博物院、无锡市博物馆、锡山区文物管理委员会：《江苏无锡锡山彭祖墩遗址发掘报告》，《考古学报》2006 年第 4 期。
[3] 林留根、田名利、徐建清：《环太湖流域史前考古新突破——宜兴骆驼墩遗址发掘》，《中国文物报》2002 年 8 月 30 日第 1 版。林留根、田名利、徐建清等：《江苏宜兴骆驼墩遗址》，《2002 中国重要考古发现》，文物出版社，2003 年。南京博物院考古研究所：《江苏宜兴市骆驼墩新石器时代遗址的发掘》，《考古》2003 年第 7 期。南京博物院、宜兴市文物管理委员会：《江苏宜兴骆驼墩遗址发掘报告》，《东南文化》2009 年第 5 期。
[4] 南京博物院、宜兴市文物管理委员会：《宜兴西溪遗址试掘简报》，《东南文化》2002 年第 11 期。

图四　西溪遗址西部主发掘区布方图

座、灰坑 2 个，商周时期灰坑 2 个，唐宋时期墓葬 3 座。

第三节　室内整理和报告编写

2004 年 1 月至 2004 年 8 月进入室内统计、拼对、修复、绘图、摄影等初步整理阶段，参加人员有田名利、徐建清、周润垦、盛之翰、赵东升、陈刚等，齐军、周贵龙参与了绘图和描图，器物修复由周恒明完成，纹饰拓片由齐军完成。为了尽可能地收集提取遗址中人类和与人类活动相关遗存及其所蕴含的各类信息，对西溪遗址出土的动物骨骼、蚬蚌螺蛳壳、孢粉土样等进行了鉴定和研究。其中动物骨骼由山东大学考古学院宋艳波博士、蚬蚌螺蛳壳由中国科学院南京地质古生物研究所黄宝玉研究员等、孢粉土样由南京大学地理与海洋科学学院汪程鹏和马春梅博士等进行了鉴定和研究；碳 – 14 标本由北京大学加速器质谱与第四纪年代测定实验室测试。后因领队工作调整，报告整理暂停了较长时间。2022 年 10 月重新启动报告编写进程，直至报告初稿完成。徐建清、彭辉、齐军、胡颖芳、赵永正、蒋苏荣、蔡述亮等均参与了工作，并给予报告编写大力支持和帮助。

第二章　遗址堆积

　　西溪遗址属平原地区的长条形台地慢坡形遗址，西部高出四周农田地面 1 米左右，西高东低，面积 5 万多平方米。经钻探，文化层平均厚度在 1.5 ~ 1.8 米左右，为古代居民的密集性活动区，西部略厚，东部渐薄，逐渐过渡到无文化层分布。发掘主要集中于西部，为生活居住区，基本保存完好，南缘有零星的婴幼儿墓葬；东部被现代村庄密集占压，可能为死亡埋葬区，无法发掘。另在西部台地以下的农田中发掘 T0818，有相对贫乏的文化堆积，面积 25 平方米。

　　发掘区域内各探方堆积并不完全相同，相连探方尽可能进行了地层统一，不相连探方根据出土遗物进行了统一分期。现以 T2217 等四方、T2219 等四方、T2221 等四方西壁，T2819、T2919 北壁，T3928、T4028 北壁，T3220 等方北壁，T1632 北壁，TG1 东壁，T0818 东壁为例介绍地层堆积状况。

一、T2217 等四方、T2219 等四方、T2221 等四方西壁地层堆积 （图五）

　　第①层，耕土层，深灰色土，土质疏松。厚 0.15 ~ 0.47 米。包含物有砖头、瓷片、陶片、蚬蚌螺蛳壳、红烧土等。该层下有一现代坑以及 H93 和 D19、D37 ~ D40 等柱洞，F1 红烧土堆积开始出露。

　　第②层，可分为②a、②b、②c、②d 等亚层。

　　②a 层为黑褐色土层，土质稍紧，含有少量红烧土颗粒及蚬蚌螺蛳壳。深 0.23 ~ 0.25 米，厚 0 ~ 0.3 米。分布于 T2217 等四方局部。出土物中夹蚌红陶和褐陶、夹砂红陶和褐陶、泥质灰陶和红陶占了绝大多数。纹饰有镂孔、凸棱、捺窝、刻划、锯齿、弦纹等。器形有陶鼎、罐、盆、豆、钵、缸、杯、纺轮和石锛等，为良渚时期堆积层。

　　②b 层为蚬蚌螺蛳壳类堆积层，夹有少量黑褐色泥土和较为破碎的陶片。深 0.15 ~ 0.52 米，厚 0 ~ 0.5 米。堆积较为紧密，主要分布于 T2217 等四方及 T2219 等四方内。出土有少量陶片，以夹粗蚌末的红陶、褐陶为主，其次为泥质红陶等。纹饰有弦纹、镂孔、凸棱、按捺纹、刺点纹、附加堆纹等。器形有陶鼎、罐、豆、缸、甑、钵、盆、炉箅等。该层下有局部的红烧土和灰土夹层等。②b 层及以下均为马家浜时期堆积。

　　②c 层为黄土层，质地疏松。②d 层为蚬蚌螺蛳壳类堆积层。此二层均未进入西剖面，局部分布于 T2217 等四方及 T2219 等四方内。

　　第③层，蚬蚌螺蛳壳类堆积层。未进入西剖面，局部分布于 T2221 等四方。

图五　T2217 等四方，T2219 等四方，T2221 等四方西壁地层堆积

第④层，分为④a、④b 等亚层。

④a 层为黄灰色土层，土质较硬，夹有少量的红烧土颗粒。深 0.4~0.75 米，厚 0~0.4 米。分布于 T2219 等四方及 T2221 等四方局部。出土陶片以夹蚌红陶、褐陶为主，其次为泥质红衣陶、红陶和夹砂红陶等。纹饰有镂孔、花边、捺窝、双绞丝堆纹、圈点、弦纹等。器形有陶鼎、釜、罐、豆、炉箅和石锛、石凿、石纺轮、骨镞、骨锥、骨针等。

④b 层为蚬蚌螺蛳壳堆积层，堆积紧密，夹有少量泥土和红烧土颗粒。深 0.4~0.45 米，厚 0~0.3 米。出土有少量陶片，以夹粗蚌末的红陶、褐陶为多，其次为泥质红衣陶、红陶等。纹饰有捺窝、附加堆纹、凸棱等。器形有陶鼎、罐、豆、钵等。

第⑤层，分为⑤a、⑤b、⑤c 等亚层。

⑤a 层为蚬蚌螺蛳壳堆积层，局部堆积形成一层蚬蚌螺蛳壳一层泥土的夹层，堆积相对较为疏松。深 0.65~0.75 米，厚 0~0.5 米。出土少量陶片，以夹蚌红陶、褐陶为主，其次为泥质红衣陶等。纹饰有镂孔、凸棱、弦纹、指捺纹等。器形有陶鼎、釜、罐、盆、盉、钵、缸、蒸箅、器盖、炉箅等。该层下有柱洞 D1。

⑤b 层为黄灰色土层，夹有少量的红烧土颗粒，土质较硬。深 0.7~0.95 米，厚 0~0.7 米。出土陶片以夹蚌红陶、褐陶为主，其次为泥质红衣陶、夹蚌红衣陶等。纹饰有镂孔、花边、捺窝、圈点、弦纹等。器形有陶鼎、釜、盉、罐、豆、甑、钵、网坠、纺轮和石纺轮、骨镞、鹿角等。该层下有零星柱洞 D4、D24~D26 等。

⑤c 层为蚬蚌螺蛳壳类堆积层，堆积较紧密，夹有少量泥土和红烧土。深 0.9~1.05 米，厚 0~0.23 米。出土有零星陶片。该层下有柱洞 D23。

第⑥层可分为⑥a、⑥b 两亚层。

⑥a 层为蚬蚌螺蛳壳堆积层，堆积较为疏松，局部堆积形成一层蚬壳一层泥土的夹层。深 1~1.2 米，厚 0~0.48 米。出土少量陶片，以夹蚌红陶、褐陶为主，其次为泥质红衣陶等。纹饰有捺窝、附加堆纹、凸棱、弦纹等。器形有陶鼎、罐、盆、釜、盉、三足钵、炉箅等。该层下有 H102 和柱洞 D77~D83 等。

⑥b 层为蚬蚌螺蛳壳堆积层，堆积较为疏松，局部堆积形成一层蚬壳夹一层泥土的夹层。深 1.2~1.5 米，厚 0~0.3 米。出土少量陶片，以夹蚌红陶、红衣陶为主。纹饰有捺窝、附加堆纹、凸棱、镂孔等。器形有陶鼎、罐、盆、釜、盉、三足钵、炉箅等。该层下有柱洞 D3。

④a~⑥b 层分布在主发掘区，均为局部不连续分布。

第⑦层，灰土层，夹有少量的红烧土颗粒，砂性强，较疏松。深 1.15~1.65 米，厚 0.2~0.52 米。遍布发掘区。出土陶片以夹细蚌末红陶、红衣陶、黑衣陶为主。纹饰有镂孔、锯齿纹、凸棱等。器形有陶釜、豆、钵、罐、甑、器盖等。该层下有 H112、H120、H122 以及数量较多的柱洞。

第⑧层，灰黄色土，夹有少量红烧土颗粒，砂性大，土质稍松。深 1.6~1.8 米，厚 0.3~0.65 米。堆积遍布发掘区。出土陶片以夹细蚌末红陶、红衣陶为主，黑衣陶次之。纹饰有锯齿纹、凸棱、按捺、弦纹等。可辨器形有陶釜、豆、罐、盆、盖等。该层下有 H28、H29、G3 以及零星柱洞等。

第⑨层，花白色土，夹有少量的铁、锰结核，土质较为致密，砂性强，土质较纯净。深 1.95～2.35 米，厚 0.1～0.45 米。仅有零星陶片出土，接近次生土。

第⑨层下为灰褐色生土，土质致密坚硬，纯净无出土物。

二、T2819、T2919 北壁地层堆积（图六）

第①层，耕土层，深灰色土，质地疏松。厚 0.1～0.2 米。含杂质较多，包含物有砖头、瓷片、陶片、螺蛳贝壳、红烧土等。该层下有一现代坑和 F2 及其柱洞。

第②层，灰褐色土层，含有少量红烧土颗粒及螺蛳蚌壳，土质稍硬，结构稍紧。深 0.1～0.2 米，厚 0～0.25 米。分布于发掘区的东部。出土陶片以夹砂和夹蚌末的红陶、黑陶为主，其次为泥质红陶等。纹饰有镂孔、凸棱、捺窝、附加堆贴指捺纹、弦纹等。器形有陶鼎、罐、盆、豆、钵、炉箅等。其形成可能与 F2 的房址垫土有关。

第③层，为蚬蚌螺蛳壳类堆积层，夹有少量泥土和红烧土，堆积较为致密，结合较为紧密。深 0.55～0.7 米，厚 0～0.5 米。除探方东北角及东南角外遍布全方。出土有少量陶片，以夹粗蚌末和夹砂的红陶为主，其次为夹粗蚌末和夹砂的褐陶、红衣陶和泥质红衣陶、红陶、黑陶等。纹饰有刻划纹、捺窝、附加堆贴指捺纹、锯齿纹、弦纹等。器形有陶鼎、釜、罐、豆、钵、盆、炉箅等。

第④层，灰黄色土层，夹有较多的红烧土颗粒及蚬蚌螺蛳壳，土质较硬。深 0.18～0.45 米，厚 0～0.5 米。分布于探方东北角。出土陶片以夹粗蚌末和夹砂的红陶为主，其次为夹粗蚌末和夹砂的褐陶、红衣陶和泥质红衣陶、红陶等。纹饰有镂孔、凸棱、附加堆贴指捺纹、弦纹等。器形有鼎、釜、罐、盆、豆、钵、炉箅、炉等。

第⑤层，黄土层，夹有少量的红烧土颗粒及蚬蚌螺蛳壳等，土质较硬。深 0.65～0.83 米，厚 0～0.3 米。分布于两探方中部。出土陶片以夹粗蚌末和夹砂的红陶为主，其次为夹粗蚌末和夹砂的褐陶、黑陶和泥质红衣陶、红陶等。纹饰有指窝纹、刻划纹等。器形有陶罐、盆、豆等。

第⑥层，为蚬蚌螺蛳壳类堆积层，夹有少量泥土和红烧土，堆积较为致密，结合较为紧密。深 0.45～0.95 米，厚 0～0.7 米。除探方中部外遍布全方。出土有少量陶片，以夹粗蚌末和夹砂的红陶、褐陶、红衣陶为主，其次为泥质红衣陶、红陶等。纹饰有捺窝、附加堆纹、凸棱等。器形有陶鼎、罐、豆、钵等。

第⑦层，灰土层，夹有少量的红烧土颗粒，砂性强，较疏松。深 1～1.15 米，厚 0.25～0.4 米。遍布发掘区。出土陶片以夹细蚌末的红陶为主，其次为红衣陶、黑衣陶等。纹饰有镂孔、凸棱等。器形有陶釜、豆、盆、钵、罐、盉等。该层下有 H9。

第⑧层，灰黄色土，夹有少量红烧土颗粒，砂性大，土质稍松。深 1.4～1.45 米，厚 0.35～0.5 米。遍布发掘区。出土陶片以夹细蚌末的红陶、红衣陶为主，黑衣陶、褐陶次之。纹饰有锯齿纹、弦纹等。器形有陶釜、豆、盉、罐、盆、盖等。

第⑨层，花白色土层，夹有少量的铁、锰结核，土质较为致密，砂性强，土质较纯净。深 1.8～1.85 米，厚 0.26～0.4 米。接近次生土。

第⑨层下为灰褐色生土，土质致密坚硬，纯净无出土物。

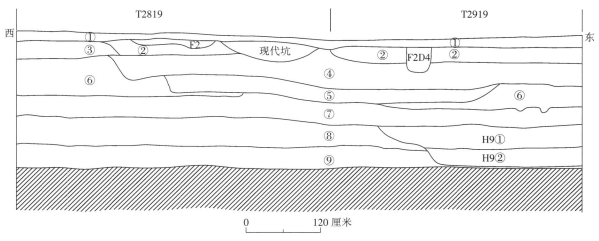

图六　T2819、T2919 北壁地层堆积

三、T3928、T4028 北壁地层堆积（图七）

第①层，耕土层，灰黑色土，质地疏松。厚 0.1 ~ 0.18 米。含近现代瓷片、铁钉及红烧土块、砖瓦块等。

第②层，蚬蚌螺蛳壳类堆积，夹杂有少量泥土及红烧土颗粒。深 0.1 ~ 0.18 米，厚 0.23 ~ 0.7 米。出土物以夹蚌红陶为主，其次为夹蚌红衣陶、褐陶，偶见泥质陶。器形有陶鼎、釜、罐、豆等。

第③层，灰土层，土质疏松。深 0.4 ~ 0.7 米，厚 0.15 ~ 0.3 米。堆积遍布全方。出土陶片较少，以夹蚌红衣陶为主，其次为夹蚌红陶，见有少量夹蚌黑衣陶及褐陶。器形有陶釜、罐等。该层下有 H5。

第④层，灰黄色土层，土质较软，夹杂有红烧土块、草木灰。深 0.7 ~ 0.85 米，厚 0.4 ~ 0.65 米。遍布全方。出土陶片以夹蚌红衣陶为主，其次为夹蚌红陶，另有少量夹蚌褐陶及黑衣陶。器形有陶釜、豆、盉、缸等。该层下有 H11。

第⑤层，灰绿色土层，土质细腻、略偏硬。深 1.15 ~ 1.35 米，厚 0 ~ 0.3 米。除东北角外，其余地方均有分布。未见出土物。

第⑥层，灰绿色土层，夹细小褐斑，土质细腻、略偏硬。深 1.4 ~ 1.58 米，厚 0 ~ 0.15 米。局

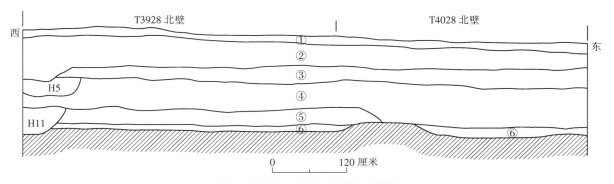

图七　T3928、T4028 北壁地层堆积

部缺失。未见出土物，接近次生土。

第⑥层下为灰褐色生土，土质紧密较硬，纯净无出土物。

四、T3121 北壁、T3220 北扩方北壁地层堆积（图八）

第①层，耕土层，深灰色土，质地疏松。厚 0.2～0.25 米。含杂质较多，包含物有砖头、瓷片、陶片、螺蛳壳、红烧土等。该层下有 H8 和 D1。

第②层，可分为②a、②b 亚层。

②a 层为蚬蚌螺蛳壳类堆积层，含有少量泥土，堆积较为致密。深 0.2～0.25 米，厚 0～0.15 米。局部分布于探方南部。未见出土物。

②b 层为蚬蚌螺蛳壳类堆积层，夹有少量泥土和红烧土，堆积较为致密。深 0.2～0.35 米，厚 0～0.35 米。分布在探方西北部。出土陶片以夹粗砂和夹粗蚌末的红陶、褐陶为主，其次为夹砂和夹粗蚌末的红衣陶、黑陶，泥质红衣陶、红陶、黑陶、灰陶、黑衣陶等。纹饰有镂孔、凸棱、捺窝、附加堆贴指捺纹、锯齿纹、弦纹等。器形有陶鼎、罐、盆、豆、钵、缸、炉箅等。

第③层，灰黄色土层，土质致密，砂性强。深 0.55～0.7 米，厚 0～0.5 米。主要分布于发掘区西南部。出土陶片以夹粗砂和夹粗蚌末的红陶、褐陶为主，其次为夹砂和夹粗蚌末的红衣陶、黑衣陶、黑陶、白陶和泥质红衣陶、红陶、灰陶等。纹饰有镂孔、凸棱、捺窝、附加堆贴指捺纹、锯齿纹、弦纹等。器形有陶鼎、罐、盆、豆、钵、盉、炉箅等。其形成可能与房屋基址下垫土有关。

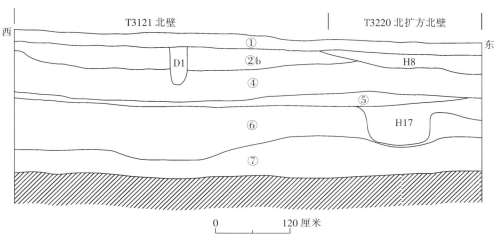

图八 T3121 北壁、T3220 北扩方北壁地层堆积

第④层，为蚬蚌螺蛳壳类堆积层，夹有少量泥土和红烧土，堆积较为致密。深 0.35～0.6 米，厚 0.45～0.7 米。遍布全方。出土陶片以夹粗蚌末和夹砂的红陶、灰陶为主，其次为夹粗蚌末和夹砂的黑陶、黑衣陶、红衣陶和泥质红衣陶、红陶、黑陶、灰陶等。纹饰有镂孔、凸棱、捺窝、附加堆贴指捺纹、锯齿纹、弦纹等。器形有陶鼎、罐、盆、豆、钵、缸、炉箅等。

第⑤层，灰土层，夹有少量红烧土颗粒，砂性强，较疏松。深 0.8～1.15 米，厚 0～0.28 米。出土陶片以夹细蚌末的红陶、红衣陶为主，有少量的黑衣陶和褐陶等。纹饰有镂孔、锯齿纹、弦纹等。器形有陶釜、罐、盆、豆、盉等。该层下有 H17。

第⑥层，黄灰色土层，夹有少量红烧土颗粒，土质稍松，砂性强。深 0.9 ~ 1.2 米，厚 0.3 ~ 0.9 米。出土陶片以夹细蚌末的红陶、红衣陶为主，黑衣陶、褐陶次之。纹饰有锯齿纹、弦纹等。器形有陶釜、豆、盉、罐、盆、器盖等。

第⑦层，花白色土层，夹有少量的铁、锰结核，土质较为致密，砂性强，土质较纯净。深 1.6 ~ 2.1 米，厚 0.35 ~ 0.7 米。接近次生土。

第⑦层下为灰褐色生土，土质致密坚硬，纯净无出土物。

五、T1632 北壁地层堆积（图九）

第①层，耕土层，灰黑色土，土质疏松。厚 0.3 ~ 0.4 米。含近现代瓷片、瓦片、铁钉及红烧土块等。

第②层，灰黑色黏土，夹杂有较多红烧土颗粒和少量螺蚌壳，土质较硬。深 0.3 ~ 0.4 米，厚 0.4 ~ 0.45 米。出土陶片以夹蚌红陶为主，其次为夹蚌红衣陶、黑衣陶等。器形有陶釜、罐、豆、盆等。该层下有 G1。

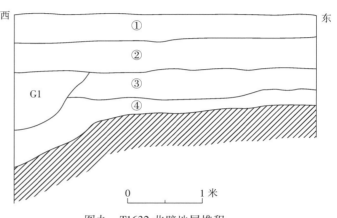

图九　T1632 北壁地层堆积

第③层，黑色黏土层，夹杂少量红烧土颗粒，土质较硬。深 0.75 ~ 0.8 米，厚 0.3 ~ 0.4 米。出土陶片以夹蚌红衣陶为主，其次为夹蚌红陶，偶见夹蚌黑衣陶及褐陶。器形有陶釜、豆、罐、盆、甗等。

第④层，灰黄色土层，土质松软。深 1.05 ~ 1.15 米，厚 0.15 ~ 0.6 米。该层东高西低呈斜坡状。出土陶片以夹蚌红衣陶为主，其次为夹蚌红陶，另有少量夹蚌黑衣陶。器形有陶釜、罐、盆等。

第④层下为深灰色生土，致密坚硬，纯净无包含物。

六、TG1 东壁地层堆积（图一○）

第①层，分为①a、①b 亚层。

①a 层为耕土层，灰黑色土，土质疏松。厚 0.1 ~ 0.25 米。含近现代瓷片、铁钉及红烧土块等。

①b 层为灰褐色土，土质疏松。深 0.1 ~ 0.25 米，厚 0.3 ~ 0.55 米。夹杂有瓷片及瓦片。

第②层，灰黑色土，夹杂有少量红烧土颗粒，土质较硬。深 0.1 ~ 0.65 米，厚 0 ~ 0.7 米。出土物以夹蚌陶为主，夹砂陶次之，泥质陶较少。夹蚌陶中以夹蚌红陶为主，其次为夹蚌红衣陶及夹蚌黑衣陶、褐陶。器形有陶鼎、罐、豆等。

第③层，为蚬蚌螺蛳壳类堆积层，结构较紧密，深 0.75 ~ 0.85 米，厚 0 ~ 0.3 米。出土陶片以夹蚌红陶为主，其次为夹蚌红衣陶，偶见夹蚌黑衣陶及褐陶。器形有陶鼎、釜、豆等。

第④层，黑色土，土质疏松，内夹杂有红烧土块、草木灰。深 0.4 ~ 1 米，厚 0.8 ~ 1.05 米。

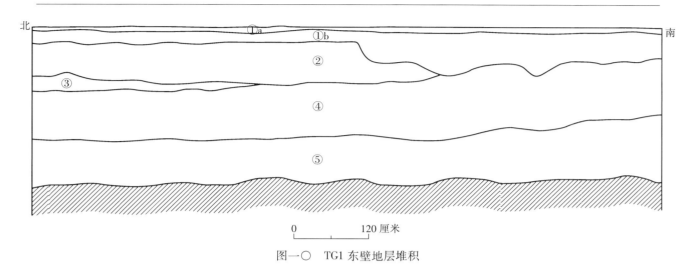

图一〇　TG1 东壁地层堆积

出土陶片以夹蚌红衣陶为主，其次为夹蚌红陶，另有少量夹蚌褐陶。器形有陶釜、罐、豆、盉、甑、缸等。

第⑤层，为黑土内夹黄土，土质疏松。深 1.35～1.8 米，厚 0.75～1.05 米。出土陶片以夹蚌红衣陶为主，其次为夹蚌红陶，另有少量夹蚌黑衣陶及夹蚌褐陶。器形有陶釜、豆、盉、甑、罐等。

第⑤层下为灰褐色生土，结构致密坚硬，纯净无包含物。

七、T0818 东壁地层堆积（图一一）

第①层，耕土层，灰色黏土，土质疏松。厚 0.25～0.3 米。含少量砖块、瓷片等近现代遗物。

第②层，灰色黏土层，土质细密。深 0.25～0.3 米，厚 0.5～0.55 米。见有宋元青瓷残片、韩瓶残片等，属宋元时期形成的文化堆积。

第③层，黑色黏土层，土质细密。深 1～1.1 米，厚 0.2～0.3 米。见有少量陶片，以夹砂、泥质居多，偶有夹蚌，主要属红陶系，见有个别鱼鳍形鼎足。结合遗物少、地势低、土质黏等情况，推测与良渚时期农业耕作有关。

第④层，灰黑色黏土，土质细密。深 1.3～1.4 米，厚 0.25～0.35 米。出土遗物较少，少量陶片以夹砂红陶为主，有少量泥质红陶，偶见夹蚌类红陶，见有个别鱼鳍形鼎足，推测与良渚时期

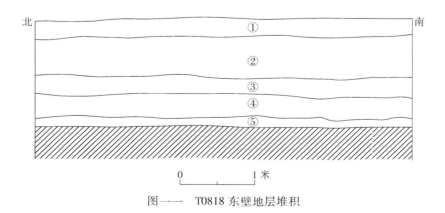

图一一　T0818 东壁地层堆积

农业耕作有关。

　　第⑤层，灰绿色黏土，土质硬而紧密。深 1.5 米，厚 0.1 ~ 0.15 米。不见人工遗物，属次生土，为自然力作用而形成。

　　第⑤层下为黄色生土，带褐斑，土质较硬。深 1.5 米以下，属自然力作用下形成的生土层。

　　通过对遗址地层堆积和文化遗存的初步整理和分析研究得知，西溪遗址的主体遗存是新石器时代马家浜时期的文化堆积及遗存，同时还有不同时期的局部文化堆积和遗存，如良渚时期的 1 座墓葬、2 个灰坑和局部零星地层等，商周时期的 2 个灰坑，唐宋时期的 3 座墓葬等①。

---

①　田名利、谈国华、徐建清等：《江苏宜兴西溪遗址发掘取得重要成果》，《中国文物报》2004 年 10 月 22 日第 1 版。田名利、谈国华、徐建清等：《江苏宜兴西溪遗址发掘纪要》，《东南文化》2009 年第 5 期。

第三章 马家浜时期遗存

西溪遗址的主体遗存是马家浜时期的文化堆积，在遗址中西部都有分布。根据发掘区特别是主发掘区地层的叠压、打破关系和堆积的早晚形成序列，从第⑨层至第②b层，平均地层厚度约在1.6~2.4米，发现清理了新石器时代马家浜时期灰坑109个、灰沟3条、相关房址16座和大面积多层次建筑遗存，南缘有零星的婴幼儿墓葬4座、祭祀遗迹1处，应为古代居民的密集性活动区。东部可能为死亡埋葬区，因现代村庄密集占压，无法发掘。由于发掘面积有限，仅为遗址总面积的2%左右，对了解遗址聚落的整体布局还有一定的局限性。

第一节 遗迹

一、灰坑

共109个，分布于发掘区各探方，尤以主发掘区分布较为密集。根据坑口形状，分为圆形或近圆形、椭圆形或近椭圆形、近圆角方形、圆角长方形、不规则形等五类（附表一）。

（一）圆形或近圆形灰坑

H29

位于T2221等四方西北部，局部伸入探方外。开口于⑧层下，打破⑨层。圆形，斜壁，底不平。直径1.04米，深0.3米。填土为散状红烧土，夹有黄花土，土质较硬。出土有陶釜等（图一二）。

H105

位于T2219等四方东南部。开口于⑦层下，打破⑧层。圆形，直壁，平底。直径0.8米，深0.35米。填土可分两层：①层为灰黑色土，含有较多炭灰颗粒，土质松软，陶片较多，厚0.26米；②层为黑色炭灰颗粒土，较纯，细腻，土质松软，含有石块及骨头，厚0.09米。出土有陶釜、豆等（图一三；彩版三，1）。

H106

位于T2219等四方西南部。开口于⑦层下，打破⑧层。近圆形，斜壁，平底。直径1.58米，深0.28米。填土可分两层：①层为灰黑色粉质土，土质松软，陶片较多，厚0.28米；②层为黑色颗粒土，含蚬蚌壳较多，并含有石块、骨头，土质较硬，厚0.28米。出土有陶釜、罐、匜、钵等（图一四；彩版三，2）。

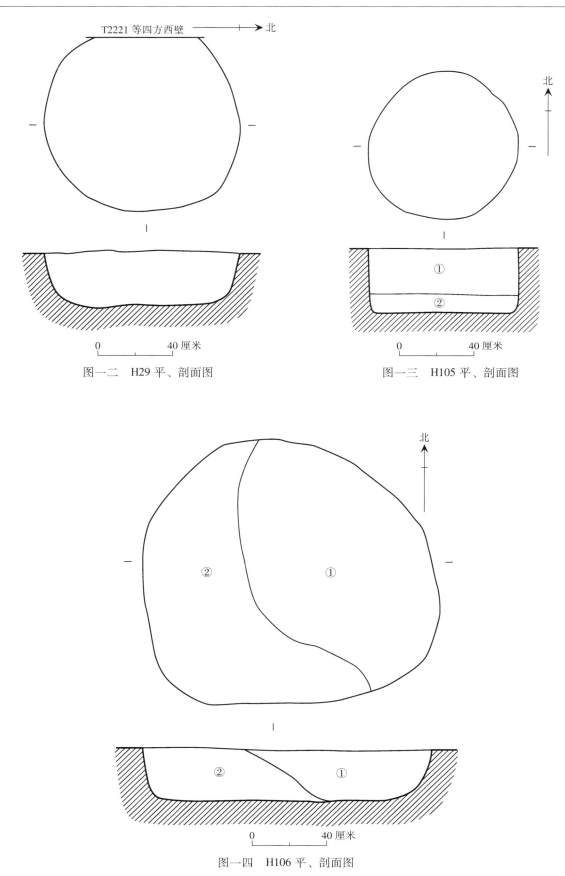

图一二　H29 平、剖面图

图一三　H105 平、剖面图

图一四　H106 平、剖面图

（二）椭圆形或近椭圆形灰坑

H15

位于 T3220 西南部。开口于⑤层下，被④层下 H14 局部打破，打破⑥层。近椭圆形，四壁不够规则，底不甚平。长径 2 米，短径 1.3 米，深 0.94 米。灰黑色填土，土质较为松软。出土有少量陶片，器形有陶鼎、釜、豆、盉、罐、钵等（图一五）。

H17

位于 T3220 东北角，伸出探方外。开口于⑤层下，被一柱洞打破，打破⑥层。清理部分近半椭圆形，壁较直，台阶状底。残长径 4.1 米，短径 3.54 米，深 0.6 米。坑内填充物为大量红烧土块和红烧土粒，夹有少量灰烬及泥土混合，土质较硬。出土陶片数量较多，器形有陶釜、罐、豆、盉、钵、甗箅、支座、器盖等（图一六；彩版四，1）。

H23

位于 T2221 等四方东部，伸出探方外。开口于⑦层下，打破⑧层。半椭圆形，斜壁，平底。残长径 1.05 米，短径 1.65 米，深 0.4 米。填灰黑色土夹黄土块、炭灰，土质松软。坑底出土 1 件陶釜，还出土一些陶片，器形有陶罐等（图一七）。

H26

位于 T2221 等四方中部。开口于⑧层下，被 H25 打破，打破⑨层。椭圆形，近直壁，平底。残长径 1.14 米，短径 0.9 米，深 0.28 米。填黄灰色土夹红烧土颗粒，土质稍软。出土物有陶釜、匜等（图一八）。

H50

位于 T2014 东部。开口于②g 层下，打破③层。近椭圆形，斜壁，圜底。长径 0.98 米，短径 0.8 米，深 0.76 米。填充物为大量蚬螺壳夹少量灰土，土质相对比较疏松。出土物有陶鼎、匜等（图一九）。

H99

位于 T2217 等四方东部，T2417 等四方西部。开口于 F16 下，打破⑤a 层。近椭圆弧状，壁一侧较直，一侧平缓，底部不平整。长 5.42 米，宽 3.68 米，深 0.72 米。灰黄色填土，较纯净，土质较疏松。无包含物（图二〇）。

H115

位于 T2419 等四方的北部。开口于⑦层下，打破⑧层。椭圆形，斜壁，平底。长径 3.04 米，短径 1.9 米，深 0.4 米。灰色填土夹红烧土块、石块和动物骨骼等。出土物有陶片，器形有陶釜、豆等（图二一）。

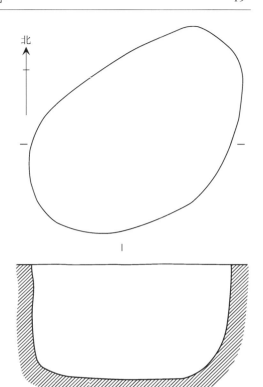

北

0   60 厘米

图一五　H15 平、剖面图

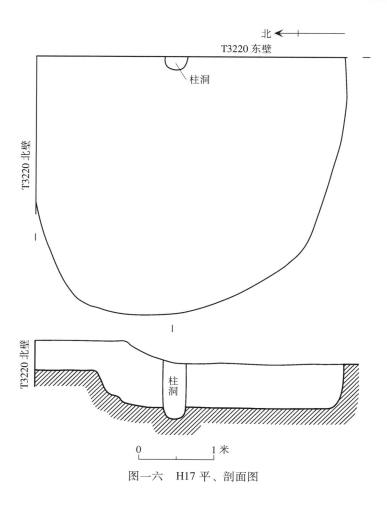

图一六　H17 平、剖面图

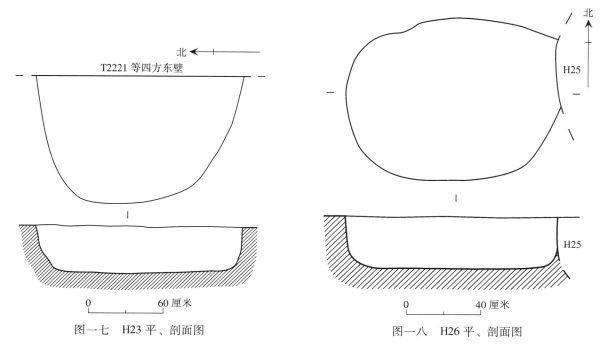

图一七　H23 平、剖面图　　　　　　　图一八　H26 平、剖面图

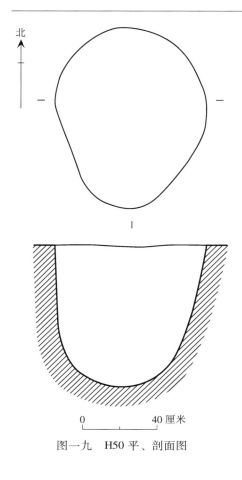

图一九 H50 平、剖面图

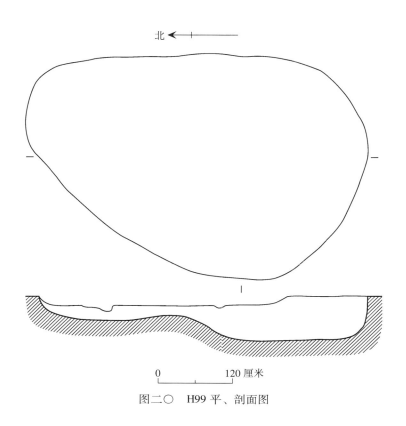

图二〇 H99 平、剖面图

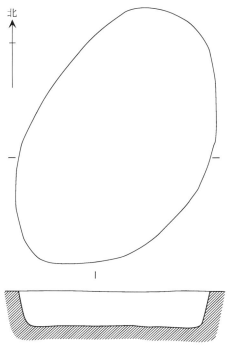

图二一 H115 平、剖面图

H122

位于 T2217 等四方西北部，伸出探方外。开口于⑦层下，打破⑧层。清理部分圆弧形，斜壁，平底。长 2.2 米，宽 0.75 米，深 0.8 米。填灰黑色土，含灰烬较多，土质较松。出土物有陶釜、钵、盆、盉、器盖等，筛选水洗过程中发现数十粒炭化稻米（图二二）。

（三）近圆角方形灰坑

H7

位于 T3928 东南部。开口于③层下，打破④层。近圆角方形，直壁，斜平底。长 0.8 米，宽 0.67 米，深 0.15 ～ 0.3 米。坑内填满螺壳（图二三；彩版四，2）。

H79

位于 T2111 西北部。开口于⑤a 层下，打破⑥a 层。近圆角方形，斜壁，底部不太平整。长 0.9 米，宽 0.86 米，深 0.1 米。浅褐色填土，土质较硬。坑内埋葬一具狗骨架，呈蜷曲状，头骨倒置，部分破裂。另有零星碎陶片（图二四）。

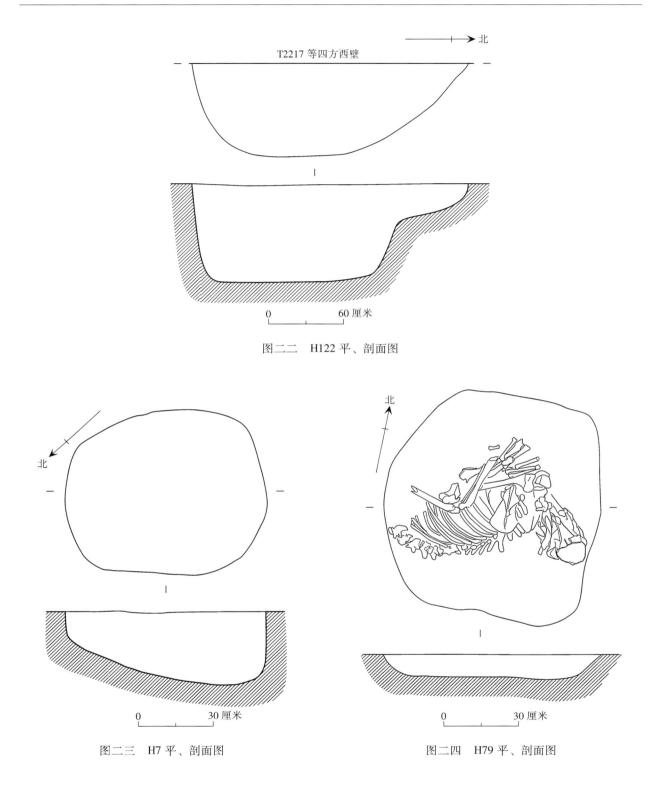

图二二　H122 平、剖面图

图二三　H7 平、剖面图　　　　　　　　　　图二四　H79 平、剖面图

（四）圆角长方形灰坑

H97

位于 T2217 等四方西南部。开口于②c 层下，打破 F16。圆角长方形，直壁，平底。长 2.53
米，宽 1.22 米，深 0.5 米。填土为蚬壳夹泥土，土质较疏松。出土物有陶鼎、豆、罐、缸、器

盖、炉箅和枕状红烧土等（图二五；彩版五，1）。

H107

位于 T2219 等四方中部。开口于⑦层下，打破⑧层。圆角长方形，直壁，平底。长 1.37 米，宽 0.82 米，深 0.34 米。填土灰黑色。出土有陶釜、豆、甑、匜、盆、盘、罐、三足器等（图二六；彩版五，2）。

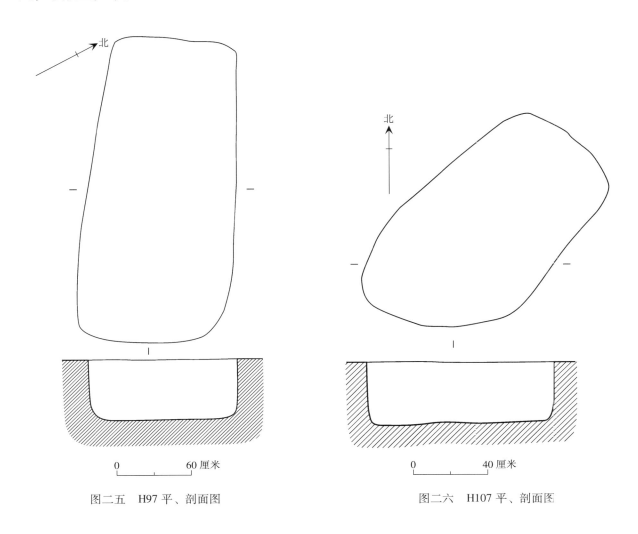

图二五 H97 平、剖面图　　　　　　图二六 H107 平、剖面图

（五）不规则形灰坑

H9

位于 T2919 东北角，伸入东、北隔梁内。开口于⑦层下，打破⑧层。不规则形，斜壁，平底。清理部分长 3.2 米，宽 1.1 米，深 0.74 米。填土可分两层：①层为灰黑色土，土质松软，厚 0.36 米；②层为灰褐色土夹少量红烧土颗粒，土质疏松，厚 0.38 米。出土有陶釜、罐、钵和骨镞等（图二七；彩版六，1）。

H12

位于 T4028 西部偏南。开口于④层下，打破⑤层。近长条状的不规则形，斜壁，平底。长 3 米，宽 1.35 米，深 0.3 米。填土灰黑色，土质松软。出土物有陶釜、盆、豆、盉等（图二八）。

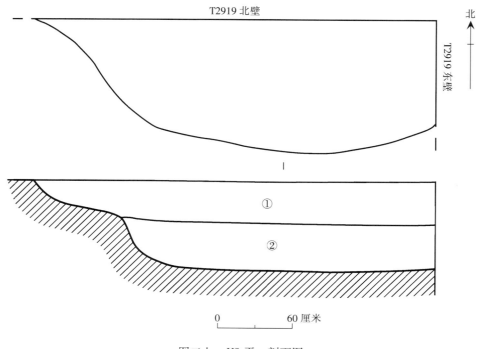

0　　　　　60 厘米

图二七　H9 平、剖面图

H14

位于 T3120 东部、T3220 西部。开口于
④层下，打破 H16 和⑤层。不规则形，斜
壁，底部不平。长 4.4 米，宽 2.96 米，深
1.2 米。填土可分两层：①层为蚬蚌螺蛳夹
少量泥土和灰烬，质地疏松，出土有大量
陶片，器形有陶鼎、釜、豆、钵、盆、罐、
炉箅等，厚 1.08 米；②层为黑色土，比较
纯净，土质疏松，厚 0.12 米。H14 周围有
很多小柱洞，可能和干栏式建筑有关，其
可能为房址附近倾倒生活垃圾的灰坑（图
二九；彩版六，2）。

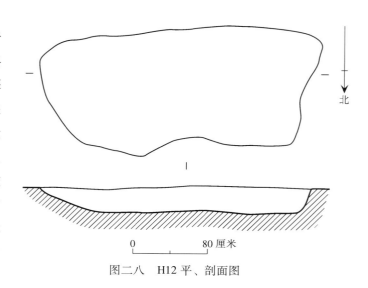

0　　　　　80 厘米

图二八　H12 平、剖面图

H16

位于 T3220 等方西部，西部进入探方
外。开口于④层下，被 H14 打破，打破⑤层。不规则形，斜壁，平底。长 5.86 米，残宽 2.7
米，深 0.86 米。填土可分两层：①层为灰黑色土，夹有一定数量的红烧土块和红烧土颗粒、
石块、动物骨骼等，土质疏松，厚 0.6 米，出土相当数量的陶片，器形有陶釜、灶、罐、豆、
盂、甑箅、支座等；②层为黄灰色土，比较纯净，基本不见出土物，土质疏松，厚 0.26 米
（图三〇）。

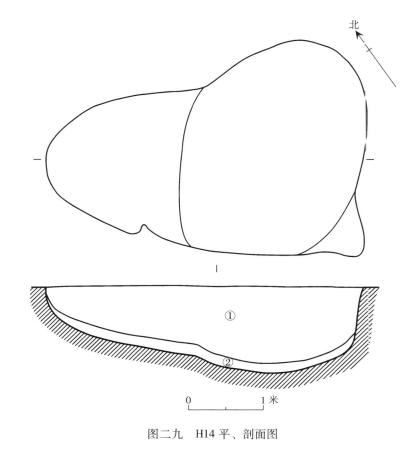

图二九　H14 平、剖面图

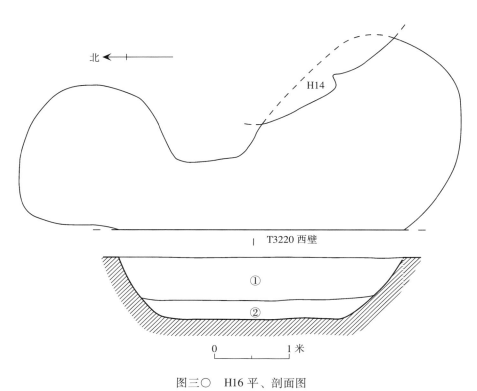

图三〇　H16 平、剖面图

H20

　　位于 T2221 等四方南部，T2219 等四方北部。开口于⑥a 层下，打破 H21 和⑦层。不规则形，斜壁，台阶状底。长 5.5 米，宽 4.2 米，深 0.24～0.74 米。大坑的底部发现 6 个小坑，填土均为灰黑色，土质松软。出土有较多的陶片和动物骨骼，鱼类最多，器形有陶釜、豆、罐、盆、盉、网坠等（图三一；彩版七，1）。

图三一　H20 平、剖面图

H24

位于 T2221 等四方东北部。开口于⑧层下，打破⑨层。不规则形，坑壁不很规整，坑底有起伏。长 3.05 米，宽 2.8 米，深 0.16 ~ 1.24 米。坑内偏上部多填成片的红烧土块，近底部凹坑处为含有较多红烧土块的黄花杂土，土质较硬。出土物有陶釜、牛鼻耳和残石斧等（图三二；彩版七，2）。

H100

位于 T2417 等四方东部，延伸至探方东部。开口于⑥a 层下，打破⑦层。规模较大，清理部分呈不规则形，壁和底均不够规整，坑底有一道南北向土梁。长 6.36 米，宽 6.1 米，深 0.2 ~ 0.8 米。填充物为蚬螺蚌壳夹杂少量黑土，土质松软。出土有大量陶片，有的可复原，器形有陶鼎、釜、罐、豆、盉、钵、缸、炉箅、器盖等。附近有大量的小柱洞，坑内堆积和干栏式建筑有关，可能为房址附近倾倒垃圾的灰坑（图三三；彩版八，1）。

H101

位于 T2417 等四方西南部。开口于⑥a

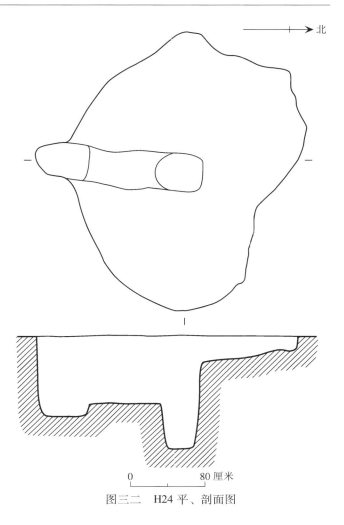

北

图三二　H24 平、剖面图

层下，打破⑦层。不规则形，斜壁，台阶状底。长 1.96 米，宽 1.12 米，深 0.3 米。填黑土夹少量蚌及蚬壳。出土物有陶片，器形有陶鼎、豆、缸、盆、罐、炉箅等（图三四；彩版八，2）。

二、灰沟（附表二）

G1

位于 T1632 西部，南、北、西均伸入探方外，处于遗址的边缘区。开口于②层下，打破③层。为一南北向长条形，斜壁。现清理部分长 4 米，最宽 1.5 米，深 0.68 米。沟内填灰黑色土，夹杂腐朽蚌壳，土质松软。出土陶片，器形有陶釜、豆、盉、器盖、罐和拍等（图三五）。

G2

位于 T2114、T2214 北部。开口于①层下，打破②a 层。为西北—东南向的长条形。长 6.1 米，宽 0.2 ~ 0.42 米，深 0.36 米。沟内填灰褐色土，夹有红烧土块和颗粒以及少量蚬壳，土质相对较松。出土物有陶鼎足、豆、罐和玉管等（图三六）。

G3

位于 T2219 等四方、T2419 等四方中部，伸入 T2219 等四方西部方外。开口于⑧层下，打破⑨层。为东西向长条状，局部较宽，斜壁，底较平。清理部分长 13.5 米，宽 0.8 ~ 2.5 米，深 0.32 米。

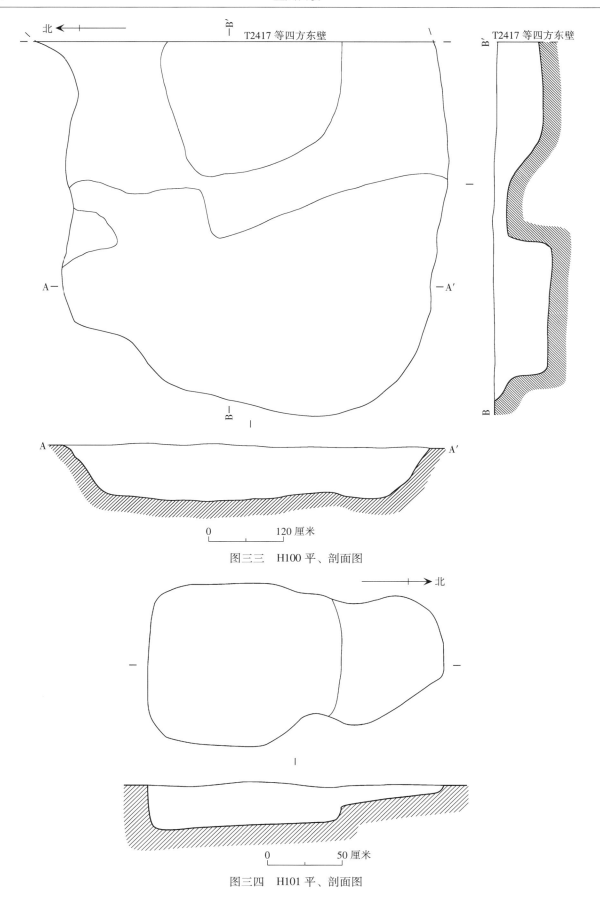

图三三　H100 平、剖面图

图三四　H101 平、剖面图

沟内填灰黑色土，土质松软。出土陶片及动物骨头，器形有陶釜、豆、盉和拍等（图三七）。

三、房址

西部发掘区共清理编号相关房址 16 座，除 F1 保存相对完好、基本完整外，其余房址或破坏严重，或受发掘面积限制，均不够完整，给判断其性质和用途带来一定难度。同时在 T2221 等四方、T2417 等四方、T2419 等四方、T2217 等四方、T2219 等四方⑦层、⑧层、⑨层的层面发现了大面积分布且比较密集的柱洞和一些灰坑，可能与立柱架梁的干栏式建筑遗存相关。另外在①层下也发现了一些柱洞如 D19、D37 ~ D40 等。柱洞填土绝大多数为灰黑色土，土质相对较疏松，比较纯净；少量柱洞的填充物为红烧土和螺蛳蚬壳，个别柱洞出土有段石锛或印纹陶片。这些柱洞较散乱，分布规律性不强，年代跨度较大，内涵差异明显，性质不够明确。

F1

位于 T2221 等四方的西部、T2219 等四方的西北部。开口主要在①层下，被 M8 和①层下的一些柱洞如 D19、D37 ~ D40 以及 1 个现代坑打破，叠压②b、③、④a 和④b 层。

F1 平面整体呈长方形，大体东北—西南向，方向约 16°。南北长约 8.8 米，东西宽约 5 米，面积约 44 平方米（图三八；彩版九）。共有柱洞 35 个，大部分建造在④a 层黄灰色土面上，D1 ~ D5、D5 ~ D14、D14 ~ D18、D18 ~ D24、D1 大体构成了长方形房址的四边框架，D25 ~ D33 在框架之内，可能起

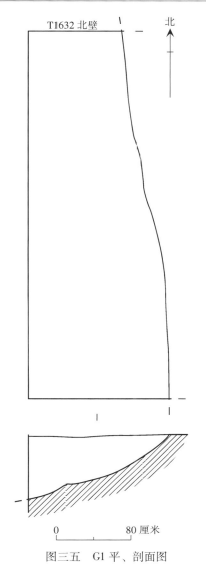

图三五　G1 平、剖面图

到内部支撑或分间的作用。D34、D35 在西北角，可能与房屋附属设施或挑檐有关，南侧的 D14、D16、D18 三个柱洞相对较大，其间有 D15、D17，相对较小。总体看，柱洞间距稍大，可能与门道有关。柱洞基本为圆形、椭圆形，个别为三角形和长条形，深浅不一。大多数柱洞内有一小圆坑，或靠柱洞一侧，或位于柱洞中间，当是立柱所致。所有柱洞的填土均为红烧土块和红烧土颗粒夹杂灰土，土质较硬；有的柱洞内有少量陶片，以泥质红陶和夹细砂红陶为主，器形有陶鼎、罐等，D6 和 D9 分别出土有陶纺轮和半圆形石器。

F1 表面为大面积的红烧土堆积，大体呈南北向，并向西和北延伸，可能为倒塌堆积，范围大于柱洞构成的面积。中南部堆积相对较高、较厚，北部和东部边缘较低较薄，且表面有高低起伏。红烧土为大小不等的块状，胶结较硬，夹有少量灰土，有的烧土面上有植物茎秆的印痕（彩版一〇，1）。厚 0 ~ 0.4 米，一般厚 0.2 ~ 0.3 米。里面包含有较多的陶片，器形有陶鼎、罐、豆、钵、器盖、炉箅等。

F1 红烧土堆积之下有一层极薄的黑灰土，可能为居住面，有的与红烧土胶结在一起，较难自

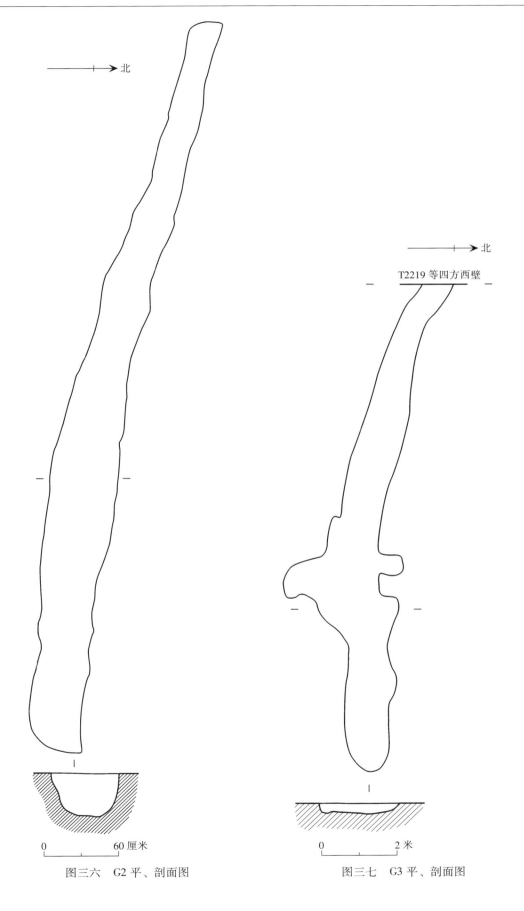

图三六　G2 平、剖面图　　　　　　　图三七　G3 平、剖面图

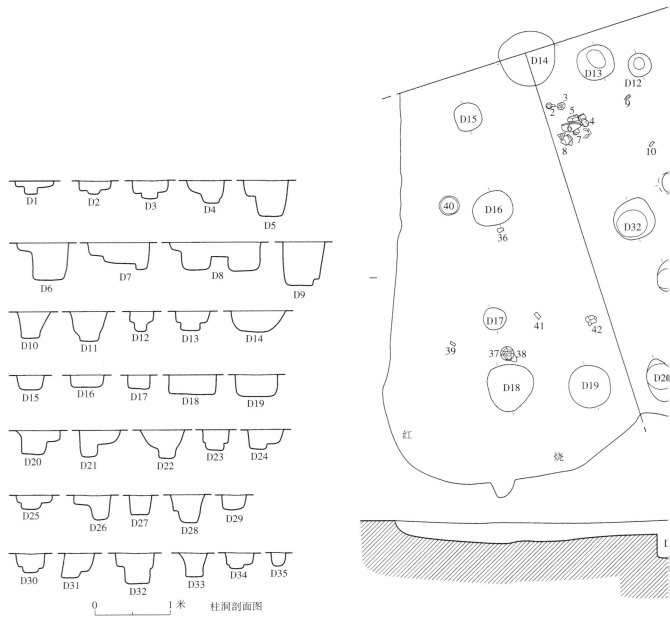

D1 D2 D3 D4 D5 D6 D7 D8 D9 D10 D11 D12 D13 D14 D15 D16 D17 D18 D19 D20 D21 D22 D23 D24 D25 D26 D27 D28 D29 D30 D31 D32 D33 D34 D35

柱洞剖面图

0   1 米

图三八   F1 平、

1、3. 陶器盖   2. 陶把手（带把器）   4、6、15、19、22. 陶匜   5. 陶豆   7. 陶盅   8. 陶罐底   9~13、21、25~28、30、31、39. 石锛   14. 石靴
36. 砍砸石器   37. 陶盆   38. 石砧   41. 残石器   42. 陶罐

北

T2221 等四方西壁

T2221 等四方北壁

D34

D35

D11　D10　D9　D8　D7　D6　D5

28

15　　　　　　　　　　　　　D25　　　　　34　33

13　　　　　　　　　　　27

12　14　　　　17　　　　　　26　　　　D4

11　　29　　　　30　25　　D27

16　18　19　31　　　　　M8　　　D28　D26　D3

D31　　　　　　　　D29

21　D30　　　　1

20　　　　22　　　　　　　D2

D33

红　　烧　　土　　堆　　积　　围

35

32　D22　23

D21　　　　24　D23　　　　D24　D1　范

土　　　　堆　　　积

M8　　　　　　　D2

D33

0　　　　　1 米

剖面图

状器　16-1、17-1、40. 陶釜　16-2、20. 陶鼎　17-2、18. 陶甑　17-3. 小陶罐　24、29. 陶鼎（足）　23. 陶纺轮　32. 陶支座　33~35. 穿孔石斧

然剥离，略有起伏。在居住面上和红烧土堆积之下共发现 42 件器物，有陶鼎、釜、豆、罐、甑、器盖、支座、纺轮和石斧、锛、凿、靴形刀、砍砸器、石砧等。绝大多数位于柱洞构成的室内空间，有 5 件在柱洞范围之外（F1：40 陶釜口沿与居住面齐平，当为有意识埋设，其余 4 件为石器，编号F1：28、33、34、39），有的器物还保持着原来的组合状态。其中 F1：16 一件釜置于鼎上形成组合；F1：17 一件甑置于釜上，甑内还有一件小罐，形成组合。石器、陶器等散置于居住面上，保持着房屋倒塌之前的状态，对研究当时居民的生产、生活以及器物的组合、功能具有重要的意义（彩版一〇，2）。

F2

位于 T2819 东部、T2919 西部，局部进入探方北部。开口于①层耕土层下，被 2 个现代坑和 1 个现代墓打破，叠压②层，距地表深 0.1 ~ 0.15 米。

因遭受晚期活动的严重破坏，F2 的完整形态不详，现存长 3.3 米，宽 3.08 米，可能为与红烧土地面建筑相关的遗存（图三九；彩版一一）。其建筑过程为在地面上一边堆垫红烧土块加泥土及废弃的生活陶片，一边烧烤砸实，使红烧土面较为坚实，然后在居住面上挖柱洞建造。根据发掘情况判断，F2 建造前的地面不够平整，红烧土堆积厚度为 0 ~ 0.42 米。红烧土表面不够平整，堆积非常坚硬。红烧土表面有 2 个柱洞，D1 椭圆形，长径 0.16 米，短径 0.1 米，深 0.16 米；D2 圆形，直径 0.15 米，深 0.2 米；柱洞内填土为灰土夹少量红烧土粒，土质疏松。D3、D4 在红烧土外，D3 长 0.34 米，宽 0.32 米，深 0.34 米；D4 径约 0.4 米，深 0.4 米；柱洞内填土为泥土夹较多的红烧土粒。除此之外，与房屋建筑相关的门、墙、灶等设施均不明确。

在红烧土堆积内出土一定数量的陶片，以夹砂红陶和灰陶为主，也有少量泥质灰陶、红陶和夹砂黑陶等。纹饰有弦纹、捺窝、附加堆贴捺窝纹凸棱等。可辨器形有陶鼎、罐、缸、豆、炉箅等。

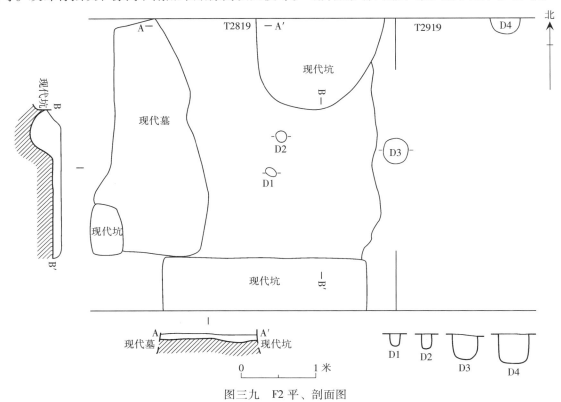

图三九　F2 平、剖面图

F3

位于 T2221 等四方东北角。开口于①层下，东北角被 1 个现代坑打破扰动，叠压②b 层和③层，距地表深 0.2～0.25 米。

F3 的上部为大面积的红烧土堆积，烧土呈块状，胶结在一起。红烧土的北部、东部向外延伸至方外。烧土清理形状呈不规则形。东西残长约 2.2 米，南北残长约 4.36 米，厚度约 0.13 米。有的烧土上有木杆印痕，可能为木骨泥墙。在烧土下有较薄的灰黑色土，厚约 1.5 厘米，灰黑色土面起伏不平，且土质不硬，与红烧土胶结粘连，推测可能是居住面（图四○；彩版一二）。

在 F3 下发现有螺蚌层，可能是房址的垫层，既可抬高房基，又可防潮。因发掘面积较小，且经晚期扰动，未发现柱洞、门、灶等遗迹。

F3 的红烧土堆积中出有一些陶片，以夹蚌红陶为主，次为夹蚌褐陶、泥质红陶，另有少量的泥质红衣陶、灰陶，夹蚌红衣陶、褐衣陶、黑衣陶、黑陶，夹砂白陶、红衣陶、红陶、灰陶、褐衣陶等。纹饰有捺窝、花边、条凹纹、凹弦纹等。器形有鼎、釜、罐、豆、钵、炉箅等。还发现有 1 件石纺轮和 1 件骨镞。

F4

位于 T2221 等四方东南角、T2219 等四方东北角、T2419 等四方西北角。开口于①层下，叠压②b 层和④a 层，距地表深 0.15～0.3 米。

F4 的上部为红烧土堆积，呈块状，胶结较硬，表面略有起伏。大体为不太规整的圆形，残径约 5.64～5.84 米，可能为房屋倒塌所致，厚度 0.2～0.27 米。

F4 的烧土层下可能是 F4 居住面，土质较硬。发现 6 个柱洞，其填土主要为红烧土。位于 T2219

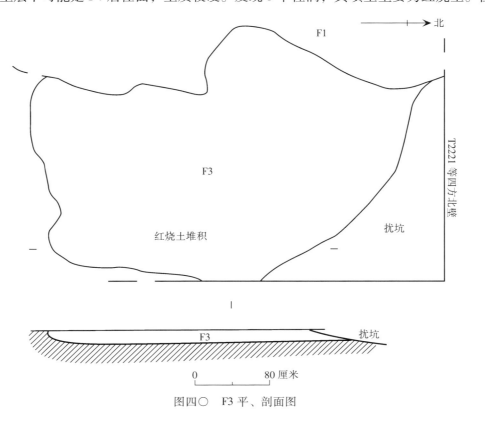

图四○　F3 平、剖面图

等四方西北角的 5 个柱洞南北向分为平行两排，其中西面 3 个（D1～D3）为一排，偏东 2 个（D4、D5）为一排，在 T2419 等四方中的 1 个柱洞（D6）看不出与其他 5 个柱洞的关系。柱洞呈圆形或近圆形，径约 0.22～0.74 米，深约 0.09～0.38 米。因发掘面积较小，未发现门、灶等遗迹（图四一）。

清理 F4 红烧土过程中，出土了不少陶片，其中以夹蚌红陶居多，次为夹蚌红衣陶，夹砂褐陶、红陶、红衣陶，泥质黑陶、灰陶、红陶、红衣陶。纹饰有弦纹、按捺纹、竖条纹、弦纹、花边、镂孔等。可辨器形有鼎、釜、盆、豆、钵、缸、罐、灶、炉箅等。

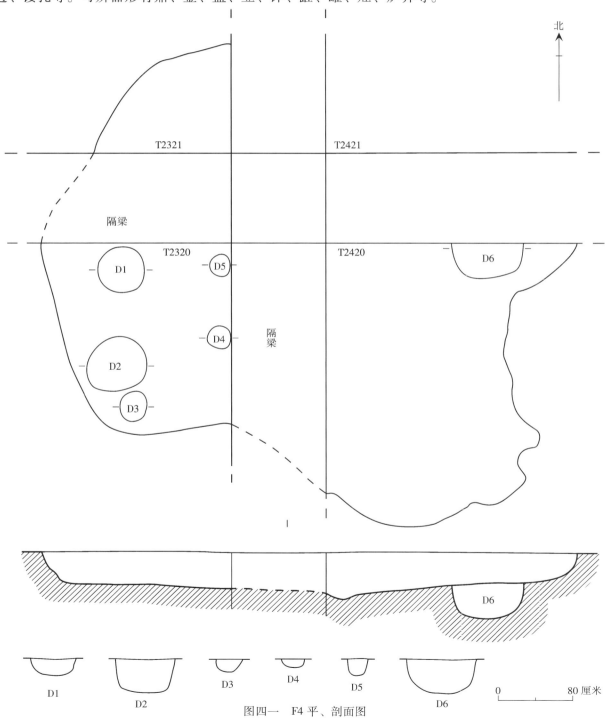

图四一　F4 平、剖面图

F5

位于 T2819 内。开口于⑥层下，打破⑦层，开口距地表深 1~1.25 米。

从残留于⑦层表的柱洞看，F5 形状为长方形，方向略为东北—西南向，南北长 3 米，宽 2 米，面积约 6 平方米。共清理出柱洞 12 个，分布较密集。柱洞平面形状有圆形及长方形，圆形柱洞直径为 0.22~0.5 米，长方形柱洞长 0.55~0.75 米、宽 0.35~0.6 米，柱洞深 0.15~0.58 米。柱洞均为直壁，平底。柱洞内填土均为黄土夹红烧土粒及螺蚌壳，土质疏松。12 个柱洞中 D1、D2、D9 形成 F5 西南角，D2、D3、D4 形成 F5 东南角，D5、D6、D7 形成 F5 东北角，D7、D8、D9 形成 F5 西北角。D10、D11、D12 大概为房屋内中柱。建筑方式可能为挖坑立柱架梁（图四二；彩版一三，1）。

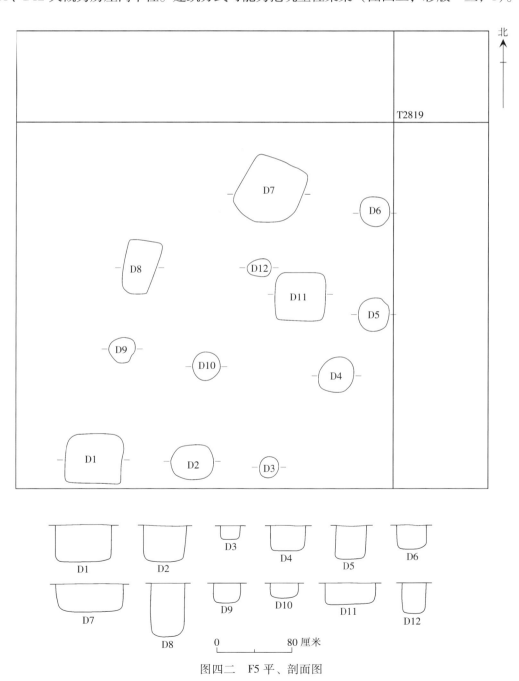

图四二　F5 平、剖面图

F6

位于 T3120、T3220 及向南、向北扩方部分，伸入探方外。开口于②b 层下，叠压③层，开口距地表深 0.5 米。

F6 呈东北—西南向的长条形，可能为与红烧土地面建筑相关的遗存。直接叠压于③层上，较为平整、坚硬。由红烧土块和少量陶片、泥土夯实打平后经烧烤形成，厚 0 ~ 0.14 米，仅西北部平缓下凹。在红烧土活动面上及其附近共发现柱洞 10 个，大体呈南北向排列，其中 D1 ~ D9 在红烧土居住面范围内，D10 在红烧土堆积旁边。柱洞平面形状除 D5 为椭圆形外，其余均为圆形，D5 长径 0.18 米、短径 0.13 米，圆形柱洞直径为 0.13 ~ 0.29 米，柱洞深 0.1 ~ 0.2 米。柱洞均为直壁，平底。柱洞内填土全部为灰土夹有少量螺蚌壳，土质疏松。F6 之上堆积为螺蛳蚌贝堆积的②b 层，不见与房址相关的灶、墙等设施（图四三；彩版一三，2）。

在红烧土堆积层中出土一定数量的陶片，有的与红烧土紧紧结合在一起，以夹粗蚌砂的红陶、红衣陶为主，夹粗蚌砂的褐陶、白陶、黑陶和泥质红衣陶、红陶、灰陶等次之。纹饰有凸棱、捺窝等。器形有鼎、豆、罐、钵、炉箅等。

F7

位于 T3828 及其北扩方部分，南部进入方外。开口于①层下，叠压②层，距地表深 0.2 米。

F7 在耕土层下，遭到严重扰乱破坏。现存高低不平的红烧土堆积面，形状不太规整，长约 6.3 米，宽约 5.15 米，最厚约 0.4 米。在 F7 红烧土堆积中清理出数量较多的陶片，器形为陶鼎、罐、豆、盆、缸。揭去红烧土后，东南部为较黏而硬的灰黄色土，较为纯净，编为②a 层；其他部分为螺壳堆积，编为②b 层，出土较多陶片。灰黄色土叠压螺壳堆积，厚约 0.6 米。可能为与红烧土地面建筑相关的遗存。形制及内部结构不详，未发现柱洞、墙、灶等遗迹（图四四；彩版一四，1）。

F8

位于 T3120 及向南局部扩方区域，并向南、向西延伸，因紧邻民房，未能继续扩方全部揭露。开口于②a 层蚬螺蚌层下，叠压于②b 层蚬螺蚌层上，被开口于①层下的 2 个现代墓和 1 座宋墓（M1）打破，距地表深 0.25 米。

根据已清理部分，F8 大致呈圆形，直径至少在 5.1 米以上。由红烧土堆积而成，烧土面高低起伏不平。表面发现柱洞 8 个，分布的规律性不明。柱洞均为圆形，直壁，平底；直径 0.19 ~ 0.28 米，深 0.14 ~ 0.25 米不等。柱洞内填土大致呈灰色，相对较疏松。在烧土面上发现石凿 1 件、残半石纺轮 1 件；在清理烧土堆积过程中又发现较多的陶片和一些小石器、骨器，有的陶片还能拼对成完整器，如陶杯、甗、钵等。可能房址在使用过程中不断堆积，不断烧烤，剖面最厚达到 0.5 米左右，因受到后期堆积破坏和局部进入探方外的原因，其详细面貌如门道、灶、墙等不明。

红烧土堆积内出土物除几件可修复的陶器外，还有一定数量的陶片，以夹粗砂或粗蚌的红陶、褐陶和泥质灰陶为主，泥质红陶、红衣陶、黑陶较少。纹饰以素面为主，另有少量镂孔、弦纹、凸棱、捺窝、附加堆贴按捺纹等。器形有鼎、豆、罐、盆、炉箅等（图四五）。

F9

位于 T3220 等四方的④层下。共发现有 47 个柱洞，其中 9 个打破 H16，其余打破⑤层。柱洞形状

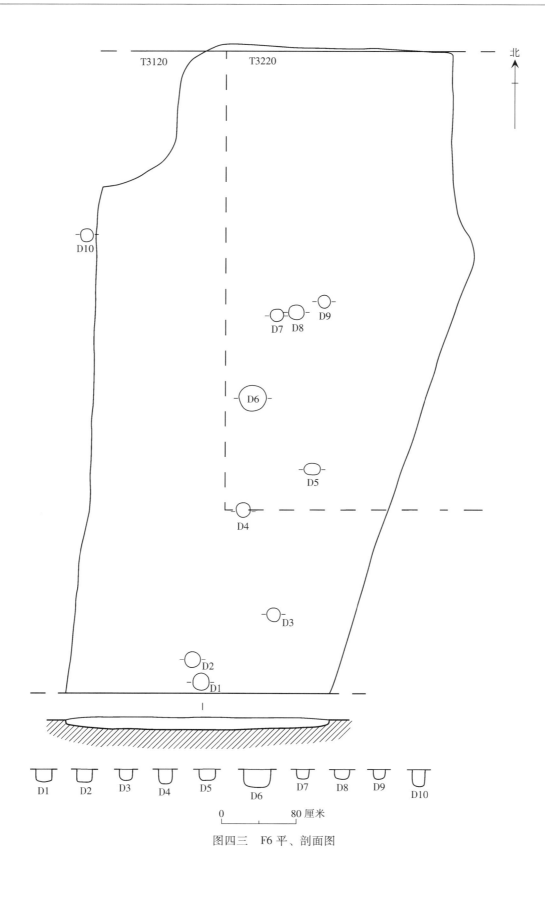

图四三　F6平、剖面图

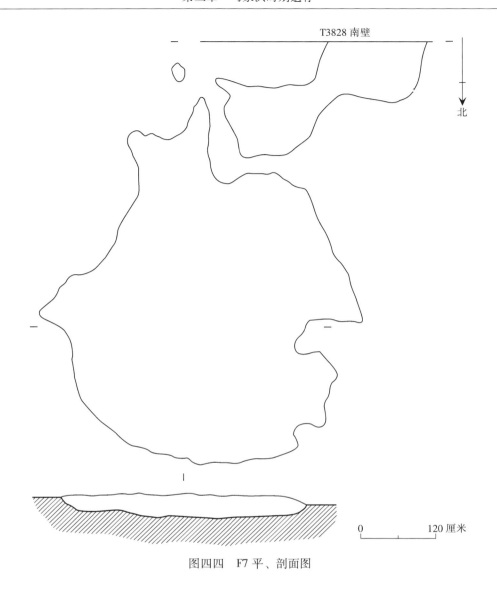

图四四　F7 平、剖面图

不一，有圆形、椭圆形、长条形、不规则形等；柱洞径 0.12~1 米，深 0.13~0.75 米。柱洞填充物为蚬蚌螺壳夹杂灰土，较为疏松，与同层面的 H14 的填土基本一致，且零星出土的陶片也基本相同，它们共同打破 H16 和⑤层，它们之间应具有一定的共时性。柱洞大小不同，深浅各异，有些排列在一条直线上，但总体比较散乱，缺乏一定的规律性。推测其建筑形式是一种立柱架梁、铺板建屋的干栏式结构，房屋在使用过程中可能有移位、修整甚至重建，从而使柱洞布局显得较为凌乱。H14 则为生活区内倾倒生活垃圾的灰坑。因发掘面积较小，故整体面貌不够清晰（图四六；彩版一四，2）。

F10

位于 T2221 等四方；大部可能进入探方西部以外。开口于⑤b 层下，打破⑦层，开口距地表深 0.95~1.5 米。

F10 共发现柱洞 31 个，平面分布上看不出规律。在柱洞中间有一小片烧灰痕迹，没有发现明显的居住面和墙等遗迹。

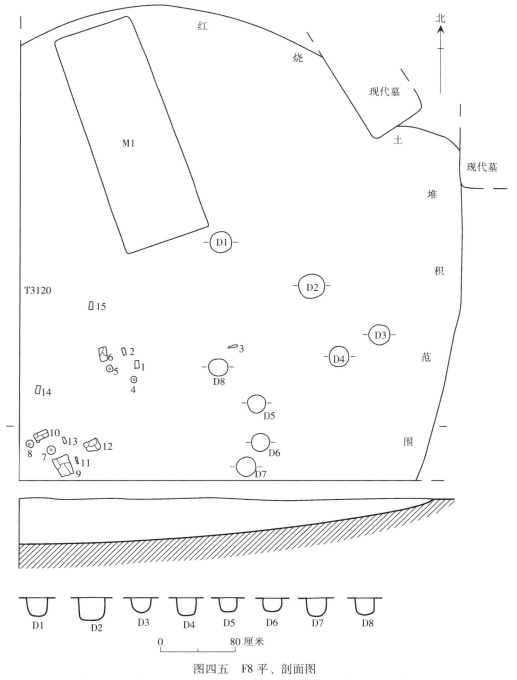

图四五 F8 平、剖面图

1、5、13~15. 石锛 2. 石纺轮 3. 骨锥 4、7、8. 陶纺轮 6. 陶杯 9. 陶甑 10. 陶三足钵 11. 残骨器
12. 陶碗

　　大多数柱洞内填土为含蚬螺蚌壳的黄灰色花土,如 D23、D24 等,也有部分为较纯的黄灰花
土。柱洞形状不一,有圆形、近圆形、椭圆形、近椭圆形、半椭圆形、近方形、近长方形等;径
0.25~1 米,深 0.06~0.65 米。基本未见出土物,D23 填土内出土有少量陶片,有夹细蚌末的红
衣陶、红陶和泥质红衣陶。纹饰有双绞丝堆纹、捺窝。器形有鼎、豆等。发掘面积较小,仅见柱
洞而未见房子内部结构,可能为干栏式建筑。第一次先期发掘时将⑦层表柱洞临时编为 F10,第
二次发掘时相邻各探方同层表柱洞均未编房址号(图四七;彩版一五,1)。

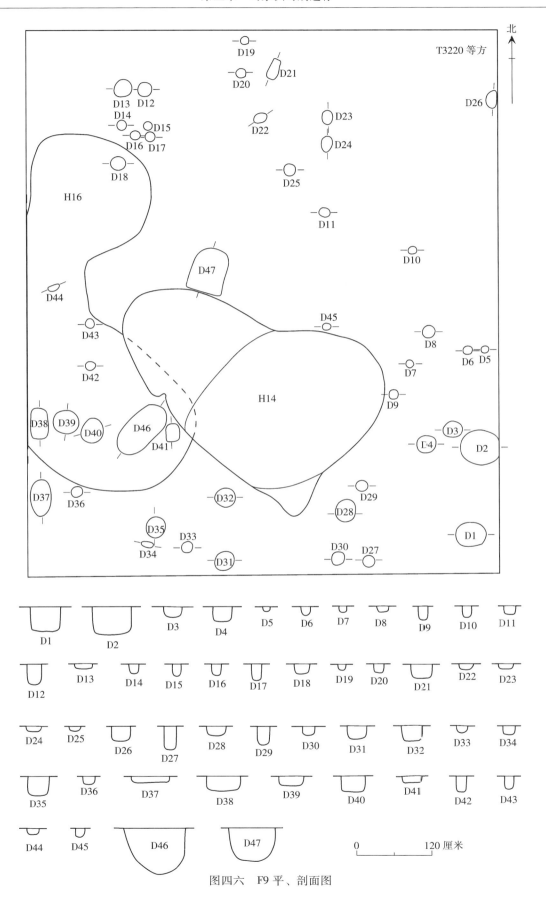

图四六　F9 平、剖面图

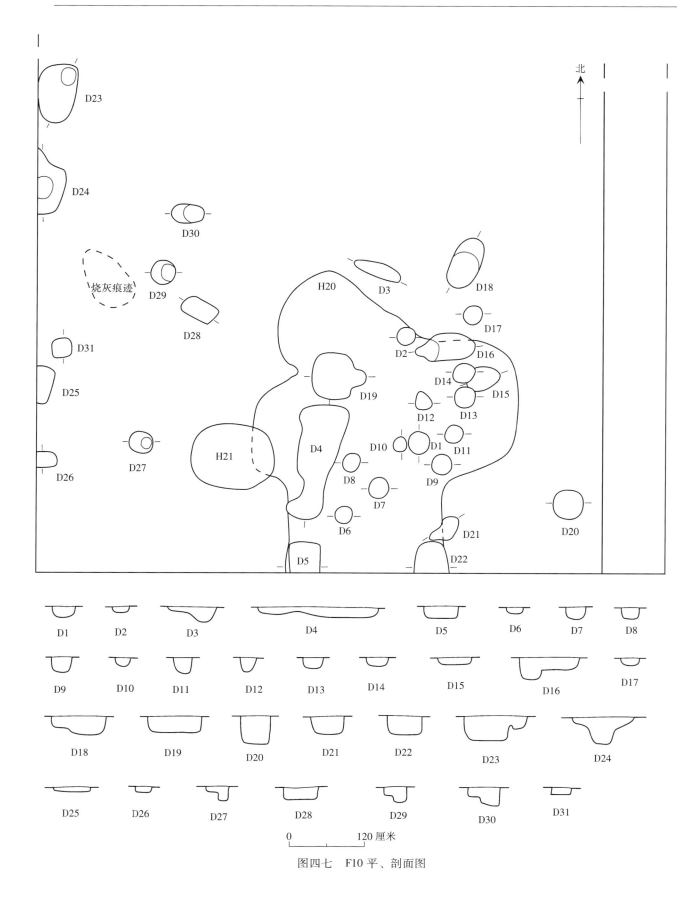

图四七　F10 平、剖面图

F11～F13

位于 T3628、T3629、T3728、T3828 等四方及周邻扩方部分。开口于②b 层下，叠压打破③层。

F11 平面形状呈圆形，直径约 3～3.2 米，面积约 8 平方米。四周有一圈基槽，内部偏南另有一横向和一斜向沟槽相连。沟槽宽 0.1～0.12 米，深约 0.12～0.15 米。沟槽内发现有深浅不一的柱洞 12 个（D1～D12）。基槽及柱洞充填物为螺贝壳及灰土的混合物。西北部基槽外侧③层面上有 1 件敞口、厚胎、小平底缸，缸内有 1 件残平底鼎（彩版一六）。

F12 平面形状呈半圆形，现存直径约 2.6 米，残存面积约 2.5 平方米。四周有一圈基槽，沟槽宽 0.1～0.12 米，深约 0.12～0.16 米。沟槽内外有深浅不一的柱洞 12 个（D21～D32）。基槽及柱洞充填物为螺贝壳及灰土的混合物。

F13 平面形状主体呈长方形，长约 3.5 米，宽约 2.7 米，部分进入探方南部，面积约 9.5 平方米。东北角相连沟槽局部伸向 F12，西侧有两道沟槽，中部偏南有一道短沟槽。沟槽宽 0.1～0.12 米，深约 0.12～0.16 米。沟槽内外有大小不一、深浅不同的柱洞 38 个（D13～D18、D33～D64）。基槽及柱洞充填物为螺贝壳及灰土的混合物。

另在 F11 西北部、F12 的东南部有零散的柱洞 D19、D65～D73 等 10 个。

F11～F13 带有基槽和柱洞结构，比较特殊，且 F11 西北侧的大口缸可能为加工粮食的器具，西侧原有一片相对平整的红烧土和多个灰坑，建筑遗迹可能和临时居住或加工储存粮食有关（图四八、四九；彩版一七）。

F14

位于 T2417 等四方南部，除北侧外，东、西、南三侧皆向外延伸，未做扩方处理。开口于②c 层下，叠压②d 层和⑤a 层。距地表深 0.6～0.75 米，厚 0～0.56 米。

平面形状不规则，残长 9 米，宽 5.6 米。呈南高北低斜坡状，且南部较厚，往北越来越薄。F14 可分上、下两层堆积。上层为红烧土堆积，较厚，由大块胶结在一起的红烧土组成，非常坚硬，南部较厚，向北渐薄，厚 0～0.46 米。下层为黄色垫土层，较薄，最厚约 0.1 米，分布较为平整（图五〇；彩版一五，2）。

在 F14 红烧土堆积下清理出 11 个柱洞，以圆形为主，个别椭圆形、不规则椭圆形和近长方形。径 0.14～0.72 米，深 0.1～0.54 米。柱洞内填土为红烧土。

F14 红烧土堆积内出土陶片较为丰富，其中以夹蚌陶为主，其次为泥质陶，夹砂陶较少。夹蚌陶中以红陶占绝对主体，其次为灰陶和褐陶，亦见有少量红衣陶和黑衣陶。泥质陶则以红衣陶为主，其次为红陶和灰陶。可辨器形以鼎为主，还有釜、罐、缸、甑、豆、盆、灶等。

未进行扩方，故其面积不详。可能为与红烧土地面建筑相关的遗存。未发现门道、基槽、灶等内部结构。

F15

主要位于 T2419 等四方内，延伸至探方外。开口于②b 层下，叠压④ε 层，开口距地表深 0.2～0.65 米。

现发掘的 F15 形状呈不规则形，残长 8.1 米，残宽 7.66 米。F15 上部为大面积的红烧土堆积（图五一，A；彩版一八，1）。红烧土呈块状，较硬，且略有起伏。在红烧土中无柱洞出现。

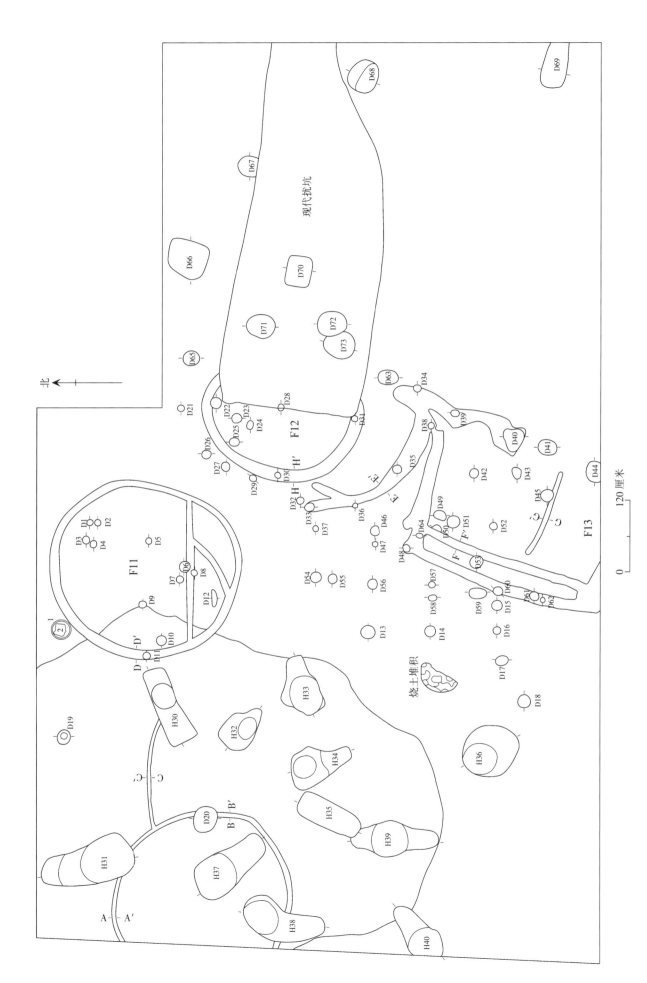

北

图四八　F11~F13 平面图
1. 陶大口缸　2. 陶鼎

0　　　　120 厘米

现代扰坑

F11
F12
F13

烧土堆积

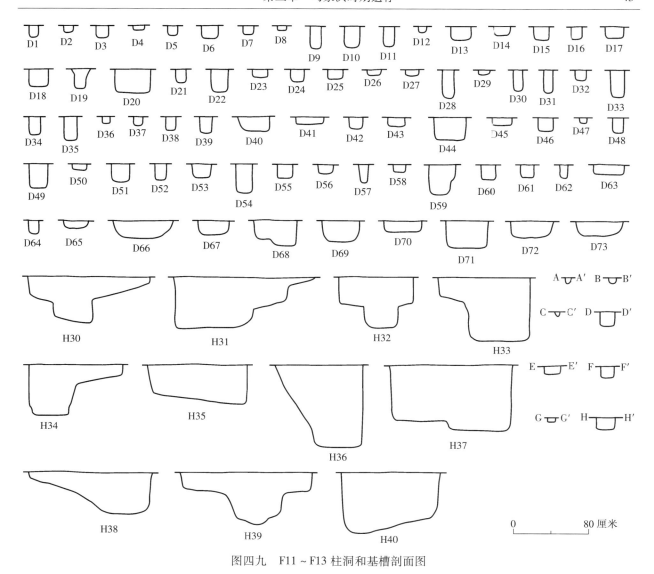

图四九　F11～F13柱洞和基槽剖面图

揭掉 F15 表层红烧土（编为 F15①层）后，发现下面仍然是红烧土，但面积有所减小，主要分布于 T2519 北部及 T2520 西部和 T2420 东部，编为 F15②层。②层红烧土情况与①层红烧土大体一致。根据发掘先后、深浅做了相对的区分，陶片现场分别采集，实际地层剖面上应为一层，地层平面未做区分，厚度为 0～0.27 厘米。②层红烧土下可能为 F15 居住面，居住面系利用④a 层而成，土质较硬。

在居住面上发现 4 个柱洞，分布无规律。柱洞形状以近圆形、近椭圆形、近圆角长方形为主，径 0.18～0.7 米，深 0.12～0.25 米（图五一，C）。柱洞内填土为红烧土。

柱洞之间发现一片陶器陶片堆，可修复率较高，有釜、豆、盉、匜、杯、纺轮等，发掘时编为 F15③层。红烧土应为房屋倒塌所致，可能为与红烧土地面建筑相关的遗存，但未发现门道、基槽、灶等内部结构（图五一，B；彩版一八，2）。

在 F15①、②层红烧土内也出土较多陶片。陶片以泥质红陶为主，其次为夹蚌红陶，少量的夹砂红陶、夹蚌红衣陶、褐陶、灰陶，泥质红衣陶、黑陶、灰陶、褐陶及夹砂褐陶、灰陶、红衣陶。纹饰有弦纹、凸棱、捺窝纹、按捺纹、按捺夹弦纹、锯齿纹、镂孔、戳印纹等。可辨器形有鼎、釜、豆、盆、罐、缸、甑、灶、炉箅等。

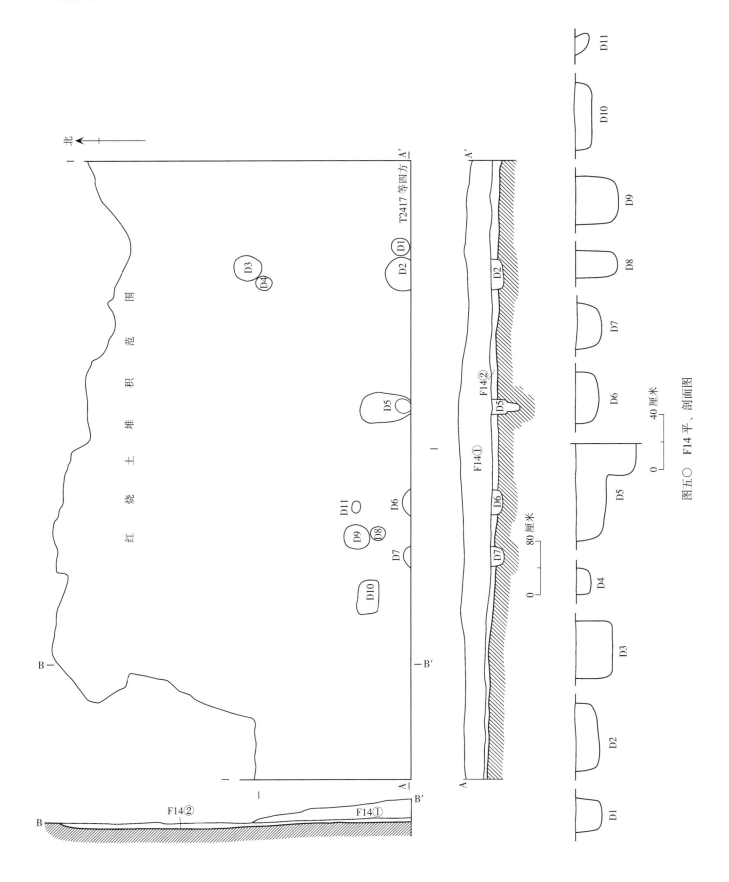

图五〇　F14平、剖面图

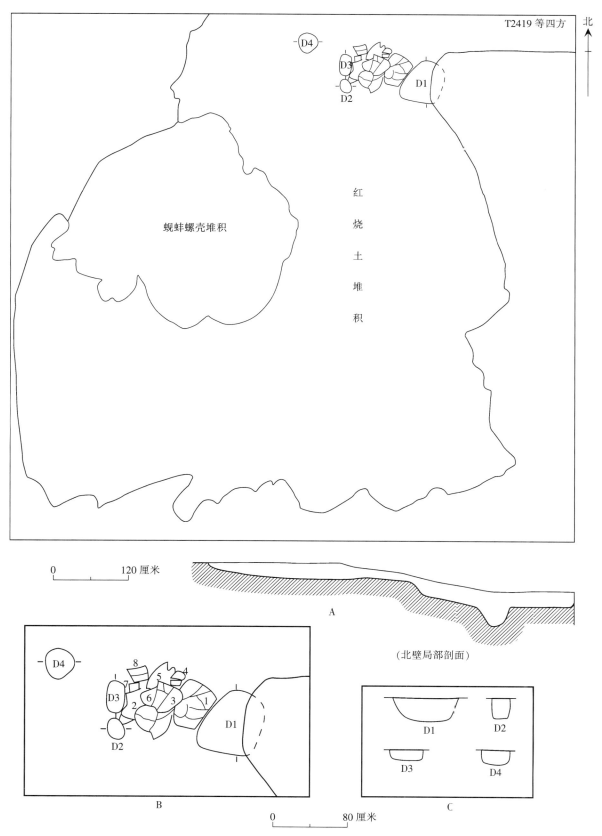

图五一　F15 及柱洞、陶片堆积平、剖面图

A. F15 平、剖面图　B. 柱洞和陶片堆积平面图　C. 柱洞剖面图

1、4. 陶盆　2、8. 陶匜　3. 陶豆　5. 陶纺轮　6. 陶盅　7. 石纺轮

F16

位于 T2217 等四方南部，并呈不规则形向北半部延伸，与 T2219 等四方 F14 经过隔梁可能相连。开口于②c 层下，被 H97 打破，打破 H98，叠压⑤a 层。

F16 平面形状不规则，残长 9 米，残宽 6.7 米，并向北延伸，南部高、厚，北部低、薄。北部边缘部分被晚期堆积破坏，形状不够规整。向南、向东和向西有扩展，其表面被 H97 打破并打穿。2 条小凹沟和 2 个小柱洞仅打破 F16 表层，深度仅 0.04 ~ 0.05 米，南部边缘进入南壁的 2 个柱洞则打穿了 F16，估计 F16 的主体部分应在探方的西部和南部。

F16 可分上、下两层堆积。上层为红烧土堆积，较厚，由大块胶结在一起的红烧土组成，非常坚硬，南部较厚，向北渐薄，最厚 0.28 米，表面略有起伏，相对较为平整。在清理红烧土堆积过程中，发现红烧土大块和小块交织在一起，似为人工有意夯实而成，里面夹有骨角器、纺轮和数量较多的陶片。陶片以夹蚌红陶、褐陶和泥质红陶、灰陶为主。纹饰有弦纹、凸棱、指捺、镂孔、锯齿、附加堆纹等。器形有鼎、盆、罐、豆、缸、灶、炉箅、甑箅、钵、器盖等。下层为灰黑色垫土层，比较纯净，较薄，最厚约 0.06 米，不连续分布，可能为居住面。大体可能为与红烧土地面建筑相关的遗存，但未发现门道、基槽、灶等内部结构，估计与发掘面积较小有关（图五二；彩版一九）。

另外在 T2217 等四方、T2417 等四方、T2219 等四方、T2419 等四方、T2221 等四方⑦层表、⑧层表、⑨层表发现清理了大范围分布的密集柱洞（T2417 等四方未揭露到生土）。其中⑧层表、⑨层表的柱洞填土为黄灰色，相对疏松。⑦层表柱洞为含有较多蚬螺蚌壳的灰黄色土。除 T2221 等四方⑦层表，第一次先期发掘时柱洞临时编为 F10，其余各探方各层均未编房址号，但做了正常记录，可能与干栏式建筑有关，总体早于红烧土相关建筑（彩版二〇 ~ 二四）。

四、墓葬

发现墓葬 4 座，零星散布于 T2217 等四方、T2114、T2111 等探方。主要为婴幼儿墓，2 座为二次葬，1 座为一次葬，1 座可能为一次葬和二次葬的合葬。均未见葬具和随葬品。

M2

位于 T2217 等四方的西南部。开口于⑥b 层下，⑦层表。墓葬为二次葬，内葬一婴儿，仅有少量肢骨和头骨片。保存状况较差，散乱堆放在一起，可能被扰动。附近有大量柱洞构成的干栏式建筑，可能为埋葬在居住区房屋旁边的墓葬（图五三；彩版二五，1）。

M3

位于 T2114 西南部。开口于②g 层下，②h 层表。墓葬为二次葬，内葬一婴儿，仅有少量散乱肢骨和肋骨。保存状况较差，可能被扰动（图五四；彩版二五，2）。

M4

位于 T2114 西南角。开口于②h 层下，③层表。方向 18°。墓葬包括 2 具骨架，均为婴幼儿。北部个体骨骼散乱，头骨位于肢骨和肋骨上，为二次葬；南部个体为侧身直肢葬，头向北，面向东南，骨骼保存相对完好（图五五；彩版二六，1）。

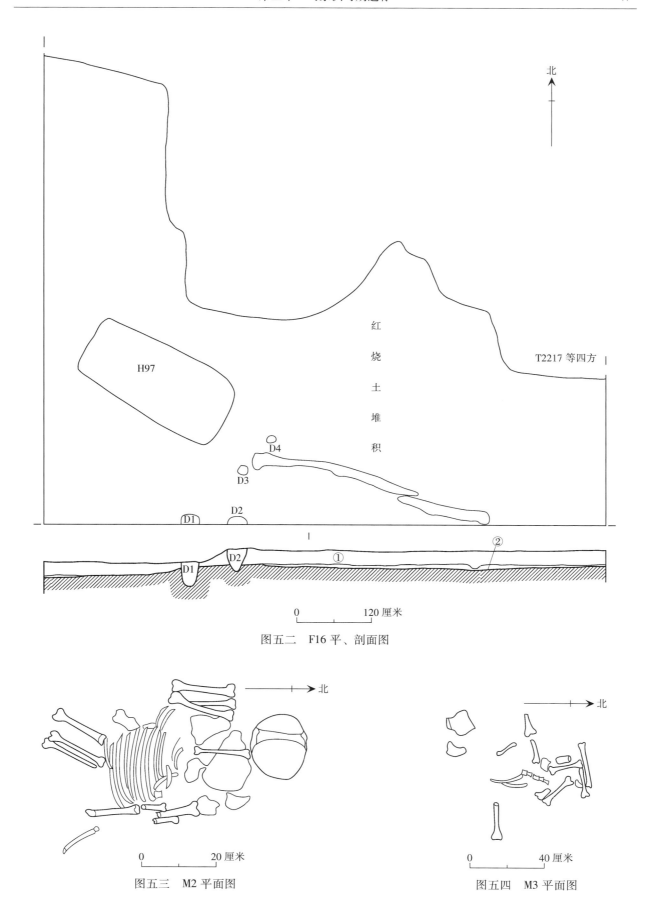

北

红
烧
土
堆
积

H97

D4

D3

D2

D1

T2217 等四方

①

②

D1 D2

0　　　　120 厘米

图五二　F16 平、剖面图

北

0　　　20 厘米

图五三　M2 平面图

北

0　　　40 厘米

图五四　M3 平面图

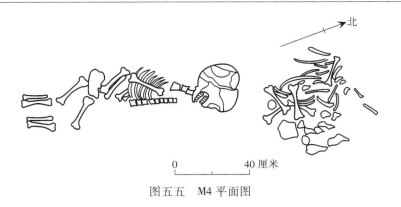

图五五　M4 平面图

M6

位于 T2111 东南角。开口于⑤层下，⑥a 层表。方向 28°。墓葬为一次葬，为一婴幼儿，侧身屈肢，头向北，面向东。骨骼保存相对完好（图五六）。

五、祭祀遗迹

1 处，编号 JS1。

位于 T2221 等四方的中部。开口于④a 层下，⑤b 层表。主要包括一片约 0.66 米×0.34 米范围的红烧土，上有 1 件倒扣的陶豆圈足，烧土西侧有一堆兽骨及鱼骨，在兽骨的西北和东南有 1 件骨镞和 7 件陶网坠（图五七；彩版二六，2）。

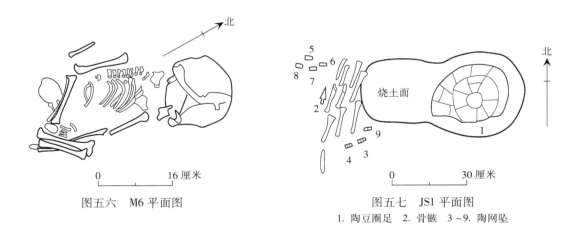

图五六　M6 平面图　　　　　　　图五七　JS1 平面图
　　　　　　　　　　　　　　　1. 陶豆圈足　2. 骨镞　3～9. 陶网坠

第二节　出土遗物

出土遗物既有日常使用的生活用品，也有生产使用的工作用具，还包括少量的用于祭祀性质的物品。主要出土于文化层、灰坑、房址、灰沟、祭祀遗迹等堆积中。以陶器为大宗，石器次之，骨角器也有一定数量，有个别玉器。

陶器为生活类遗物中的大宗，数量最多，品种最为丰富，由于其易碎性，绝大多数为陶片，完整或相对完整的有 200 余件。器形有釜、鼎、罐、小罐、三足罐、豆、盆、钵、三足钵、盘、盂、匜、缸、甑、鬶、蒸算、炉算、灶类器、杯、圈足小杯、盅、器座、支座、圈形器、敞口器、小三足器、袋足器、器盖、网坠、纺轮、圆饼、拍、环和陶塑、陶球、枕状红烧土等。根据陶质可分为夹蚌陶、夹炭陶、夹砂陶和泥质陶。根据陶胎表面颜色可分为红陶、褐陶、灰陶、白陶、黑陶、红衣陶、褐衣陶、黑衣陶等。相当多的陶器色质斑驳，不够均匀，少量陶器外红内黑（或灰黑）色。依据主发掘区各层的陶片统计，夹蚌陶为 22163 片，占总数的 86.39%，即将软体动物蚬、蚌、螺蛳类的外壳敲打碾碎后同有机质碎屑一起作为掺和料加入陶土；⑨、⑧、⑦层的蚌末相对较细，陶胎和表面多有孔隙，陶质相对较为疏松，⑥b、⑥a 至②b 层的蚌末相对较粗，有的器表清晰可见；陶色有红陶、褐陶、灰陶、黑陶、红衣陶、褐衣陶、黑衣陶等，红陶、褐陶、红衣陶的比率相对较高。其次为泥质陶，共 3040 片，占总数的 11.85%，火候相对较高；陶色有红陶、褐陶、灰陶、黑陶、红衣陶、褐衣陶、黑衣陶等。再次为夹砂陶，共 439 片，占总数的 1.71%；陶色有红陶、褐陶、灰陶、黑陶、白陶、红衣陶、褐衣陶、黑衣陶等。夹炭陶最少，共 12 片，占总数的 0.05%，所夹有机质在烧制过程中炭化，陶胎一般呈黑或灰黑色；陶色有红陶、褐陶、红衣陶、褐衣陶等（附表三）。不同陶质陶色的陶片在各文化层中的数量和所占比例都不相同，并呈现出一定的变化趋势，夹蚌陶不断减少，泥质陶、夹砂陶不断增加。如第⑨层出土少量陶片，均为夹蚌陶，占 100%，不见泥质陶和夹砂陶；第⑧层夹蚌陶稍有减少（99.98%），占绝对主要地位，夹砂陶少量出现；第⑦层夹蚌陶又有减少（99.74%），也占绝对主要地位，泥质陶也少量出现；最晚的②b 层，夹蚌陶减少到 70.09%，泥质陶和夹砂陶大量增加，分别占 26.29% 和 3.35%，夹炭陶占 0.27%。多平底器和三足平底器，也有圜底器、三足圜底器和圈足器。腰檐的使用比较普遍，宽窄高低有一定的变化，有的腰檐外缘有凸纽、锯齿纹装饰，或形成多角状，或有波状起伏。纹饰有锯齿纹、刻划纹、按捺纹、捺窝、镂孔、凸棱、附加堆纹、压印纹、刺点纹等。较大型陶器常采用泥条盘筑并分段拼接成型，拼接的部位一般在领部、肩部和腹部。小件器物直接手捏制成。腰檐、鋬、把手、器耳、鼎足、圈足、盖纽等一般分别制成，然后采用粘接的方法结合到一起。器物成型后一般经过慢轮修整处理。

一、陶器

（一）釜

为最主要的陶器之一。根据口、腹、底的特征分为 5 型，A 至 D 型为平底釜，E 型应为圜底釜。

A 型　敞直口斜腹筒形平底釜。

Aa 型，器形整体矮胖，腹部相对较斜，大小不一。

Ⅰ式，鋬靠近口沿，形态呈舌形和舌梯形，形态较小。

T2219 等四方⑧：4，夹蚌褐陶，局部黑色。口径 20.4、底径 10、高 14 厘米。敞口，圆唇，斜腹，小平底。口沿下等距离分布四个舌形鋬，腹部有一周腰檐。腰檐以上施黑衣，大部分脱落（图五八，1；彩版二七，1）。

H88：2，夹蚌红陶。口径 22、底径 11、高 14 厘米。敞口，圆唇，斜直腹，平底。靠近口部有两个对称舌梯形鋬，略残，腹部有九边形宽腰檐（图五八，2；彩版二七，2）。

T2111⑥a：1，夹蚌红陶，内壁有施红衣痕迹。口径 26、底径 12.8、高 20.4 厘米。敞口，方圆唇，斜直腹，平底略圜。口沿下有四个舌形錾，基本对称。腰檐系器身完成后附加堆贴，粘连不紧，出土时已脱落，手制轮修（图五八，3；彩版二七，3）。

　　H122：2，夹蚌红陶。口径 19.2、底径 11.2、高 14 厘米。手制。敞口，圆唇，斜直腹，平底。口沿下有两个对称舌形錾，中腹部有一周腰檐，已脱落，留有痕迹（图五八，4；彩版二七，4）。

　　T2217 等四方⑧：6，夹蚌红陶。口径 22、残高 16 厘米。敞口，圆唇，斜腹，底部残。腹部有六边形多角腰檐。腰檐以上施红衣（图五八，5；彩版二七，5）。

　　T2217 等四方⑧：5，夹蚌褐陶。口径 7.4、底径 4.4、高 5.6 厘米。敞口，圆唇，斜腹略弧，平底。口沿下有两个对称舌形錾，中腹有一周腰檐，已脱落，留有痕迹（图五八，6；彩版二七，6）。

　　Ⅱ式，錾位置稍下移，有的接近上腹中部位置，形态大约呈梯形，形态稍大。

　　H23：1，夹蚌黑陶。口径 15.6、底径 10.7、高 13.8 厘米。直口，圆唇，斜腹，平底。上腹有四个梯形錾，宽腰檐（残）。腰檐以上施黑衣，大部已剥落，下腹呈红色（图五九，1；彩版二八，1）。

　　H20：3，夹蚌褐陶。口径 19、底径 11.6、高 19.4 厘米。敞直口，方圆唇，斜腹，平底。腹部

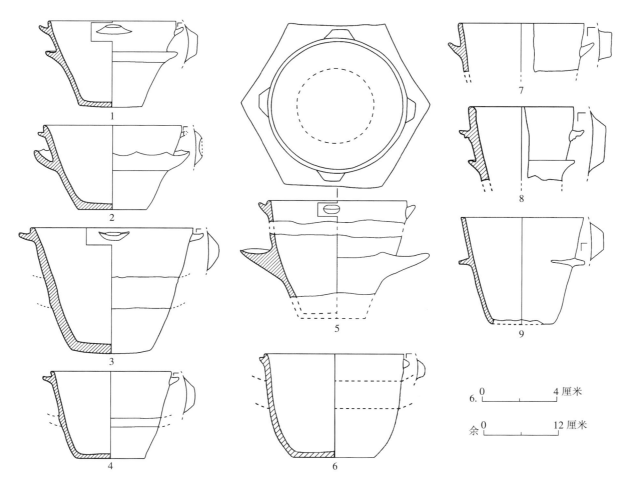

图五八　马家浜时期 Aa 型Ⅰ、Ⅲ、Ⅳ、Ⅴ式陶平底釜

1~6. Ⅰ式（T2219 等四方⑧：4、H88：2、T2111⑥a：1、H122：2、T2217 等四方⑧：6、T2217 等四方⑧：5）　7. Ⅲ式（H100：37）　8. Ⅳ式（T2217 等四方⑤a：8）　9. Ⅴ式（F1：17-1）

一周宽腰檐（残），上腹部设四个梯形鋬（残）（图五九，2；彩版二八，2）。

　　T2217 等四方⑦：2，夹蚌红衣陶。口径 28.8、底径 15.6、高 32.8 厘米。敞口，圆唇，斜直腹，平底略圜。沿下有鋬，已脱落，只留少许根部；中腹有一周腰檐，为粘接而成，已脱落（图五九，3；彩版二八，3）。

　　T2111④：1，夹蚌红衣陶。口径 26.8、残高 20.4 厘米。敞口，圆唇，斜腹，底部残。口沿下有四个舌梯形鋬，腹部有一周腰檐，大部分已脱落（图五九，4；彩版二八，4）。

　　H20：10，夹蚌褐陶。口径 16、残高 12 厘米。敞口，圆唇，斜直腹，底部残。口沿下有四个对称的梯形鋬，鋬下有一周腰檐，已残。腰檐以上部分施红衣，以下部分不施红衣（图五九，5）。

　　H20：16，夹蚌红陶。口径 18、残高 12 厘米。敞口，圆唇，斜直腹，底部残。口沿下有近长方形鋬；鋬下为一周宽腰檐，腰檐上翘，粘接而成；腰檐下有竖向泥条凸起，起加固作用（图五九，6）。

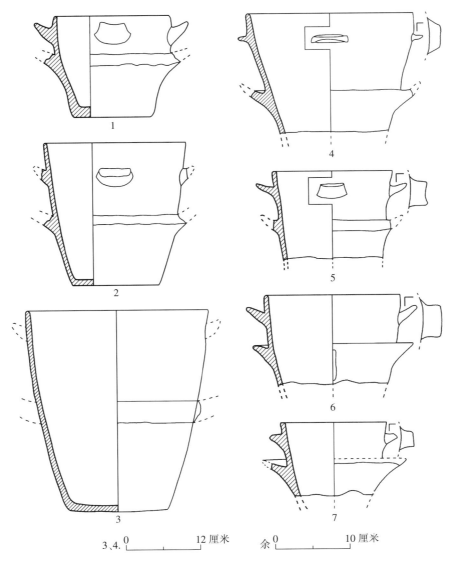

1　　　　　　　　　　　4

2　　　　　　　　　　　5

3　　　　　　　　　　　6

　　　　　　　　　　　7

3、4.　0　　　　12 厘米　　　余　0　　　　10 厘米

图五九　马家浜时期 Aa 型 Ⅱ 式陶平底釜

1～7. H23：1、H20：3、T2217 等四方⑦：2、T2111④：1、H20：10、H20：16、H20：8

H20∶8，夹蚌红陶。口径 14、残高 10 厘米。直口，方唇，斜直腹筒形，底残。口沿下有梯形錾，腹部有宽大腰檐（只残留根部）。腰檐以上有红衣，下部无（图五九，7）。

Ⅲ式，錾位置继续下移，形态近长方形，较高。质地为夹粗蚌陶。数量极少。

H100∶37，夹粗蚌红衣陶。口径 20、残高 8 厘米。直口，方唇，斜直腹，底部残。腹部有錾，位置偏下，錾近长方形，外表施红衣（图五八，7）。

Ⅳ式，腰檐和錾逐渐退化，有的錾背部有指捺纹。数量极少。

T2217 等四方⑤a∶8，夹粗蚌红陶。口径 14、残高 10 厘米。直口，圆唇，斜直腹，底部残。口下有梯形錾，錾下部有指捺纹，錾下一周矮腰檐，边缘稍上翘。不排除加三足成为鼎的可能性（图五八，8）。

Ⅴ式，腰檐退化不见，錾微下垂。仅 1 件。

F1∶17-1，夹砂红陶。口径 19.6、底径 9.6、高 17.2 厘米。敞口，方唇，斜直腹，平底略残。腹部设一对梯形錾，微下垂。釜的实际功能可能退化，同甗配套使用（图五八，9；彩版二八，5）。

Ab 型，器形整体瘦高，腹部相对较直。

Ⅰ式，錾靠近口沿，形态呈舌形和舌梯形，形态较小。

T3220 等方⑥∶7，夹蚌红衣陶。口径 36、残高 12 厘米。直口，尖圆唇，口沿下有舌梯形錾，下部残（图六〇，1）。

T3220 等方⑥∶12，夹蚌红衣陶。口径 31.6、残高 5.2 厘米。直口，圆唇，口沿下有舌形錾，下部残（图六〇，2）。

T2419 等四方⑧∶8，夹蚌红衣陶。口径 20.8、残高 8 厘米。直口，圆唇，靠近口部有舌梯形錾，下部残（图六〇，3）。

T2221 等四方⑧∶1，夹蚌红陶。底径 15、残高 16.2 厘米。上部残，腰檐下完整。宽腰檐，斜直腹，平底。腰檐边有少量锯齿（图六〇，5；彩版二九，1）。

T2221 等四方⑧∶2，夹蚌红陶。底径 14、残高 27.6 厘米。口沿和腰檐残。斜直腹，平底（图六〇，6）。

T1632④∶2，夹蚌褐陶。残高 9.6 厘米。口、底残，仅余腹部和腰檐。宽大腰檐六角形，上翘（图六〇，4）。

Ⅱ式，錾位置逐渐下移，形态大约呈梯形。

H16∶26，夹蚌褐陶。口径 30、残高 22.8 厘米。手制粘接。直口，圆唇，直腹逐渐内收，底部残。口沿下有梯形錾，下有一周宽大腰檐。腰檐以上施红衣，下部无（图六一，1）。

T2217 等四方⑦∶1，夹蚌红陶。底径 12.2、残高 28 厘米。口部残，直腹，平底略圈。中部有一周腰檐，为粘接而成，已残，只剩根部。腰檐以上遍施红衣（图六一，3；彩版二九，2）。

T2217 等四方⑦∶10，夹蚌褐陶。底径约 12、残高 17.6 厘米。上部残，直筒形腹，宽大腰檐上翘，平底稍圈。腰檐以上施红衣，下部无（图六一，4）。

Ⅲ式，錾位置继续下移，形态近长方形、较高。质地为夹粗蚌陶。

H14∶2，夹粗蚌红衣陶。口径 24、残高 10.4 厘米。直口，圆唇，直腹，腹部有近长方形錾（图六一，2）。

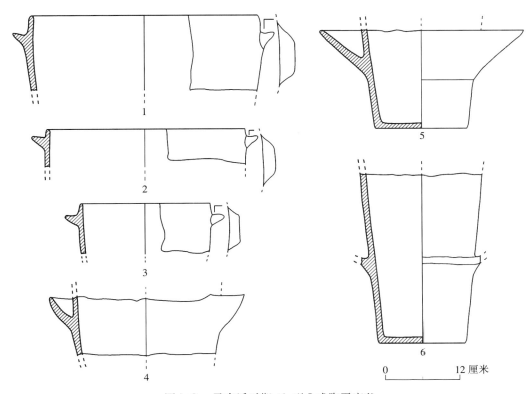

图六〇 马家浜时期 Ab 型 Ⅰ 式陶平底釜

1～6. T3220 等方⑥：7、T3220 等方⑥：12、T2419 等四方⑧：8、T1632④：2、T2221 等四方③：1、T2221 等四方⑧：2

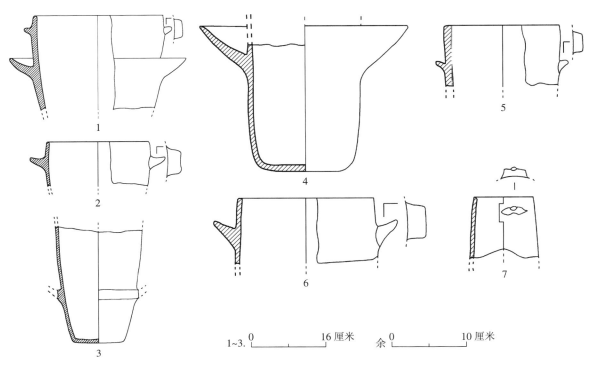

图六一 马家浜时期 Ab 型 Ⅱ、Ⅲ、Ⅳ 式陶平底釜

1、3、4. Ⅱ式（H16：26、T2217 等四方⑦：1、T2217 等四方⑦：10） 2、5. Ⅲ式（H14：2、H100：25） 6、7. Ⅳ式
（T2919④：5、T2219 等四方④a：15）

H100：25，夹粗蚌褐衣陶，大部分已脱落。口径18、残高9.6厘米。直口，方唇，口下有一对近长方形錾（图六一，5）。

Ⅳ式，腰檐和錾逐渐退化，有的錾更加远离口部，有的錾背部有指捺纹。

T2919④：5，夹炭黑陶。口径15、残高8.4厘米。直口，方唇，残片上有一錾，距口部较远（图六一，6）。

T2219等四方④a：15，夹蚌黑陶。口径15、残高8.4厘米。直口，尖圆唇，直腹，口下外侧有长方形錾，下部残。錾下有指捺纹（图六一，7）。

B型　宽沿盆形平底釜。

H26：2，夹蚌红陶。口径32.4、残高12厘米。口微敛，宽沿内倾，圆唇，弧腹，底残。上腹靠近口部有对称錾两个，錾呈短舌梯形（图六二，1；彩版二九，3）。

T2419等四方⑧：18，夹蚌红陶。口径32、残高11.6厘米。圆唇，宽沿，沿面斜平，弧腹内收。腹部设一对梯形錾，錾上缘带锯齿装饰（图六二，2）。

T2419等四方⑧：6，夹蚌红陶。口径34、残高8.8厘米。圆唇，宽沿，沿面斜平，沿面内倾，口沿下有对称梯形錾，下部残。口沿面上施一层红衣（图六二，3）。

T2419等四方⑧：16，夹蚌红陶。口径43.2、残高9.6厘米。圆唇，斜平沿，弧腹。腹部设一对錾，錾残（图六二，4）。

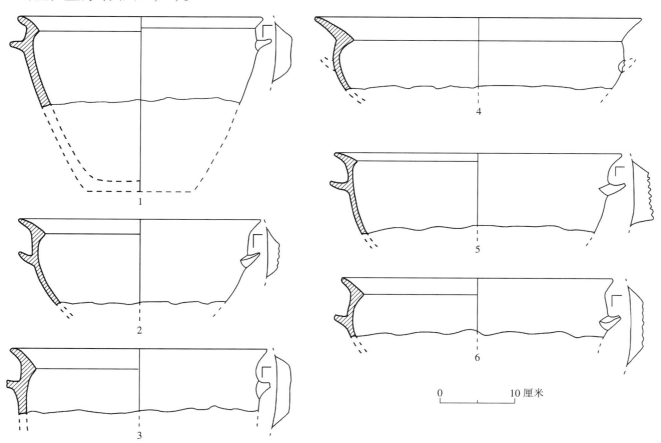

图六二　马家浜时期B型陶平底釜
1~6. H26：2、T2419等四方⑧：18、T2419等四方⑧：6、T2419等四方⑧：16、G3：1、T3220等方⑥：13

G3：1，夹蚌红陶。口径 38、残高 10.8 厘米。宽沿，圆唇，弧腹。腹部设一对梯形錾，錾外缘带锯齿纹（图六二，5）。

T3220 等方⑥：13，夹蚌红陶。口径 36、残高 8 厘米。圆唇，斜平沿，弧腹。腹部设一对錾，錾外缘呈锯齿状（图六二，6）。

C 型　罐形平底釜。

Ca 型，敞口、卷沿、束颈、鼓腹。

Ⅰ式，束颈稍内凹。

G3：2，夹蚌红陶。口径 36、残高 14.4 厘米。敞口，圆唇，窄腰檐，底残。腰檐以上施红衣，以下不施（图六三，1）。

T2419 等四方⑧：17，夹蚌红陶。口径 26、残高 12 厘米。敞口，尖圆唇，窄腰檐。腰檐以上施红衣（图六三，2）。

T2419 等四方⑧：10，夹蚌红陶。口径 36、残高 17.6 厘米。敞口，圆唇，窄腰檐。上腹部施红衣（图六三，3）。

T2419 等四方⑧：5，夹蚌红陶。口径 32、残高 13.2 厘米。敞口，圆唇，窄腰檐。腰檐以上施红衣（图六三，4）。

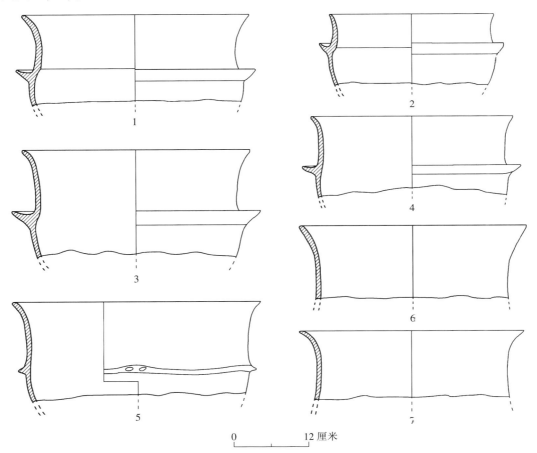

图六三　马家浜时期 Ca 型陶平底釜

1～4. Ⅰ式（G3：2、T2419 等四方⑧：17、T2419 等四方⑧：10、T2419 等四方⑧：5）　5～7. Ⅱ式（T2217 等四方⑦：8、H12：1、H16：19）

Ⅱ式，束颈稍直。

T2217 等四方⑦：8，夹蚌红陶。口径 39.6、残高 16 厘米。敞口，圆唇，腹部偏上有腰檐一周，略有波状起伏，腰檐局部有按捺纹。腰檐以上部分施红衣（图六三，5）。

H12：1，夹蚌红衣陶。口径 36、残高 6 厘米。敞口，圆唇，颈稍直，下部残缺（图六三，6）。

H16：19，夹蚌红衣陶。口径 36、残高 5.6 厘米。敞口，圆唇，颈稍直。器表施红色陶衣（图六三，7）。

Cb 型，侈口、卷沿、束颈、鼓腹。

Ⅰ式，侈口束颈。

T2419 等四方⑧：11，夹蚌红衣陶。口径 34、残高 18.4 厘米。圆唇，宽沿，鼓腹，底部残。腹部施一周附加堆纹，上饰连珠状按捺纹。其上出露两錾，錾残（图六四，1）。

T2419 等四方⑧：13，夹蚌红衣陶。口径 34.2、残高 19.2 厘米。圆唇，宽卷沿，微鼓腹，底部残。腹部有一周低矮附加堆纹，上附宽梯形錾。器身满施红衣（图六四，2）。

Ⅱ式，侈口、束卷沿。

T2419 等四方⑦：3，夹褐黑衣陶。口径 26、残高 14 厘米。圆唇，束颈明显，鼓腹，底部残。腹部设窄腰檐，腰檐上带四个对称的梯形錾，錾外缘饰按捺纹（图六四，3）。

Cc 型，微侈口、鼓腹。

Ⅰ式，口径大于腹径。

T3220 等方⑥：11，夹蚌黑衣陶。口径 28、残高 6 厘米。侈口，圆唇，卷沿，下部残（图六四，4）。

Ⅱ式，口径略小于腹径。

H20：5，夹蚌红衣陶，局部发黑。口径 28、底径 16 厘米。侈口，圆唇，削肩，鼓腹，腹中部有窄腰檐一周，底部残（图六四，5；彩版二九，4）。

Ⅲ式，口径小于腹径。

H14：3，夹蚌红衣陶。口径 28、残高 13.6 厘米。侈口，圆唇，微折沿，削肩，鼓腹，腹部有一周窄腰檐，底部残（图六四，6）。

Ⅳ式，口径明显小于腹径。

H100：32，夹蚌红衣陶，胎厚。口径 22、残高 16 厘米。侈口，圆唇，溜肩，鼓腹，底部残。口沿下有高梯形錾，錾下有退化腰檐，腰檐下有纵向泥条堆贴，起加固作用（图六四，7）。

H100：33，夹蚌红衣陶。口径 29.4、残高 9.4 厘米。侈口，圆唇，溜肩，宽梯形錾，下部残。外表施红衣（图六四，8）。

Cd 型，微侈口、束颈、腹部较直。

H16：1，夹蚌红陶。口径 19.2、底径 13、高 15.6 厘米。微侈口，圆唇，腹部较直，下弧收成平底，上腹有一周宽腰檐。腰檐以上经打磨，施黑色陶衣，基本脱落。腰檐下未经打磨，多气孔隙（图六四，9；彩版二九，5）。

D 型　敛口钵形平底釜。

Da 型，有錾。

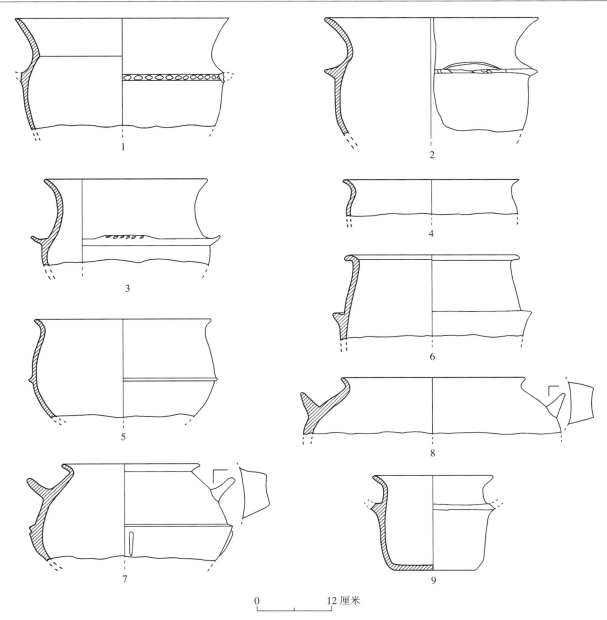

图六四　马家浜时期 Cb、Cc、Cd 型陶平底釜

1～3. Cb 型（T2419 等四方⑧：11、T2419 等四方⑧：13、T2419 等四方⑦：3）　4～8. Cc 型（T3220 等方⑥：11、H20：5、H14：3、H100：32、H100：33）　9. Cd 型（H16：1）

　　H88：3，夹炭红陶。口径 34.4、底径 13.6、高 24 厘米。敛口，方圆唇，斜直腹，小平底。靠近口部有两个对称梯形錾，錾外端饰花边（图六五，1；彩版三〇，1）。

　　T2014⑤：1，夹蚌红陶。口径 26、残高 6.8 厘米。敛口，方圆唇，斜直腹，下部残。靠近口部有两个对称梯形錾，錾外端饰锯齿（图六五，2）。

　　Db 型，有腰檐。

　　F1：40，夹蚌红陶。口径 27.6、底径 12.8、高 22 厘米。微敛口，方唇，斜弧腹，平底。腹部有一周腰檐，上有指掐纹。口部不够规整，略呈椭圆形，制作粗糙（图六五，3；彩版三〇，2）。

　　E 型　敞口圜底釜。

Ea 型，深腹。

T2217 等四方②b：3，夹砂褐陶。口径 30、残高 23.6 厘米。方圆唇，宽沿，深斜弧腹，底残。口下部有两个对称长条形錾；上腹部有一周腰檐，饰指捺纹花边（图六五，4；彩版三〇，3）。

F8：17，夹砂红陶。残高 16.8 厘米。上部残，深斜弧腹，圜底。腹部有一周腰檐，上有指捺纹装饰（图六五，5；彩版三〇，4）。

Eb 型，浅腹。

T2419 等四方⑤a：15，夹蚌红褐陶。口径 32、高 16.8 厘米。敞口，圆唇，微卷沿，浅弧腹，微圜底（图六五，6；彩版三〇，5）。

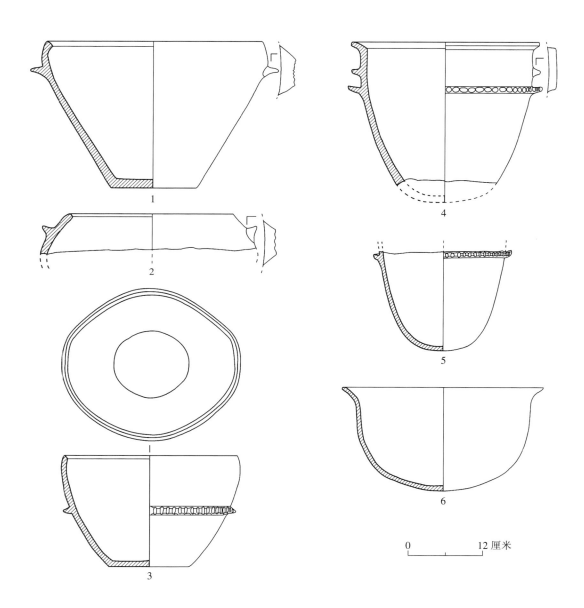

图六五　马家浜时期 D、E 型陶釜

1、2. Da 型（H88：3、T2014⑤：1）　3. Db 型（F1：40）　4、5. Ea 型（T2217 等四方②b：3、F8：17）　6. Eb 型（T2419 等四方⑤a：15）

（二）鼎

为最主要的陶器之一。根据口、腹、底、足的特征分为8型。

A型　敛口钵形鼎。数量极多。

H100：23，夹蚌红陶。口径21.6、高26.8厘米。敛口，方唇，鼓腹，圜底，长扁梯形鼎足。下腹有对称梯形鋬，顶端有锯齿装饰。足尖外撇，足正面内凹，背面外凸。腹部有不规则刮削纹（图六六，1；彩版三一，1）。

H100：14，夹蚌褐陶。口径23.2、高21.2厘米。敛口，方圆唇，微鼓腹，腹部有鋬粘贴的残痕，圜底近平，长扁梯形鼎足。中下腹有腰檐一周。足根外侧有指捺纹一个（图六六，2；彩版三二，2）。

H100：16，夹蚌褐陶。口径26、残高18厘米。敛口，方圆唇，鼓腹，圜底，长扁梯形鼎足。腹中部有腰檐一周，腰檐以上有对称鋬两对，两大两小，两个大鋬下面分别有指捺纹两个。三足正面中间有纵向花边状附加堆饰，堆饰两侧各有两个指捺纹（图六六，3；彩版三一，3）。

H100：17，夹蚌褐陶。口径26.4、高19.6厘米。敛口，圆唇，鼓腹，圜底近平，三长扁梯形鼎足。腹部有腰檐一周，腰檐以上有对称泥片装饰两个，足面有指捺窝两个（图六六，4；彩版三一，4）。

H100：18，夹蚌褐陶。口径21.6、残高13.2厘米。敛口，方唇，鼓腹，圜底近平。腹部有腰檐一周，腰檐以上有对称梯形鋬两个，鋬下面有三个指捺窝。还有泥片贴附装饰两个，泥片上饰指捺纹两个（图六六，5；彩版三一，5）。

T3220等方④：12，夹蚌红陶。残高13.4厘米。口部残，鼓腹，圜底，长扁梯形鼎足。腹部有一周腰檐，上腹带一对梯形鋬，鋬下施一捺窝。三足正面平、内面鼓，正面施一道纵向的长捺窝（图六六，6）。

H102：7，夹蚌红陶。口径27.2、残高19.2厘米。敛口，方圆唇，弧腹，圜底。上腹有对称双舌形鋬，鋬下面有双指捺纹。中腹有一周腰檐，腰檐上翘。三鼎足只剩根部，可看出为长梯形，外侧面中间有一道纵向堆纹，两侧两道捺窝纹（图六六，7；彩版三一，6）。

T2221等四方⑤b：11，夹砂红陶。口径18.8、残高20.8厘米。敛口，方唇，鼓腹，窄腰檐，长梯形鼎足。上腹带一对鋬，鋬外侧有一捺窝。鼎足上外侧带一纵向的长捺窝（图六六，8；彩版三二，1）。

T2217等四方⑤a：20，夹蚌红陶。口径26、残高9.2厘米。敛口，方唇，微鼓腹，底部残。口沿下有舌形鋬，鋬下有两指捺纹，鋬下部有一周矮腰檐（图六六，9）。

T2219等四方⑤a：6，夹蚌褐陶。口径40、残高10厘米。敛口，方圆唇，鼓腹，底部残。口沿下有舌形鋬，鋬下有指捺纹（图六六，10）。

B型　侈口罐形鼎。

Ⅰ式，微侈口。

T2219等四方⑦层表D15：1，夹蚌褐陶，器表因烧制温度不均而呈现黑、红两色。口径14.4、残高10.4厘米。微侈口，窄沿，尖唇，稍鼓腹，圜底，长扁梯形鼎足。残存鼎足上部外侧有指窝纹（图六七，1；彩版三二，2）。

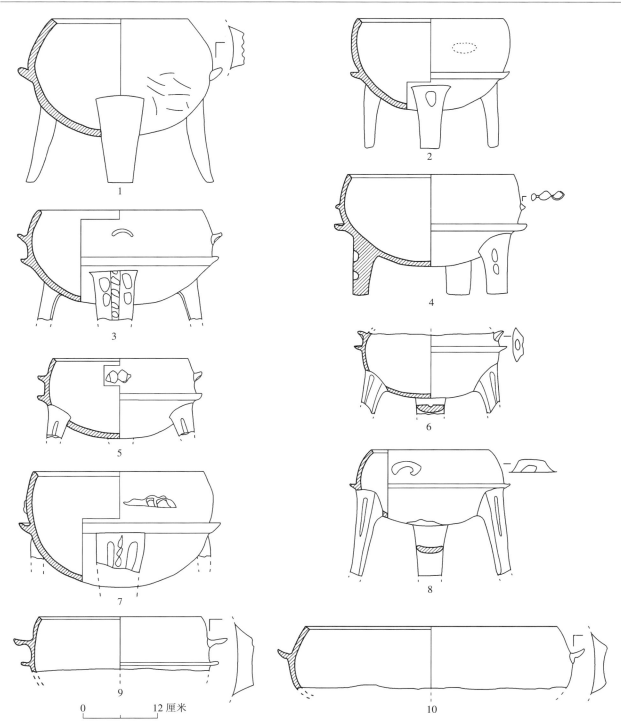

图六六　马家浜时期 A 型陶鼎

1～10. H100：23、H100：14、H100：16、H100：17、H100：18、T3220 等方④：12、H102：7、T2221 等四方⑤b：11、T2217 等四方⑤a：
20、T2219 等四方⑤a：6

　　H36：1，夹粗蚌红陶。口径 30、残高 21 厘米。微侈口，尖圆唇，鼓腹，底部残。腹中部有一周附加凸棱（图六七，2）。

　　H100：35，夹蚌红褐陶，蚌颗粒大。口径 25.2、残高 14.6 厘米。微侈口，尖圆唇，鼓腹，底部残（图六七，3）。

Ⅱ式，侈口。

T3220 等方④：2，夹蚌红陶。口径 21.6、残高 19.2 厘米。侈口，尖圆唇，溜肩，鼓腹，圜底。颈部带一道凸弦纹，腹部设一对錾，錾背有指捺纹。鼎足残，从残痕看应为长扁梯形鼎足，足外侧平，带一长长的捺窝，内侧圆鼓（图六七，4；彩版三二，3）。

T2221 等四方⑤b：9，夹砂红陶。口径 15.8、残高 13 厘米。侈口，沿微卷，尖圆唇，溜肩，鼓腹，圜底。腹部设一对錾，錾下有指捺纹。鼎足残，从残痕看应为长扁梯形鼎足，足根部有一捺窝（图六七，5；彩版三二，4）。

T2221 等四方⑤b：13，夹蚌红陶。残高 12.6 厘米。口部残，鼓腹，圜底，长扁梯形足。腹设两錾，錾上施斜向捺窝。鼎足外平内鼓，近根部处施纵向捺窝（图六七，6）。

T2221 等四方⑤b：15，夹蚌红陶。残高 10 厘米。口部残，鼓腹，圜底。设两錾，錾外侧施捺窝，腹部有一壶嘴状流口。鼎足残，为长扁梯形鼎足，足根部有纵向捺窝（图六七，7；彩版

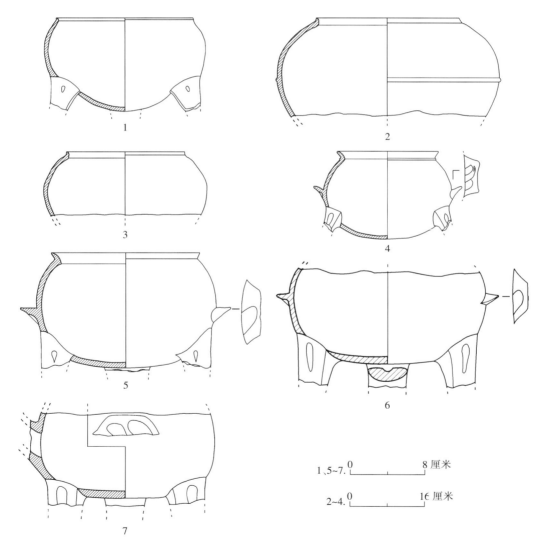

1、5~7. 0 ——— 8 厘米
2~4. 0 ——— 16 厘米

图六七　马家浜时期 B 型陶鼎

1~3. Ⅰ式（T2219 等四方⑦表 D15：1、H36：1、H100：35）　4~7. Ⅱ式（T3220 等方④：2、T2221 等四方⑤b：9、T2221 等四方⑤b：13、T2221 等四方⑤b：15）

三二，5）。

C 型　筒腹平底鼎。数量极少。

Ca 型，腹较直。

F11∶2，夹蚌红陶。残高 15 厘米。筒形近直腹，平底微圜。腹部有一周窄腰檐，微上翘。折底部有三足，仅余足根。出土于房址旁边的大口缸内（图六八，1；彩版三三，1）。

Cb 型，斜腹。

H50∶1，夹蚌红陶。残高 15 厘米。筒形斜腹，平底。腹部有一周腰檐，微上翘，腰檐以上有泥贴，用指捺装饰。三鼎足残损，从根部看应为扁长梯形鼎足，正面有纵向指捺纹（图六八，2；彩版三三，2）。

D 型　微侈口带折棱平底鼎。

H14∶11，夹蚌红陶。口径 14.6、残高 10.6 厘米。微侈口，圆唇，沿微卷，上腹近直，腹部形成折棱，下腹内弧，平底，三扁条形鼎足（略残）。折棱以上施红衣（图六八，3；彩版三三，3）。

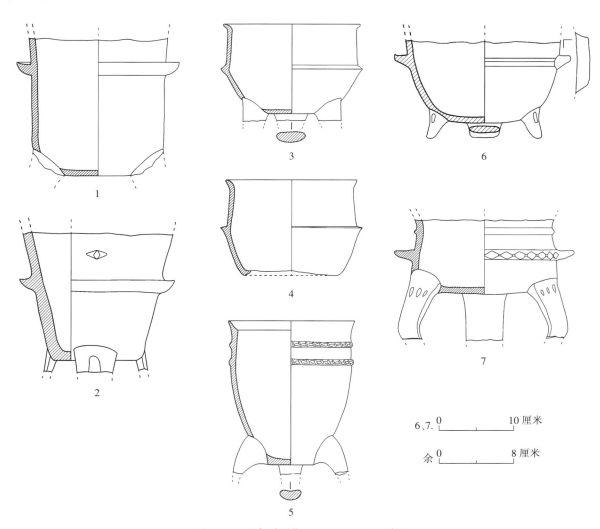

图六八　马家浜时期 C、D、E、F 型陶鼎

1. Ca 型（F11∶2）　2. Cb 型（H50∶1）　3、4. D 型（H14∶11、H14∶1）　5、6. E 型（T2819⑤∶1、F8∶16）　7. F 型（T2221 等四方④a∶8）

H14：1，夹蚌红衣陶。口径 13.9、残高 10.5 厘米。微侈口，尖圆唇，沿微卷，上腹近直，腰部形成折棱，下腹内弧，底部大多残缺，平底。根据底部残痕及相同器形判断应带三足（图六八，4；彩版三三，4）。

E 型　大口深弧腹平底鼎。

T2819⑤：1，夹蚌红陶。口径 13.6、残高 16.8 厘米。敞口，斜折沿微凹，尖圆唇，深弧腹近直，下腹内收，小平底。上腹部饰两道附加堆纹。底腹部设三个扁圆形鼎足，略残，足外侧浑圆，内侧略内凹（图六八，5；彩版三三，5）。

F8：16，夹砂红陶。残高 13.2 厘米。上部残，下部完整，近底处弧收，平底略圜，三扁状小足。腹部施一周凸棱，在凸棱上出露一对梯形鋬。足外侧有一捺窝（图六八，6；彩版三三，6）。

F 型　垂腹平底鼎。

T2221 等四方④a：8，夹蚌红陶。残高 16.6 厘米。口残，垂腹，平底略圜，三扁条状足。颈部施一周凸棱，腹部施一道附加堆纹，堆纹上施连续的按捺，呈绞索状，并在堆纹上出露一对鋬。足内弯，足根外侧施三个捺窝（图六八，7；彩版三四，1）。

G 型　束颈折腹鼎。

Ga 型，盆形鼎。

Ⅰ式，微束颈、微折腹。

T2419 等四方⑤a：2，夹蚌红陶。口径 17.6、高 11.2 厘米。敞口，折沿，尖圆唇，微束颈，微折腹，浅圜底，三扁铲形足。折腹处有一周凸棱，上施竖向压印纹。三足样式略有差异，一足正面饰三道竖凹槽，另两足正面凹弧、背面外凸（图六九，1；彩版三四，2）。

Ⅱ式，束颈、折腹。

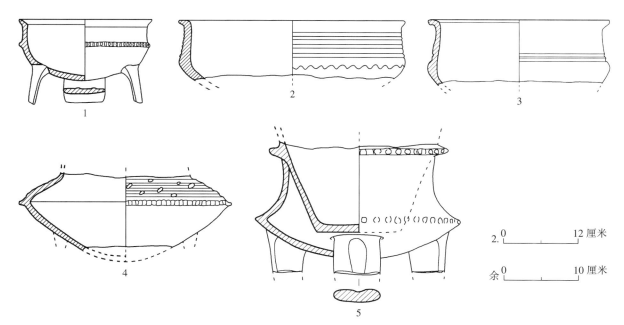

图六九　马家浜时期 Ga、Gc 型陶鼎

1. Ga Ⅰ式（T2419 等四方⑤a：2）　　2、3. Ga Ⅱ式（F14：16、T2217 等四方②c：15）　　4. Gc Ⅰ式（T2419 等四方⑥a：8）　　5. Gc Ⅱ式（F1：16-2）

F14∶16，夹蚌褐陶。口径 36、残高 9.6 厘米。平沿，尖圆唇，束颈，折腹，下部残。上腹布满凹弦纹，折腹处饰花边（图六九，2）。

T2217 等四方②c∶15，夹蚌褐陶。口径 24、残高 8.8 厘米。平沿，圆唇，束颈，折腹，下部残。上腹部有两周凹弦纹（图六九，3）。

Gb 型，罐形鼎。

Ⅰ式，窄沿、微束颈。

T2217 等四方⑥a∶9，夹蚌褐陶。口径 34、残高 5.6 厘米。窄平沿，圆唇，微束颈，下部残。上腹有四周凹弦纹（图七〇，1）。

Ⅱ式，平沿、束颈。

T2419 等四方⑤a∶4，夹蚌黄褐陶。口径 40、残高 5.6 厘米。平沿，圆唇，束颈，下部残。上腹部有数周凹弦纹（图七〇，2）。

Ⅲ式，束颈明显，平沿微凹和卷沿稍下垂。

F1∶20，夹蚌褐陶。口径 28.8、高 28.8 厘米。小平沿，圆唇微卷下垂，束颈，折腹，圜底，三侧装扁足。上腹有数道隐约弦纹，折腹处饰花边状锯齿纹。靠近足根的两侧面各有两个指捺纹，足下端扭曲（图七〇，3；彩版三四，3）。

F16∶16，夹蚌黄褐陶。口径 28、残高 10.4 厘米。圆唇，唇外面微下垂，窄平沿，束颈，折

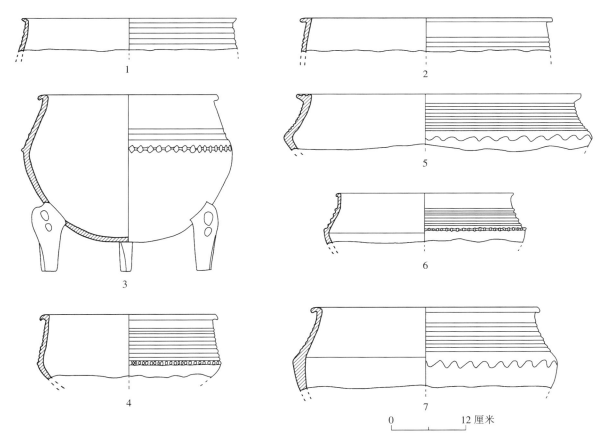

图七〇　马家浜时期 Gb 型陶鼎

1. Ⅰ式（T2217 等四方⑥a∶9）　2. Ⅱ式（T2419 等四方⑤a∶4）　3~7. Ⅲ式（F1∶20、F16∶16、F14∶19、H49∶1、F15②∶20）

腹，下部残。上腹有数道凹凸弦纹，折腹处有一周锯齿凸棱（图七〇，4）。

F14∶19，夹蚌红陶。口径45.2、残高9.2厘米。圆唇，平沿，折腹，下部残。沿面有两周凹弦纹，上腹布满弦纹，折腹处有花边装饰（图七〇，5）。

H49∶1，夹砂红褐陶。口径28、残高8厘米。卷沿，圆唇，束颈，折腹。上腹有数道凹凸弦纹，折腹处有锯齿纹（图七〇，6）。

F15②∶20，夹蚌红陶，局部黑色。口径36、残高12.6厘米。卷沿，圆唇，束颈，折腹，下部残。折腹处用泥条贴附花边，上腹满饰凹凸弦纹（图七〇，7）。

Gc型，壶形鼎。

Ⅰ式，束颈。

T2419等四方⑥a∶8，夹蚌红陶。残高9.6厘米。口和底残，束颈，斜折腹，下腹斜收。折腹处以一周附加堆纹压印锯齿纹为界，上腹有弦痕和附加泥突。鼎足残缺，只留粘接足根的痕迹（图六九，4）。

Ⅱ式，束颈内凹明显。

F1∶16-1、16-2，为釜和鼎组合。釜，夹砂红陶。底径9、残高9.2厘米。上部残，斜腹，小平底。腹部有一周低腰檐，上有锯齿纹装饰。其下为鼎。鼎，夹有孔质红陶。残高12.4厘米。上部残，束颈明显，形成凹曲，折腹，圜底，三扁条形鼎足。折腹处有锯齿纹，鼎足正面有一道凹槽。陶质极其疏松。鼎受压，整体已稍变形。出土时形成一套炊器（图六九，5；彩版三四，4）。

H型　浅腹盘形鼎。

Ha型，微敛口。

F15②∶6，夹蚌黄褐陶。口径36、残高8厘米。敛口，方唇，浅弧腹，三柱状足，底残（图七一，1）。

F16∶18，夹炭黄陶。口径30、残高4.6厘米。窄平沿，尖唇，口一侧内凸出一宽梯形錾，弧腹，圜底近平，三扁条形足。足根部有五个捺窝（图七一，2）。

Hb型，敞口。

T2919③∶3，夹蚌红陶。口径36.4、残高11.8厘米。平沿，方唇，浅弧腹，底残，三长扁梯形鼎足。鼎足外侧中央有一条纵向附加堆指捺纹（图七一，3）。

（三）鼎足

A型　长梯形。

H100∶50，夹蚌红陶。残长18厘米。正面微凹，背面凸鼓，足尖稍外撇（图七二，1）。

B型　长梯形，足正面有指捺窝或钻孔装饰。

T2221等四方④a∶28，夹砂红褐陶。残长14.4厘米。

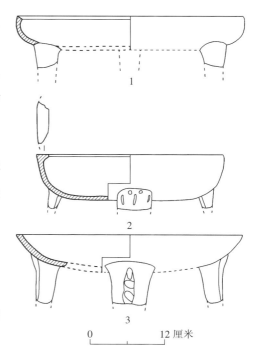

图七一　马家浜时期H型陶鼎
1、2.Ha型（F15②∶6、F16∶18）
3.Hb型（T2919③∶3）

正面足根部有一指捺窝（图七二，2）。

　　T2114②g：2，夹蚌红陶。残长 12 厘米。正面微内凹，凹槽内竖排三个小镂孔，钻而未透，背面略外凸（图七二，3）。

　　C 型　长梯形，正面中间有纵向指捺泥条，两侧有指捺纹或条形凹槽。

　　H100：48，夹蚌红陶。残长 20 厘米。外侧中央有一道纵向指捺泥条，足尖平、稍外撇（图七二，4）。

　　T2221 等四方④a：29，夹蚌红陶。残长 19 厘米。外侧中央有一道纵向指捺泥条，足根两侧各有一指捺纹（图七二，5）。

　　D 型　长梯形，正面两侧附加两条纵向指捺泥条。

　　T2819⑤：3，夹蚌红褐陶。残长 15.2 厘米。正面两侧附加两条纵向指捺泥条（图七二，6）。

　　T3220 等方③：8，夹蚌红褐陶。残长 20 厘米。正面两侧附加两条纵向指捺泥条，中间有两个指捺窝（图七二，7）。

　　E 型　扁长条形，带瓦沟状凹槽。

　　Ea 型，稍窄，带一道瓦沟状凹槽。

　　F1：29，夹砂红陶。残，无法修复。残高 7.5 厘米。可见部分为折腹，折腹处饰锯齿纹装饰。鼎足为扁长条形，正面有一道瓦沟状浅凹槽（图七三，1）。

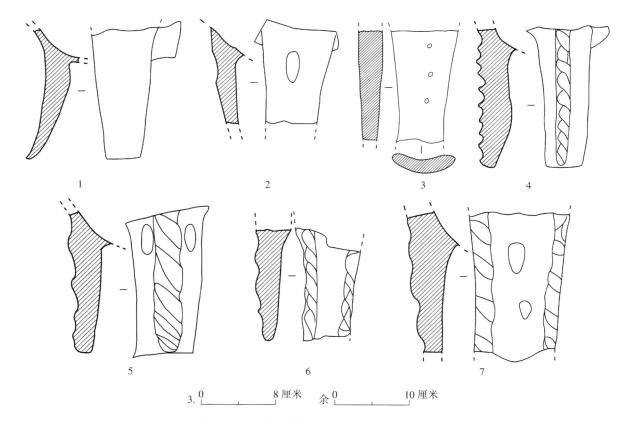

1　　　　　　　2　　　　　　　3　　　　　　　4

5　　　　　　　　　6　　　　　　　　7

3. 0 _____ 8 厘米　余 0 _____ 10 厘米

图七二　马家浜时期 A、B、C、D 型陶鼎足

1. A 型（H100：50）　2、3. B 型（T2221 等四方④a：28、T2114②g：2）　4、5. C 型（H100：48、T2221 等四方④a：29）

6、7. D 型（T2819⑤：3、T3220 等方③：8）

Eb 型，较宽，带多道瓦沟状凹槽。

F1：24，夹砂红陶。残，无法修复。残高 7.2 厘米。可见部分为圈底，扁条形鼎足。鼎足正面有三道瓦沟状凹槽，正面微内凹，背面凸鼓（图七三，2）。

F16：21，夹蚌褐陶。残长 16.4 厘米。正面有三道竖向瓦沟状凹槽，足尖稍外撇（图七三，3）。

F16：10，夹蚌红陶。残长 19.2 厘米。正面有三道竖向瓦沟状凹槽，足尖外撇（图七三，4）。

F 型　扁侧羊角状。

F16：22，夹蚌红陶。残长 10.1 厘米。足根部两侧有两个捺窝，其下有两道纵向浅凹槽（图七三，5）。

H48：1，夹蚌红陶。残长 14 厘米。足尖外撇。足根部两侧有两个捺窝，其下有两道纵向浅凹槽（图七三，7）。

T3220 等方②b：14，夹蚌黄褐陶。残长 9.8 厘米。足尖部残（图七三，6）。

T2217 等四方②c：18，夹蚌红陶。残长 17 厘米。不甚规整，足根部两侧各有一指捺窝（图七三，8）。

G 型　圆锥形。

T2919④：17，泥质红衣陶，部分脱落，出露红褐色陶胎。残高 14 厘米。圆锥形，实心，带少量腹片（图七三，9）。

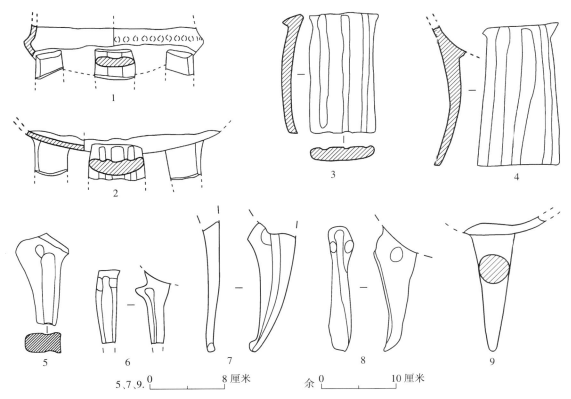

图七三　马家浜时期 E、F、G 型陶鼎足

1. Ea 型（F1：29）　2~4. Eb 型（F1：24、F16：21、F16：10）　5~8. F 型（F16：22、T3220 等方②b：14、H48：1、T2217 等四方②c：18）　9. G 型（T2919④：17）

（四）罐

A 型　侈口罐。

Aa 型，溜肩。

Ⅰ式，侈口沿稍窄。

H20：2，夹蚌红衣陶。口径 20、底径 14.8、高 24.8 厘米。侈口，圆唇，溜肩，鼓腹，平底，近底处圆折。腹设两錾（残）（图七四，1；彩版三五，1）。

H20：11，夹蚌红衣陶。口径 24、残高 23.2 厘米。侈口，尖圆唇，溜肩，鼓腹，下部残（图七四，2）。

Ⅱ式，侈口沿稍宽。

T3220 等方④：13，夹蚌红陶。口径 15、残高 7.6 厘米。侈口，尖圆唇，溜肩，鼓腹，下部残（图七四，3）。

H100：56，夹蚌红衣陶。口径 24、残高 6 厘米。侈口，尖圆唇，溜肩，鼓腹，下部残（图七

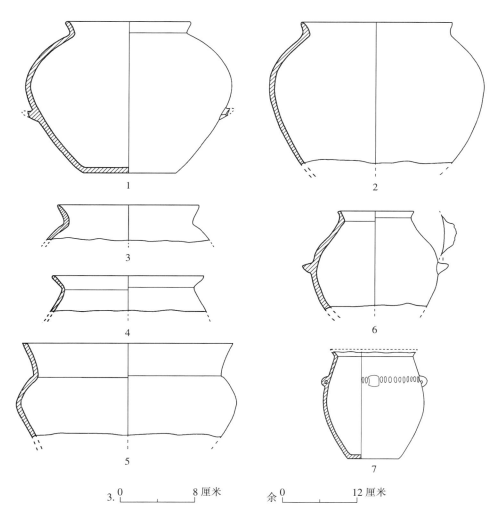

3.　0　　　　　　8厘米
余　0　　　　　　12厘米

图七四　马家浜时期 A 型陶罐

1、2. Aa Ⅰ式（H20：2、H20：11）　3、4. Aa Ⅱ式（T3220 等方④：13、H100：56）　5. Aa Ⅲ式（T2919④：2）
6. Ab Ⅰ式（TG1⑤：3）　7. Ab Ⅱ式（T3220 等方④：3）

四，4）。

Ⅲ式，侈口沿较宽。

T2919④：2，夹砂白陶，含砂量大，烧结程度较好。口径33.6、残高15.2厘米。侈口，方唇，宽沿，溜肩，腹圆折，下部残（图七四，5；彩版三五，2）。

Ab型，削肩。

Ⅰ式，口稍小。

TG1⑤：3，夹蚌红陶。口径12、残高16厘米。侈口，方唇，削肩，鼓腹，中腹有对称双舌形錾，下部残（图七四，6）。

Ⅱ式，口稍大。

T3220等方④：3，夹砂红陶。底径8、残高17.4厘米。口沿残，削肩，弧腹，平底。上腹带四系，并在四系间饰一周锯齿状戳印纹（图七四，7；彩版三五，3）。

B型 敛口罐。

Ba型，敛口。

Ⅰ式，口小，最大腹径偏下。

T2217等四方⑧：7，夹蚌末红衣陶。口径16.4、底径14、高28厘米。小敛口，斜方唇，垂鼓腹，腹两侧设对称牛鼻形横耳，下腹内收成小平底（图七五，1；彩版三五，4）。

Ⅱ式，口稍大。

H17：9，夹蚌红衣陶。口径18、残高6.4厘米。敛口，圆唇，鼓腹，下部残（图七五，2）。

Ⅲ式，口稍大，最大腹径偏中上。

H100：11，夹蚌红衣陶，局部因烧成温度不均而呈黑色。口径27.4、高19.2厘米。敛口，方唇，鼓腹内收，圜底近平。腹部有对称宽扁錾（图七五，3；彩版三五，5）。

F11：3，夹蚌红衣陶。口径22、残高16厘米。敛口，方唇，鼓腹，下部残。腹内部可见刮刷痕（图七五，4）。

T3220等方⑤层表D47：1，夹蚌红衣陶，局部呈黑色。口径20.4、底径11、高14.4厘米。敛口，方唇，鼓腹，平底。腹部设一对梯形錾，錾背有指捺纹（图七五，5；彩版三六，1）。

T2221等四方④a：9，夹砂红陶。口径17.6、高16.2厘米。敛口，圆唇，鼓腹，圜底。腹部设一对錾，錾背各施一捺窝（图七五，6；彩版三六，2）。

T2417等四方⑥a：6，夹蚌陶，口部施红衣，其余施黑衣。口径24、残高6.8厘米。敛口，方圆唇，鼓腹，下部残（图七五，7）。

Ⅳ式，最大腹径偏上。

F1：42，夹炭红陶，局部偏黑。口径17、底径12、高12.8厘米。敛口，圆唇，鼓腹，平底（图七五，8；彩版三六，3）。

T2221等四方④a：24，泥质红衣陶，大部分脱落。口径8、残高6.2厘米。敛口，方唇，鼓腹，下部残（图七五，9）。

T2219等四方②b：2，夹炭红衣陶。口径32、残高4.8厘米。敛口，圆唇，口腹间有折棱，下部残。折棱处用手指捺出指窝形成花边（图七五，10）。

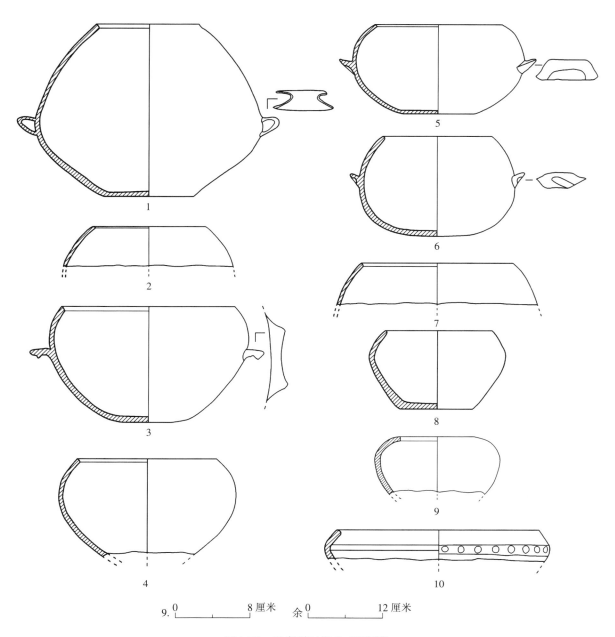

9. ⊢0_____8 厘米   余 0_____12 厘米

图七五　马家浜时期 Ba 型陶罐

1. Ⅰ式（T2217 等四方⑧：7）　2. Ⅱ式（H17：9）　3~7.Ⅲ式（H100：11、F11：3、T3220 等方⑤层表 D47：1、T2221 等四方④a：9、T2417 等四方⑥a：6）　8~10.Ⅳ式（F1：42、T2221 等四方④a：24、T2219 等四方②b：2）

Bb 型，敛口下有凸棱。

Ⅰ式，凸棱靠近口沿。

H24：2，夹蚌褐陶。口径 40.4、残高 6 厘米。圆唇，下部残。口沿下有两周花边凸棱（图七六，1）。

T2219 等四方⑧：7，夹蚌红陶。口径 30、残高 6 厘米。方圆唇，下部残。口沿下有一周凸棱，凸棱上有花边；凸棱下为一宽梯形錾，上有齿形装饰（图七六，2）。

Ⅱ式，凸棱位置稍离口沿。

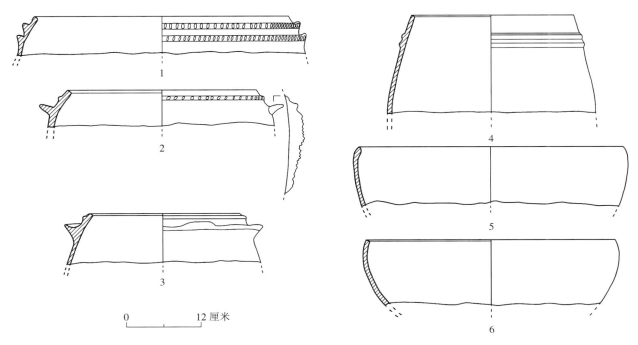

图七六　马家浜时期 Bb、Bc 型陶罐

1、2. Bb I 式（H24：2、T2219 等四方⑧：7）　　3、4. Bb Ⅱ式（TG1④：7、H104：1）　　5、6. Bc 型（T2217 等四方⑧：12、T2919⑦：2）

　　TG1④：7，夹蚌红陶。口径 24、残高 8 厘米。敛口，方唇，弧腹，下部残。口沿下有两周凸棱，上周凸棱矮，下面凸棱高，且有高起的梯形錾（图七六，3）。

　　H104：1，夹蚌褐陶。口径 26、残高 16 厘米。方唇，弧腹，下部残（图七六，4）。

　　Bc 型，微敛口。

　　T2217 等四方⑧：12，夹蚌红衣陶。口径 42、残高 9.6 厘米。敛口，圆唇，弧腹，下部残（图七六，5）。

　　T2919⑦：2，夹蚌红陶。口径 40、残高 10.4 厘米。敛口，方唇，微鼓腹，下部残（图七六，6）。

　　C 型　敞口罐。

　　I 式，敞口略外翻。

　　H122：1，夹蚌红陶，局部偏黑，内壁黑色。口径 16、底径 8、高 12.2 厘米。敞口，尖圆唇，斜弧腹，小平底（图七七，1；彩版三六，4）。

　　T2111⑥a：2，夹蚌褐陶。口径 19、残高 9 厘米。敞口，圆唇，斜弧腹，下部残（图七七，2）。

　　Ⅱ式，敞口内弧。

　　T2221 等四方⑤b：10，夹砂红陶，胎质不纯，上部偏红，下部偏黑。口径 17.6、底径 8.7、高 17.4 厘米。敞口，尖圆唇，斜平沿，斜腹微弧，平底。上腹饰两道戳印连珠纹，并由四个凸出的斜向泥丁将这两周纹饰分为数段（图七七，3；彩版三六，5）。

　　D 型　直口高领罐。

　　I 式，直口微翻卷。

　　T2217 等四方⑤a：13，泥质红褐陶。口径 18、残高 7.2 厘米。直口，卷沿，方圆唇，高领，广肩，下部残。内沿面有凹槽，颈部有多道凹凸弦纹（图七七，4）。

Ⅱ式，直口。

F16：15，泥质红衣陶。口径 18、残高 6 厘米。直口，尖圆唇，高领，广肩，下部残。颈肩部有数周凹凸弦纹（图七七，5）。

E 型　双耳罐。

Ea 型，敞口。

Ⅰ式，斜腹。

TG1⑤：9，夹蚌褐陶。口径 24、残高 6.4 厘米。敞口，方圆唇，斜收腹，下部残。口沿下有一对牛鼻耳（图七八，1）。

Ⅱ式，腹稍直。

T1632②：1，夹蚌红陶。口径 10.6、底径 8.4、高 7.4 厘米。敞口，方唇，斜直腹，平底。近口处设一对牛鼻耳（图七八，2；彩版三七，1）。

Eb 型，敛口。

T1632②：2，口径 10、残高 5.6 厘米。敛口，尖圆唇，下部残。口沿下有一对对称牛鼻耳（图七八，3）。

F 型　带把罐。

Fa 型，敛口。

Ⅰ式，小口、垂腹。

T2219 等四方⑧：2，夹蚌红陶。口径 4.9、底径 7.4、高 6.6 厘米。小口，尖圆唇，扁鼓垂腹，平底，一侧有短扁条形把手（图七八，4；彩版三七，2）。

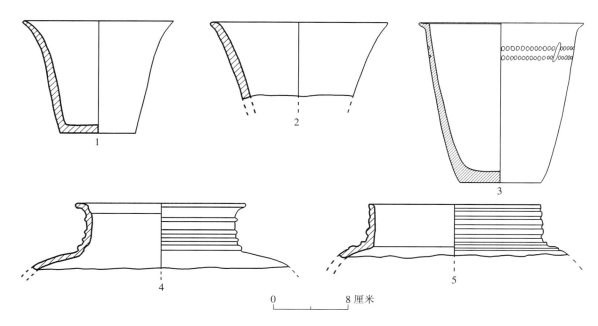

图七七　马家浜时期 C、D 型陶罐

1、2. C Ⅰ式（H122：1、T2111⑥a：2）　3. C Ⅱ式（T2221 等四方⑤b：10）　4. D Ⅰ式（T2217 等四方⑤a：13）　5. D Ⅱ式（F16：15）

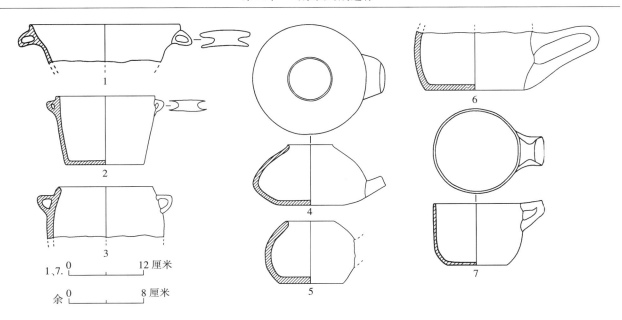

图七八　马家浜时期 E、F 型陶罐

1. Ea I 式（TG1⑤:9）　　2. Ea II 式（T1632②:1）　　3. Eb 型（T1632②:2）　　4. Fa I 式（T2219 等四方⑧:2）　　5、6. Fa II 式
（T2217 等四方⑦:3、H16:3）　　7. Fb 型（TG1⑤:1）

II 式，口稍大、弧腹。

T2217 等四方⑦:3，夹蚌红陶。口径 5、底径 6.8、高 6.8 厘米。敛口，尖圆唇，弧腹，平底，一侧把手脱落（图七八，5；彩版三七，3）。

H16:3，夹蚌红衣陶。底径 11、残高 7.6 厘米。口沿残，弧腹，平底，一侧有扁环形把手（图七八，6；彩版三七，4）。

Fb 型，直口。

TG1⑤:1，夹蚌红褐陶。口径 13.6、底径 10、高 10 厘米。敞口，方圆唇，直腹下弧收成平底，一侧口沿处有一扁环形把手（图七八，7；彩版三七，5）。

G 型　凹唇沿罐。

Ga 型，凹唇面罐。

I 式，唇面微内凹。

T3220 等方④:18，夹蚌褐陶。口径 26、残高 6 厘米。敛口，唇面微为凹，溜肩，下部残。口部有轮修的痕迹（图七九，1）。

T3220 等方④:17，泥质红衣陶。口径 26、残高 4.8 厘米。敛口，唇面微内凹，溜肩，下部残（图七九，2）。

II 式，唇面内凹明显。

T2419 等四方⑤a:6，夹蚌红衣陶。口径 30、残高 4.4 厘米。敛口，花边口沿，唇面内凹明显，广肩，下部残（图七九，3）。

T3220 等方②b:6，夹蚌黑衣陶，内壁褐衣。外唇口径 20、残高 4 厘米。敛口，唇面内凹，溜肩，下部残（图七九，4）。

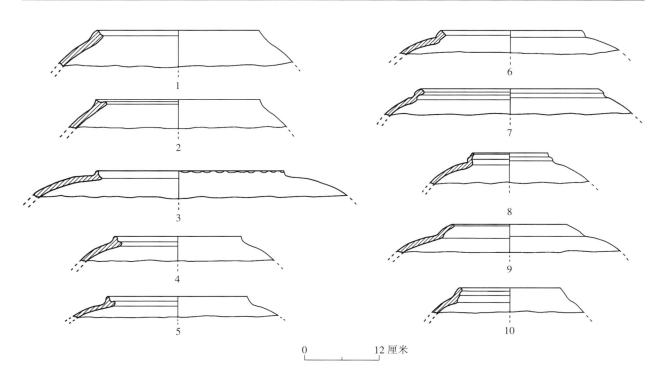

图七九　马家浜时期 Ga、Gc 型陶罐

1、2. GaⅠ式（T3220 等方④：18、T3220 等方④：17）　　3～5. GaⅡ式（T2419 等四方⑤a：6、T3220 等方②b：6、T3220 等方②b：5）
6. GcⅠ式（T2417 等四方⑥a：12）　　7. GcⅡ式（T2217 等四方⑤a：5）　　8～10. GcⅢ式（F14：14、F3：6、T2219 等四方②b：3）

　　T3220 等方②b：5，夹蚌红衣陶。口径 22.4、残高 0.9 厘米。敛口，广肩，下部残。唇面内凹明显，系用泥条贴附在器壁上的（图七九，5）。

　　Gb 型，沿面内凹、口沿外倾。

　　Ⅰ式，口沿较低，口部稍直，沿面微凹。

　　T3220 等方④：26，夹炭黑陶。口径 20、残高 2.8 厘米。直口，尖圆唇，沿面微凹，广肩，下部残（图八〇，1）。

　　H14：10，夹蚌红衣陶。口径 18、残高 3.2 厘米。直口，尖圆唇，沿面微内凹，广肩，下部残（图八〇，2）。

　　H100：44，夹蚌黑皮陶。口径 18、残高 6 厘米。直口微侈，沿面微内凹，溜肩，下部残（图八〇，3）。

　　Ⅱ式，口沿稍高，口部稍外侈，沿面凹。

　　T2417 等四方⑥a：14，夹蚌褐陶，内外壁施红褐色陶衣。口径 26、残高 4 厘米。方圆唇，沿面内凹，溜肩，下部残（图八〇，4）。

　　T2417 等四方⑥a：13，夹蚌黑衣陶。口径 16.4、残高 4.8 厘米。方圆唇，沿面内凹，溜肩，下部残（图八〇，5）。

　　Ⅲ式，口沿较高，口沿外侈，沿面内凹明显。

　　T2919④：3，泥质灰陶。口径 20、残高 6 厘米。侈口，圆唇，沿面内凹，溜肩，下部残（图

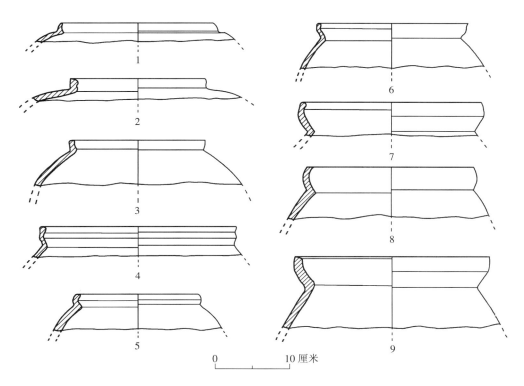

图八〇 马家浜时期 Gb 型陶罐

1~3. Ⅰ式（T3220 等方④:26、H14:10、H100:44） 4、5. Ⅱ式（T2417 等四方⑥a:14、T2417 等四方⑥a:13）
6~8. Ⅲ式（T2919④:3、T2221 等四方④a:22、T2417 等四方⑤a:11） 9. Ⅳ式（F1:46）

八〇，6）。

T2221 等四方④a:22，夹蚌褐衣陶。口径 24、残高 4.8 厘米。侈口，圆唇，沿面内凹，肩部以下残（图八〇，7）。

T2417 等四方⑤a:11，夹蚌红衣陶，器外壁施红衣，部分脱落，器内壁口沿下为黑色。口径 22、残高 7.2 厘米。侈口，方唇，沿面内凹，溜肩，下部残（图八〇，8）。

Ⅳ式，口沿更高，口沿更外侈，沿面内凹明显。

F1:46，夹炭黑陶。口径 26、残高 10 厘米。侈口，方唇，沿面内凹，溜肩，下部残。口沿和肩部之间有一条明显的泥条贴附，当起加固作用（图八〇，9）。

Gc 型，沿面内凹、口沿内倾。

Ⅰ式，口沿稍低。

T2417 等四方⑥a:12，夹蚌黑皮陶。口径 22.4、残高 4 厘米。敛口，斜方唇，内沿面内凹，溜肩，下部残（图七九，6）。

Ⅱ式，口沿稍高。

T2217 等四方⑤a:5，夹蚌红褐衣陶。口径 28.4、残高 4.4 厘米。敛口，方圆唇，内沿面内凹，溜肩，下部残（图七九，7）。

Ⅲ式，口沿较高。

F14:14，泥质红陶。口径 12、残高 5 厘米。敛口，圆唇，内沿面内凹，溜肩，下部残（图七九，8）。

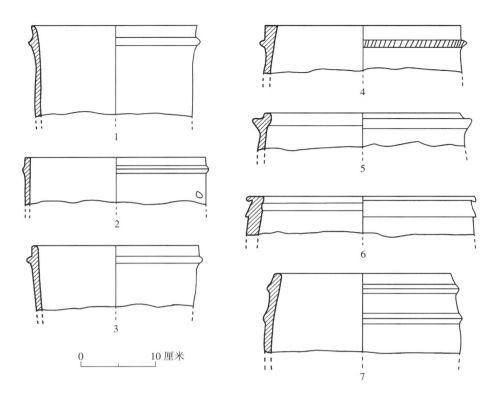

0   10 厘米

图八一　马家浜时期 Ha 型陶罐

1~3. Ⅰ式（H9：2、T2217 等四方⑦：6、TG1④：10）　4、5. Ⅱ式（T2217 等四方⑥b：6、T2217 等四方⑥a：5）

6、7. Ⅲ式（F15②：22、T2417 等四方⑤a：10）

F3：6，夹蚌红陶。口径 18.4、残高 4.8 厘米。敛口，方圆唇，沿面内凹，溜肩，下部残（图七九，9）。

T2219 等四方②b：3，夹蚌褐陶。口径 16、残高 4 厘米。敛口，圆唇，内沿面有两周内凹槽，溜肩，下部残（图七九，10）。

H 型　直口罐。器形大。

Ha 型，口外有凸棱。

Ⅰ式，直口，有凸棱一周。

H9：2，夹蚌红陶。口径 22、残高 12 厘米。直口，尖唇，直腹，下部残。口沿下有一周凸棱（图八一，1）。

T2217 等四方⑦：6，夹蚌红衣陶。口径 24、残高 6.4 厘米。直口，方唇，直腹，下部残。口沿下有凸棱一周，凸棱下有钻孔一个（图八一，2）。

TG1④：10，夹蚌红衣陶。口径 22、残高 8.8 厘米。直口微敞，圆唇，下部残。口沿下有凸棱一周（图八一，3）。

Ⅱ式，直口微敛，有凸棱一周。

T2217 等四方⑥b：6，夹蚌褐陶。口径 26、残高 6.4 厘米。直口微敛，方唇，直腹，下部残。口沿下有一周凸棱，上有锯齿装饰（图八一，4）。

T2217 等四方⑥a：5，夹蚌褐陶。口径 26、残高 5.2 厘米。直口微敛，方唇，直腹，下部残。

口沿下有一周凸棱（图八一，5）。

　　Ⅲ式，直口微敛、有凸棱两周。

　　F15②：22，夹炭红衣陶。口径30.4、残高5.2厘米。微敛口，平沿，方唇，直腹，下部残（图八一，6）。

　　T2417等四方⑤a：10，夹蚌红陶。口径23.2、残高10.8厘米。微敛口，方圆唇，直腹，下部残（图八一，7）。

　　Hb型，口外无凸棱。

　　Ⅰ式，口部无装饰。

　　H10：2，夹蚌红陶。口径30、残高16厘米。敞直口，圆唇，筒形腹，下部残（图八二，1）。

　　H77：1，夹蚌红陶。口径30、残高10.4厘米。敞直口，圆唇，筒形腹，下部残（图八二，2）。

　　T3220等方④：20，夹蚌褐陶。口径26、残高6.4厘米。直口，方唇，下部残（图八二，3）。

　　T2217等四方⑥a：15，夹蚌红陶，外红内黑。口径28、残高6厘米。斜方唇，斜直腹，下部残（图八二，4）。

　　F2：2，夹蚌夹炭红陶。口径44、残高8.4厘米。方唇，斜直腹，下部残（图八二，5）。

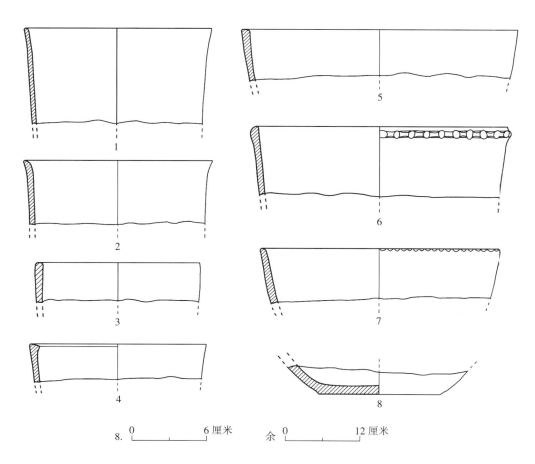

图八二　马家浜时期Hb型陶罐和陶罐底

1~5. HbⅠ式罐（H10：2、H77：1、T3220等方④：20、T2217等四方⑥a：15、F2：2）　6、7. HbⅡ式罐（T2217等四方⑤a：17、T2217等四方②c：11）　8. 罐底（F1：8）

Ⅱ式，口部略有装饰。

T2217 等四方⑤a:17，夹蚌红衣陶，厚胎。口径 40、残高 11.4 厘米。微敞口，方圆唇，斜腹，下部残。口沿外紧靠口沿有一周附加指捺锯齿纹（图八二，6）。

T2217 等四方②c:11，夹蚌红陶。口径 38、残高 8.8 厘米。斜直口，圆唇，下部残。唇外侧有花边装饰（图八二，7）。

（五）罐底

F1:8，泥质黑陶。底径 9.6、残高 2 厘米。残损严重，仅余底部。斜腹，平底（图八二，8）。

（六）小罐

A 型　侈口。

Ⅰ式，最大腹径偏上。

H16:2，夹砂红陶。底径 4.2、残高 6 厘米。口残，溜肩，腹圆折，平底。底部饰弧线刻划纹（图八三，1；彩版三八，1）。

Ⅱ式，最大腹径偏中。

H100:20，夹蚌红陶。底径 6、残高 9.3 厘米。口残，弧鼓腹，平底。上腹有一圈指窝纹（图八三，2；彩版三八，2）。

Ⅲ式，最大腹径偏下。

T3628 等方②b:8，夹蚌红陶，上部呈红衣，底呈黑色。口径 8.6、高 9.3 厘米。侈口，圆唇，束颈，溜肩，垂腹，圜底近平（图八三，3；彩版三八，3）。

B 型　敞口。

Ba 型　器体较高。

T2221 等四方⑤b:12，夹砂红陶。口径 8.8、底径 6.4、高 11.2 厘米。口微敞，方唇，直口内弧，折腹，平底微内凹。胎体厚重，含砂量高（图八三，4；彩版三八，4）。

Bb 型　器体稍矮。

F1:17-3，夹蚌红衣陶。口径 6.8、底径 3.7、高 5 厘米。敞口，卷沿，尖圆唇，束颈，折腹，上腹内弧，下腹弧收，平底。出土时在 F1:17-2 甑内，同 F1:17-1 釜组合成一套使用（图八三，5；彩版三八，5、6）。

（七）三足罐

A 型　直口微敛。

T3220 等方④:1，泥质红衣陶。口径 13.6、高 18 厘米。直口微敛，内沿微凹，溜肩，鼓腹，圜底，三锥状实心足。足外侧饰一排纵向圆孔装饰（图八三，6；彩版三九，1）。

B 型　侈口。

F8:18，泥质红陶。残高 9.6 厘米。口略残，可见为侈口，束颈，溜肩，鼓腹，下弧收成平底，底部三个宽扁状足（图八三，7；彩版三九，2）。

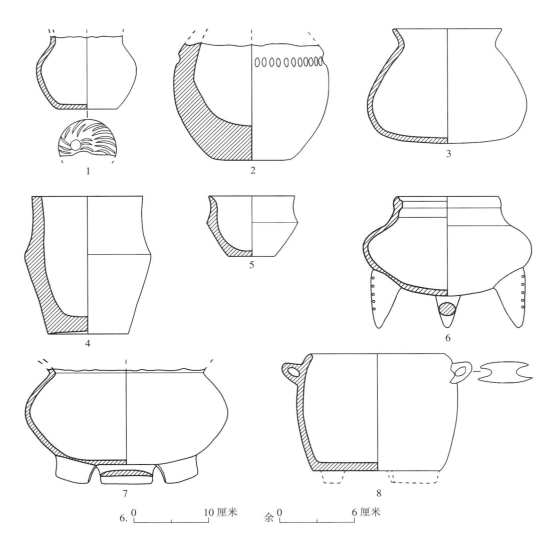

图八三　马家浜时期陶小罐和陶三足罐

1. A Ⅰ 式小罐（H16：2）　　2. A Ⅱ 式小罐（H100：20）　　3. A Ⅲ 式小罐（T3628 等方②b：8）　　4. Ba 型小罐（T2221 等四方⑤b：12）
5. Bb 型小罐（F1：17-3）　　6. A 型三足罐（T3220 等方④：1）　　7. B 型三足罐（F8：18）　　8. C 型三足罐（H17：1）

C 型　敛口。

H17：1，夹蚌红陶。口径 10.8、残高 9.6 厘米。微敛口，圆唇，腹微鼓，平底，带三足，足残。近口处设一对牛鼻耳（图八三，8；彩版三九，3）。

（八）豆

A 型　敛口豆。

Ⅰ式，微敛口、圆唇。

T2419 等四方⑧：7，夹细蚌末红陶，器表施红色陶衣。口径 26、残高 4.4 厘米。微弧腹，浅盘，下部残（图八四，1）。

Ⅱ式，敛口、圆唇。

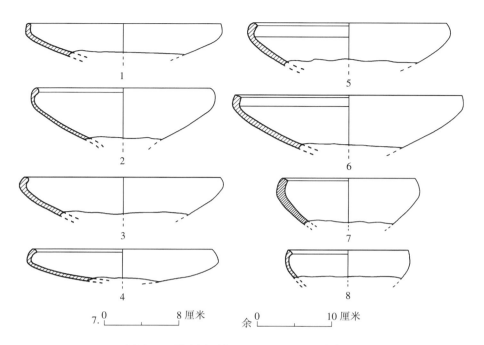

7. 0 ⎯⎯⎯⎯ 8 厘米   余 0 ⎯⎯⎯⎯ 10 厘米

图八四　马家浜时期 A 型Ⅰ、Ⅱ、Ⅲ式陶豆

1. Ⅰ式（T2419 等四方⑧：7）　　2、3. Ⅱ式（T3220 等方④：5、H100：63）　4～8. Ⅲ式（H14：8、T3220 等方③：12、
T2219 等四方⑤b：3、T2219 等四方④a：11、T2219 等四方⑤a：9）

T3220 等方④：5，泥质红衣陶，器外壁施红衣，口部及器内壁呈黑色。口径 23.2、残高 7 厘米。口内勾，弧腹，豆底部及圈足残（图八四，2）。

H100：63，泥质红衣陶，外壁靠近口沿处和内壁呈黑色。口径 26、残高 5.2 厘米。弧腹，浅盘，下部残（图八四，3）。

Ⅲ式，敛口、方唇。

H14：8，夹蚌末黑衣陶。口径 24、残高 4 厘米。弧腹浅盘，下部残（图八四，4）。

T3220 等方③：12，泥质红衣陶，内壁灰色。口径 26、残高 5.6 厘米。弧腹，浅盘，下部残（图八四，5）。

T2219 等四方⑤b：3，泥质红陶。口径 30、残高 7.2 厘米。弧腹，浅盘，下部残（图八四，6）。

T2219 等四方④a：11，泥质灰陶。口径 14.2、残高 5 厘米。弧腹，腹稍深，下部残（图八四，7）。

T2219 等四方⑤a：9，泥质红衣陶。口径 16、残高 4 厘米。弧腹，腹稍深，下部残（图八四，8）。

Ⅳ式，敛口、斜方唇、折腹，或圆唇、折腹。

T2919②：1，泥质红陶。口径 21.8、底径 16.8、高 27.2 厘米。斜腹，喇叭形高圈足。豆柄上部带两道低凸棱（图八五，1；彩版四〇，1）。

T3628 等方②b：9，泥质红陶，外壁红（局部灰），内壁近黑。口径 20、残高 6.4 厘米。斜弧腹，下部残（图八五，2）。

F7：2，泥质红陶，局部灰黑。口径 22.8、底径 19.4、高 20.4 厘米。斜弧腹，喇叭状高圈足，

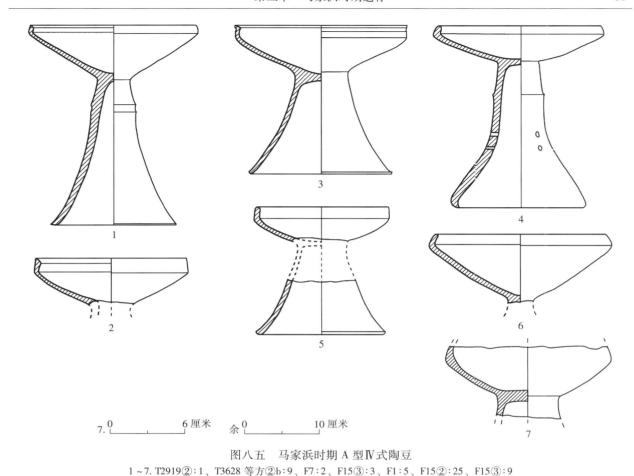

图八五　马家浜时期 A 型Ⅳ式陶豆
1～7. T2919②：1、T3628 等方②b：9、F7：2、F15③：3、F1：5、F15②：25、F15③：9

足部方唇（图八五，3；彩版四〇，2）。

F15③：3，泥质红陶，色质不均，红黑相间。口径 22、底径 17.2、高 24.8 厘米。弧腹、浅盘，喇叭形高圈足。把上有一圈低凸棱和三组圆形镂孔，每组两个（图八五，4；彩版四〇，3）。

F1：5，豆盘外部略灰白，内部灰色；豆圈足色质不均，灰黑、灰白两色并存，局部有红衣。口径 17.6、底径 17.5 厘米。斜折腹，喇叭形高圈足（图八五，5）。

F15②：25，泥质红衣陶。口径 23.2、残高 9.5 厘米。斜折腹，圈足残（图八五，6）。

F15③：9，泥质红陶。残高 5.8 厘米。敛口，口部略残，折腹，残留少许豆柄（图八五，7；彩版四〇，4）。

B 型　敞口豆。

Ba 型　敞口、沿边无角。

Ⅰ式，腹较浅。

T3220 等方⑥：8，夹蚌末黑衣红陶。口径 36.8、残高 6.8 厘米。圆唇，下部残（图八六，1）。

Ⅱ式，浅腹。

H16：12，夹蚌黑衣陶。口径 32、残高 8 厘米。手制。圆唇，浅弧腹，下部残（图八六，2）。

T2221 等四方⑦：5，夹蚌红衣陶。口径 30、残高 6.6 厘米。圆唇，下部残（图八六，3）。

Ⅲ式，腹稍深。

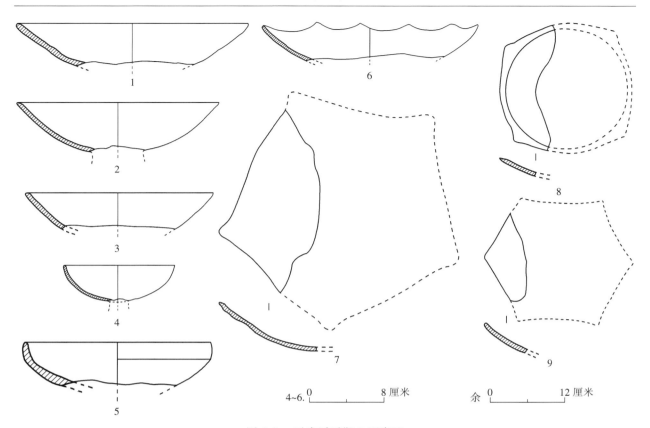

图八六　马家浜时期 B 型陶豆

1. Ba I 式（T3220 等方⑥：8）　2、3. Ba II 型（H16：12、T2221 等四方⑦：5）　4. Ba III 式（H100：27）　5. Ba IV 式（F8：20）
6～9. Bb 型（T2111⑤：6、H118：1、T3220 等方⑥：5、T1632③：1）

H100：27，夹蚌红衣陶，内壁黑色。口径 11.8、残高 3.8 厘米。圆唇，下部残（图八六，4）。

IV 式，腹稍深微折。

F8：20，泥质红衣陶。口径 20、残高 4.8 厘米。尖圆唇，下部残（图八六，5）。

Bb 型，敞口、口沿边多角状。

T3220 等方⑥：5，夹蚌红衣陶。残长 20、残宽 16 厘米。尖圆唇，斜平沿，可能为四角状，下部残（图八六，8）。

H118：1，夹蚌红衣陶，内外均施。残长 29.6、残宽 8 厘米。尖圆唇，豆盘为多角口沿，沿边无棱线（图八六，7）。

T2111⑤：6，夹蚌红衣陶，内外均施。口径 23、残高 4 厘米。敞口，圆唇，浅盘，六角形口沿，下部残（图八六，6）。

T1632③：1，夹蚌红衣陶。残长 14、残宽 6.8 厘米。敞口，圆唇，口沿多角状，内向弧边，下部残（图八六，9）。

（九）圈足

A 型　高圈足（基本为豆的圈足）。

Aa 型，喇叭形高圈足。

I 式，喇叭形，有的有镂孔装饰。

T2219 等四方⑧：13，夹蚌红陶。圈足径 8.2、残高 4 厘米。上部残，靠近底部有圆形镂孔一个（图八七，1）。

H15：4，夹蚌灰陶。圈足径 7.6、残高 9.6 厘米。上部残（图八七，2）。

T3220 等方④：23，夹蚌红衣陶。圈足径 12、残高 8.8 厘米。上部残（图八七，3）。

T2221 等四方⑤b：18，泥质红陶。圈足径 24、残高 6 厘米。上部残，接近底部有长条形和圆形镂孔（图八七，4）。

JS1：9，泥质红衣陶。圈足径 26、残高 12.4 厘米。上部残（图八七，5）。

Ⅱ式，喇叭形，上有弦纹或凸棱装饰。

T3628 等方②b：5，泥质红陶。圈足径 15.6、残高 13.4 厘米。上部残，圈足上部有两道凹弦纹（图八七，6；彩版四〇，5）。

T3628 等方②b：11，泥质红陶，近底部呈灰黑色。圈足径 14.8、残高 13.9 厘米。上部残，圈足偏上处有两道凹弦纹（图八七，7）。

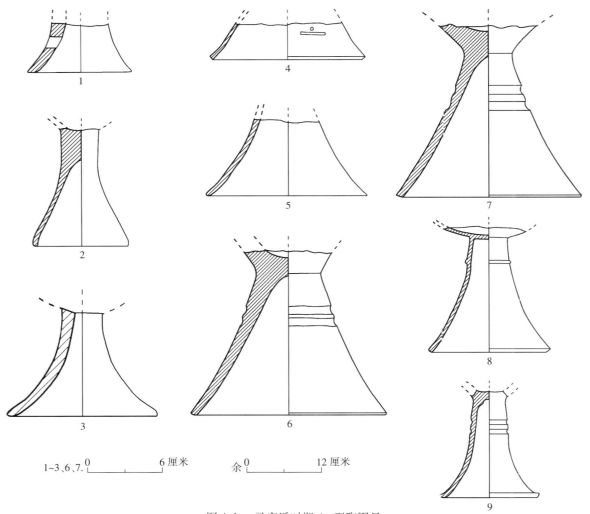

图八七　马家浜时期 Aa 型陶圈足

1～5. Ⅰ式（T2219 等四方⑧：13、H15：4、T3220 等方④：23、T2221 等四方⑤b：18、JS1：9）　　6～9. Ⅱ式（T3628 等方②b：5、T3628 等方②b：11、F4：6、F14：23）

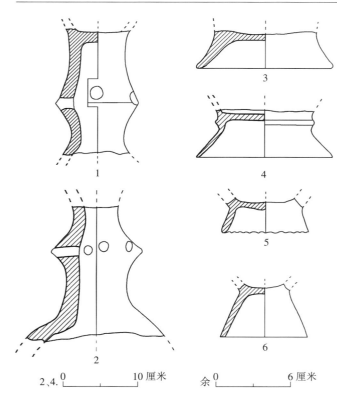

2、4. 0 ⊢—————⊣ 10厘米　余 0 ⊢—————⊣ 6厘米

图八八　马家浜时期 Ab、B 型陶圈足
1、2. Ab 型（T2217 等四方⑥a∶14、T2221 等四方⑤b∶19）
3~6. B 型（T2114④∶1、T2214③∶1、T2221 等四方④a∶23、
　　F8∶21）

F4∶6，泥质红衣陶。圈足径 19.2、残高 20.2 厘米。上部残，豆柄偏上处有一周凸棱（图八七，8；彩版四〇，6）。

F14∶23，泥质红陶。圈足径 16、残高 17.6 厘米。上部残，圈足中部有两周凹弦纹（图八七，9）。

Ab 型，带算珠状凸节的喇叭形高圈足。

T2217 等四方⑥a∶14，夹蚌黑陶。残高 10.2 厘米。豆盘和圈足缺，仅余豆柄，呈算珠形，中间有一周凸节，上分布有四个圆形镂孔（图八八，1）。

T2221 等四方⑤b∶19，夹蚌红陶，表施红衣。残高 18.4 厘米。算珠形豆柄，喇叭口圈足，豆柄中央有一周凸节，上有七个圆形镂孔，分布不均匀（图八八，2）。

B 型　矮圈足。

T2114④∶1，夹蚌红陶。圈足径 10.8、残高 3 厘米。上部残，圈足外倾（图八八，3）。

T2214③∶1，夹蚌红衣陶。圈足径 18、残高 6.4 厘米。上部残，圈足外倾，上部有一周凸棱（图八八，4）。

T2221 等四方④a∶23，夹炭黑陶。圈足径 7、残高 2.8 厘米。圈足斜直外倾，底口为花边状（图八八，5）。

F8∶21，夹炭红陶。圈足径 7、残高 4.2 厘米。上部残，圈足喇叭口（图八八，6）。

（一〇）盆

A 型　敞口盆。

Aa 型，束颈。

Ⅰ式，微束颈。

T2219 等四方⑧∶12，夹蚌红衣陶。口径 38、残高 12.4 厘米。敞口，圆唇，微束颈，弧腹，底部残（图八九，1）。

Ⅱ式，束颈。

T2219 等四方④a∶13，夹蚌红衣陶。口径 26.4、残高 7.2 厘米。敞口，圆唇，束颈，弧腹，底部残（图八九，2）。

Ⅲ式，束颈、折腹。

F1∶37，泥质红陶。口径 26.3、底径 10、高 9 厘米。微敞口，圆唇，束颈，折腹，下斜收成平底。口沿下有两个小孔，其中一孔位于陶片裂缝上（图八九，3；彩版四一，1）。

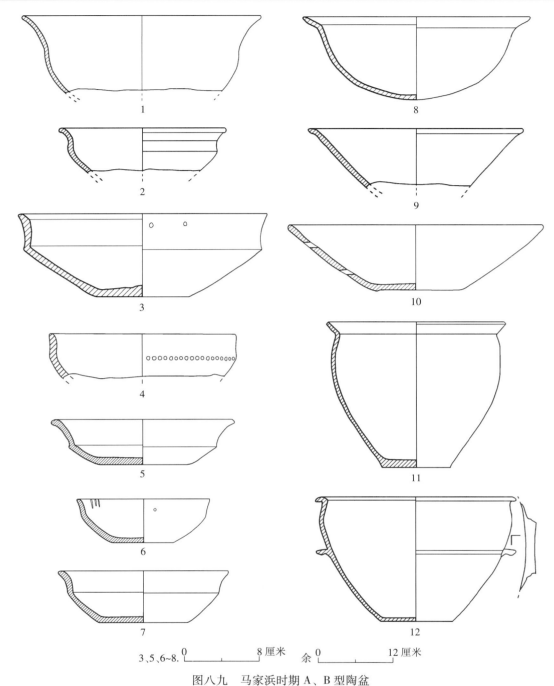

3、5、6~8. 0 ____ 8厘米　余 0 ____ 12厘米

图八九　马家浜时期 A、B 型陶盆

1. Aa I 式（T2219 等四方⑧：12）　2. Aa II 式（T2219 等四方④a：13）　3~7. Aa III 式（F1：37、F1：45、F15③：4、F8：12、F7：1）
8. Ab 型（H100：21）　　9、10. Ac 型（H100：69、H100：24）　　11. Ba 型（T2417 等四方⑦：1）　　12. Bb 型（F15③：1）

　　F1：45，夹炭红陶。口径 30、残高 11.2 厘米。微敞口，圆唇，束颈，折腹斜收，下部残。折腹处饰一周小圆凹窝（图八九，4）。

　　F15③：4，泥质红褐陶。口径 19.4、底径 9.4、高 5.1 厘米。敞口，圆唇，束颈，折腹，下弧收成平底（图八九，5；彩版四一，2）。

　　F8：12，夹蚌红陶。口径 13.9、底径 6.6、高 4.8 厘米。敞口，尖圆唇，腹微束，下腹弧内收，平底。沿面刻有三道纵向浅凹槽，近口处施一镂孔（图八九，6；彩版四一，3）。

F7∶1，夹砂红陶，外壁底部呈黑色。口径17.9、底径9.5、高5.6厘米。敞口，圆唇，束颈，折腹，下斜弧收成平底（图八九，7；彩版四一，4）。

Ab型，折沿、弧腹。

H100∶21，夹蚌红衣陶，内外均施红衣，部分色质不均而呈黑红色。口径24、高9厘米。敞口，宽折沿，弧腹，圜底（图八九，8；彩版四一，5）。

Ac型，斜腹。

H100∶69，夹蚌褐陶。口径32.2、残高9.2厘米。敞口，圆唇，斜直腹，窄平沿，底残（图八九，9）。

H100∶24，夹蚌褐陶。口径40.4、底径13.6、高10.8厘米。敞口，方圆唇，斜直腹，小平底（图八九，10；彩版四一，6）。

B型　侈口盆。

Ba型，宽沿。

T2417等四方⑦∶1，夹蚌红陶。口径28.4、底径10.8、高24厘米。侈口，圆唇，宽沿，鼓腹，最大腹径偏上，下腹急遽内收成小平底（图八九，11；彩版四二，1）。

Bb型，卷沿。

F15③∶1，泥质红陶。口径32、底径11.6、高20.2厘米。微侈口，卷沿，翻圆唇，上腹微鼓，下腹内收成小平底。腹部有一道凸棱，上设两个对称横錾，錾下有捺窝，錾两侧呈锯齿状（图八九，12；彩版四二，2）。

（一一）钵

A型　敞口钵。

Ⅰ式，敞口。

T2219等四方⑧∶3，夹蚌红陶。口径8.8、底径4.8、高4厘米。制作不规整，捏制。敞口，圆唇，斜弧腹，平底（图九○，1；彩版四三，1）。

T2217等四方⑧∶8，夹蚌红陶，全器内外所施红衣部分已脱落。口径8.4、底径5.4、高3.4厘米。手制。敞口，尖圆唇，斜弧腹，平底（图九○，2；彩版四三，2）。

T2419等四方⑧∶14，夹蚌红衣陶，内外均施。口径8、底径5.2、高3厘米。手制。尖圆唇，斜弧腹，平底（图九○，3）。

Ⅱ式，敞口微收敛。

H106∶1，夹蚌红陶。口径9.6、底径5.6、高4.9厘米。泥条盘筑。方唇，弧腹，平底（图九○，4；彩版四三，3）。

T2219等四方⑦∶11，夹蚌褐衣陶。口径15、残高7.2厘米。手制。方唇，鼓弧腹，底残（图九○，5）。

T2219等四方⑦∶10，夹蚌褐衣陶。口径15.6、底径10、高7.2厘米。手制。尖圆唇，弧腹微鼓，平底（图九○，6）。

B型　敛口钵。

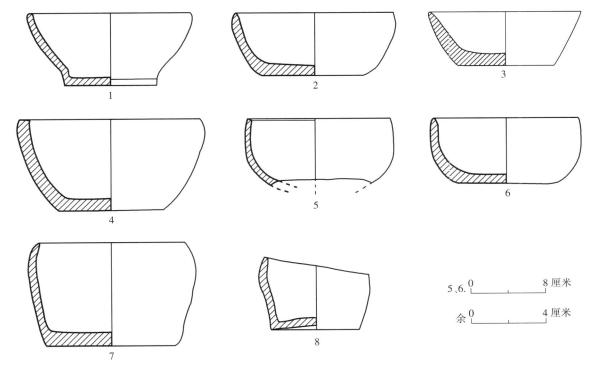

图九〇 马家浜时期 A、B 型陶钵

1～3. A I 式（T2219 等四方⑧：3、T2217 等四方⑧：8、T2419 等四方⑧：14） 4～6. A II 式（H106：1、T2219 等四方⑦：11、
T2219 等四方⑦：10） 7. B I 式（T2219 等四方⑧：1） 8. B II 式（H114：1）

I 式，弧腹。

T2219 等四方⑧：1，夹蚌红陶。口径 7.8、底径 6.8、高 5.6 厘米。泥条盘筑。尖唇，弧腹，平底（图九〇，7）。

II 式，腹微收缩。

H114：1，夹蚌红陶。口径 5.6、底径 4.8、高 3.8 厘米。尖圆唇，平底微内凹（图九〇，8；彩版四三，4）。

C 型 双錾钵。

Ca 型，敛口。

I 式，微敛口。

H14：9，夹蚌红衣。口径 28、残高 8 厘米。方圆唇，弧腹。口沿下有舌形錾，錾下有指捺纹（图九一，1）。

II 式，敛口。

T2217 等四方②b：6，夹蚌红陶。口径 24、残高 8 厘米。手制。敛口，圆唇，折腹斜弧收，下部残。靠近口部贴附梯形錾（图九一，2）。

T2217 等四方②b：4，夹蚌红陶，表饰红衣。口径 28、残高 6 厘米。手制。圆唇，敛口，折腹斜弧收，下部残。口沿下有宽舌形錾，錾缘沿有锯齿花边（图九一，3）。

Cb 型，敞口。

H100：42，夹蚌红衣陶，内外均施。口径 32、残高 6 厘米。斜方唇，浅盘弧腹，底残。腹部偏上有对称錾，已脱落（图九一，4）。

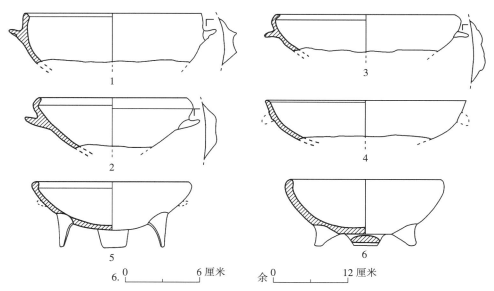

图九一 马家浜时期 C 型陶钵和陶三足钵

1. Cb I 式钵 (H14:9) 2、3. Cb II 式 (T2217 等四方②b:6、T2217 等四方②b:4) 4. Cb 型钵 (H100:42)
5. A 型三足钵 (T2217 等四方⑥a:3) 6. B 型三足钵 (F8:10)

（一二）三足钵

A 型 圜底钵。

T2217 等四方⑥a:3，夹蚌红衣陶。口径 24、高 11 厘米。敛口，圆唇，斜弧腹，圜底，三扁铲形矮足。腹部偏上有对称鋬，已脱落（图九一，5；彩版四三，5）。

B 型 平底钵。

F8:10，夹砂红陶，器表大部分红色，局部黑色，器内壁呈黑色。口径 12.1、高 5.4 厘米。敛口，圆唇，弧腹，平底，三宽扁状足（图九一，6；彩版四三，6）。

（一三）盘

I 式，微敛口。

H114:2，夹蚌红陶。口径 10、底径 9.2、高 2 厘米。圆唇，浅盘，平底（图九二，1）。

II 式，敛口。

T3628 等方②b:12，夹蚌红陶。口径 18.1、底径 17.6、高 5.4 厘米。手制。方圆唇，鼓腹，平底（图九二，2）。

（一四）盉

A 型 侈口罐形盉。

H20:6，泥质红衣陶。口径 12、残高 4.8 厘米。侈口，尖圆唇，溜肩，下部残。上腹斜一冲天管状流（图九二，3）。

B 型 敛口钵形盉。

I 式，圆唇、口较小。

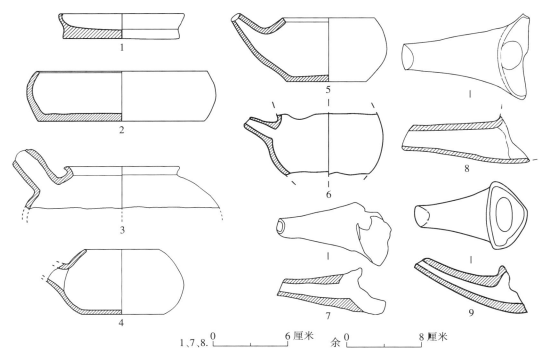

1、7、8. 0 ⊢————⊣ 6 厘米　　　余 0 ⊢————⊣ 8 厘米

图九二　马家浜时期陶盘、陶盉和陶盉嘴

1. I 式盘（H114:2）　2. II 式盘（T3628 等方②b:12）　3. A 型盉（H20:6）　4. B I 式盉（T3220 等方④:4）　5. B II 式盉（H102:8）　6～9. 盉嘴（H106:2、T3220 等方③:11、T2221 等四方④a:30、T2417 等四方⑥a:5）

T3220 等方④:4，夹蚌红衣陶。口径 7.8、底径 8.8、高 7 厘米。敛口，圆唇，鼓腹微下垂，平底。腹部带一管状流，流口残（图九二，4；彩版四二，3）。

II 式，方唇、口稍大。

H102:8，夹蚌褐陶。口径 9.6、底径 8.4、高 6.8 厘米。敛口，圆唇，鼓腹，平底。腹部出一管状流（图九二，5；彩版四二，4）。

（一五）盉嘴

H106:2，夹蚌黑陶。残长 9.2、残高 5.1 厘米。管状流，只余流嘴和部分腹片（图九二，6）。

T3220 等方③:11，夹蚌黑陶。残长 8.5 厘米。管状流嘴，制作不甚规整，流嘴根部残留腹片。可看出是与器体以泥片连接在一起的（图九二，7）。

T2221 等四方④a:30，夹蚌红陶。残长 10 厘米。管状流嘴，前端稍细（图九二，8）。

T2417 等四方⑥a:5，夹蚌黑陶。残长 12 厘米。管状流嘴，流嘴上翘，剖面椭圆形，制作不甚规整（图九二，9）。

（一六）匜

A 型　盆形匜。

H50:2，夹蚌褐陶。长 30、宽 27.2、高 10.8 厘米。整体呈簸箕形，宽流口，口微敞，圆唇，弧腹，腹中部偏上有两个錾，平底。表面及内部经过磨光处理，较平整（图九三，1；彩版四四，1）。

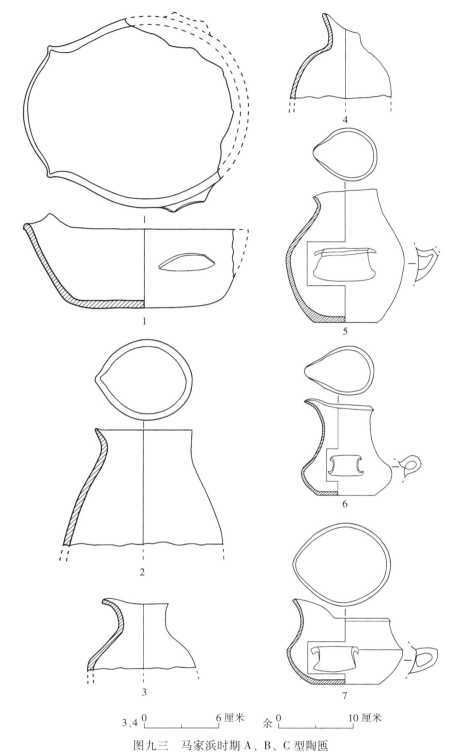

图九三　马家浜时期 A、B、C 型陶匜

1. A 型（H50:2）　　2~5. B 型（H26:1、H16:24、H36:2、F1:19）　　6、7. C 型（F1:15、F1:4）

B 型　盉形匜。

Ba 型，匜口向上。

Ⅰ式，流口微翘。

H26:1，夹蚌红陶。流口径 11.2~13.2、残高 16 厘米。口部带一小流口、微翘，削肩，鼓腹，下部残（图九三，2；彩版四四，2）。

Ⅱ式，流口上翘。

H16:24，夹蚌黑衣陶。流口径 5.6~4.2、残高 6 厘米。短流口呈椭圆形、上翘，削肩，鼓腹，下部残（图九三，3）。

Ⅲ式，流口上翘明显。

H36:2，夹蚌红衣陶。残高 6.9 厘米。冲天鸟啄流，管状，削肩，鼓腹，下部残（图九三，4）。

Bb 型，匜口向下。

F1:19，泥质红陶。口径 7~8.6、底径 8.8、腹径 15.6、高 18.2 厘米。手制。口微敞，腹圆折，单把，平底。把由两片宽扁的泥片相拼接（图九三，5；彩版四四，3）。

C 型 壶形匜。

Ca 型，高领、束颈。

F1:15，泥质红陶。口径 6.6~9.2、底径 7.4、腹径 12、高 13.4 厘米。高束颈，鼓腹，平底。一侧有一流口，与之垂直部位的腹部设一环状耳（图九三，6；彩版四四，4）。

Cb 型，矮领、束颈。

F1:4，泥质灰陶，少部偏红。口径 11.4~13、底径 9、腹径 15.4、高 11.6 厘米。形体矮胖。折腹，平底。一侧有一流口，下腹设一环状耳（图九三，7；彩版四四，5）。

D 型 罐形匜。

Ⅰ式 器体矮胖。

T2217 等四方⑦:4，夹蚌黑陶。口径 8.6~10.4、底径 7.6、高 10.8 厘米。侈口，圆唇，鼓腹，一侧流微上翘，平底（图九四，1；彩版四五，1）。

Ⅱ式 器体修长。

F15③:8，泥质红陶。口径 6.4~6.8、底径 8.8、高 16 厘米。微侈口，圆唇，高领，口沿上突出一宽流口，鼓腹，平底。下腹一侧设宽横錾，流与錾的夹角大约呈 45°（图九四，2；彩版四五，2）。

E 型 钵形匜。

Ea 型，平底钵形匜。

Ⅰ式，微敛口。

H100:12，夹蚌黑衣陶。口径 30.6~34.8、高 19.2 厘米。微敛口，圆唇，一侧有一宽流，弧腹微鼓，内收成圜底近平。上腹有对称宽錾，錾下面有指捺纹（图九四，3；彩版四五，3）。

Ⅱ式，敛口明显。

F1:22，夹砂红陶。口径 13~16.4、底径 8.6、高 8 厘米。敛口，圆唇，一侧有一宽短流，鼓腹，平底。腹设把，把由两泥片相接而成，在把外侧带一横向小泥贴（图九四，4；彩版四五，4）。

F15③:2，夹蚌红陶。口径 14.2~17.6、高 9 厘米。微敛口，圆唇，弧腹，圜底近平。一侧有一流口，与之垂直处有一宽梯形錾，微上翘（图九四，5；彩版四五，5）。

Eb 型，三足钵形匜。

F1:6，夹砂红陶。残口径约 26.8~30.8、残高约 9.76 厘米。敛口，方唇。唇外缘饰绞索状按

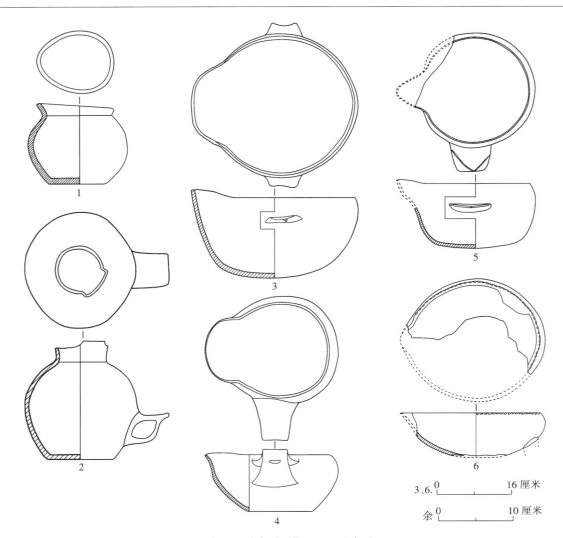

图九四　马家浜时期 D、E 型陶匜
1、2. D 型（T2217 等四方⑦：4、F15③：8）　3~6. E 型（H100：12、F1：22、F15③：2、F1：6）

捺纹。口部有一流口，侧面口部内侧突出一宽梯形鋬。底部设三个圆状足，足完全脱落，仅剩相连接的痕迹（图九四，6；彩版四五，6）。

（一七）缸

大口，厚胎。可分两型。

A 型　平底缸。

F11：1，夹砂红陶，大部分呈红色，局部发黑。底径 8.4、残高 42.4 厘米。口部残，斜弧腹内收成小平底。肩部施凹弦纹，器表带刮削痕（图九五，1；彩版四六，1）。

T2221 等四方⑥a：4，夹砂红陶。底径 8、残高 50 厘米。口沿略残，削肩，肩圆折，下腹斜内收，小平底。肩部施两组凹弦纹，并设一对窄长的鋬（图九五，2；彩版四六，2）。

T3220 等方③：7，夹粗砂褐陶，厚胎。底径 10、残高 13.6 厘米。口部残，斜直腹，小平底（图九五，3）。

F1：43，夹粗砂红陶。底径 14、残高 14 厘米。口部残，斜弧腹，小平底（图九五，4）。

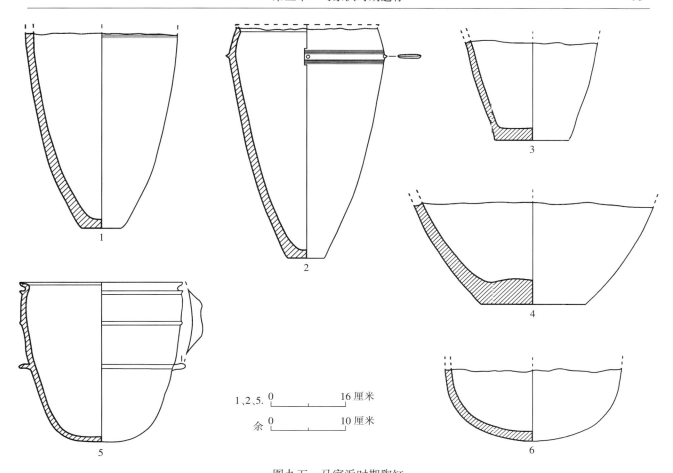

图九五 马家浜时期陶缸

1~4. A 型（F11：1、T2221 等四方⑥a：4、T3220 等方③：7、F1：43） 5、6. B 型（F15②：1、F6：1）

B 型 圜底缸。

F15②：1，泥质红陶。口径 34.8、高 35.4 厘米。微侈口，尖圆唇，深弧腹，圜底近平。口沿下至中腹有三道高低不等的凸棱，中腹的凸棱上凸出对称双舌形錾（图九五，5；彩版四六，3）。

F6：1，夹粗颗粒蚌末红陶，厚胎。残高 10 厘米。上部残，弧腹，圜底（图九五，6）。

（一八）甑

A 型 敞口、斜腹。

Ⅰ式，敞口稍大。

H100：15，夹蚌褐陶。口径 24、底径 12、高 16 厘米。尖唇，斜沿内倾，腹壁斜直平底。腹中部有对称梯形錾，錾下面有两个指捺指窝，底部有数个甑孔（图九六，1；彩版四七，1）。

Ⅱ式，敞口稍小。

F1：18，夹砂红陶。口径 22.8、底径 10.8、高 16.4 厘米。圆唇，斜腹，平底。腹部设一对梯形錾，底部有一大六小七个甑孔（图九六，2；彩版四七，2）。

B 型 敞口、弧腹。

Ba 型，敞口微敛。

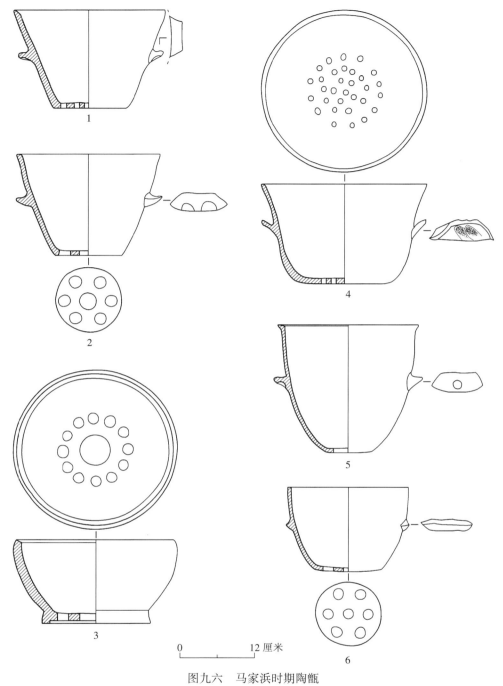

图九六　马家浜时期陶甑

1. AⅠ式（H100：15）　2. AⅡ式（F1：18）　3. Ba 型（H100：22）　4. BbⅠ式（T2219 等四方④a：3）
5、6. BbⅡ式（F8：9、F1：17-2）

　　H100：22，夹蚌红陶，外表面有不规则划痕。口径 25.2、高 13.6 厘米。斜方唇，腹微鼓，下部内收。底部共有十二个小甑孔和一个大圆孔，小孔不等距排列，环绕底部中央大圆孔（图九六，3；彩版四七，3）。

　　Bb 型，敞口。

　　Ⅰ式，口稍外翻。

　　T2219 等四方④a：3，泥质红陶。口径 26.4、高 16 厘米。敞口，尖圆唇，斜弧腹，渐收成圈底近平，底部有甑孔三十二个。腹部两侧各有一个錾，錾上翘，錾背有按捺窝装饰（图九六，4；彩版四八，1）。

Ⅱ式，口稍直。

F8：9，夹砂红陶。口径 22.4、底径 6.8、高 20.8 厘米。敞直口，尖唇，近斜平沿，弧腹内收。腹部设一对錾，錾背下侧施一捺窝，底部为一大圆孔（图九六，5；彩版四八，2）。

F1：17-2，夹砂红陶。口径 19.2、高 14 厘米。敞直口，方唇，腹微内弧、渐内收，底微圜近平。腹中部设一对錾，底部带七个甑孔（图九六，6；彩版四八，3）。出土时其下有 1 件平底釜，编号 F1：17-1（见图五八，9），釜、甑配套使用，甑内还有一件小罐。

（一九）甑底

T2419 等四方⑧：9，夹蚌红陶。残长 7.4、残宽 6.9 厘米。残留底部，平底，可见两个甑孔（图九七，1）。

H17：4，夹蚌红陶。底径 12、残高 8.2 厘米。甑底已残，只留部分器壁和甑孔残痕，腹壁斜直，上部残（图九七，2）。

H17：6，夹蚌红陶。残长 12.6、残宽 6 厘米。甑底可见大小不一的甑孔七个（图九七，3）。

T2219 等四方⑤a：11，夹蚌红衣陶。底径 12.6、残高 8.4 厘米。上部残，斜壁，平底，底部有数个甑孔（图九七，4）。

（二〇）甗

T3220 等方③：5，夹蚌红陶。残高 12、腹径 21.4 厘米。弧腹，腹部设一对舌形錾，中部为甑孔，有十个小圆孔围绕一大圆孔。甗上、下部均残（图九七，5；彩版四六，4）。

（二一）蒸箅

Ⅰ式

H16：5，夹蚌红陶。口径 35.4、高 9.2 厘米。圆形圜底，口部设一对较宽的梯形錾，腹部圆孔密集，提手下方微外凸，放置在其他配套器物上起固定作用（图九七，6；彩版四六，5）。

Ⅱ式

H100：13，夹粗蚌红陶。口径 20.6、通耳高 7.2 厘米。圆形圜底盘状，口沿部有对称双桥形錾，一錾稍直立，一錾外斜，“桥”面上有等距指窝纹 3 个，錾下又有舌状凸起，辅助錾以便于使用。内壁布满圆孔，共约 60 个（图九七，7；彩版四六，6）。

（二二）炉箅

H14：6，夹蚌褐陶。残长 23.2 厘米。手制。为炉箅的转折部分，两端残，下端平，上端圆（图九七，8）。

T2219 等四方⑤a：7，夹蚌褐陶。残长 16.8 厘米。手制。为炉箅的转折部分，两端残，剖面圆形（图九七，9）。

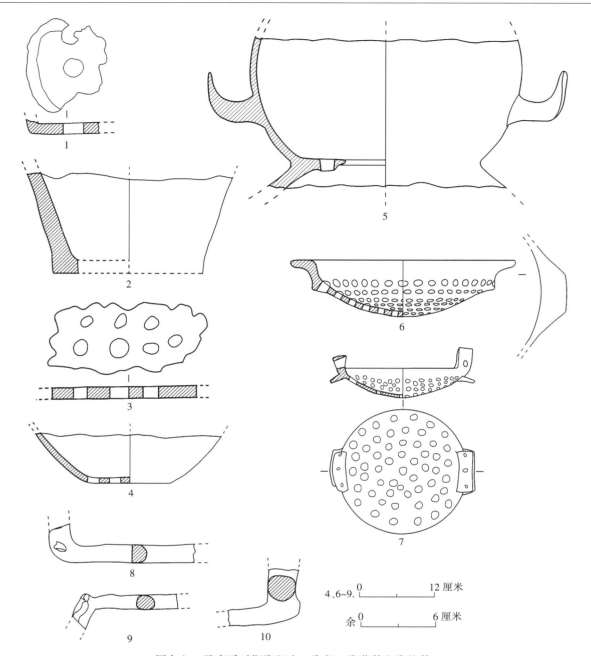

图九七 马家浜时期陶甑底、陶甗、陶蒸箅和陶炉箅

1～4. 甑底（T2419 等四方⑧：9、H17：4、H17：6、T2219 等四方⑤a：11） 5. 甗（T3220 等方③：5） 6. Ⅰ式蒸箅（H16：5）
7. Ⅱ式蒸箅（H100：13） 8～10. 炉箅（H14：6、T2219 等四方⑤a：7、T2217 等四方②c：6）

T2217 等四方②c：6，夹蚌褐陶，炉箅下面有被烟熏的灰黑色。残长 5.7 厘米。手制。为炉箅的转折部分，两端残，剖面圆形（图九七，10）。

（二三）灶类器

基本器形可能为直口，正面有一方正口的炉门，底部可能为圈足。都为残器。

H16：17，夹蚌红陶。口径约 30、残高 6.8 厘米。手制。直口，方唇。残件为灶之门楣，门楣上方堆贴四道泥条（图九八，1）。

H20∶14，夹蚌红陶。口径32、残高10厘米。手制。直口，平沿。沿下饰两道横向附加堆纹，现存残片上还见有一道纵向堆纹（图九八，2）。

T2217等四方②c∶10，夹蚌红陶。残高6.1厘米。手制。直口，方唇。口沿下有一道凸棱，灶门周围有一圈高门楣（图九八，4）。

T3628等方②b∶13，夹蚌褐陶。口径28.4、残高10.8厘米。手制。直口，口沿内外略有凸起。灶门上侧有一条横向指捺纹附加堆纹（图九八，3）。

（二四）杯

A型　微侈口。

H100∶19，夹蚌红陶。口径6.3、底径4、高5.6厘米。微侈口，圆唇，直腹稍外弧，内收成平底（图九八，5；彩版四九，1）。

B型　敞口。

F8∶6，夹砂红陶。口径8.8、底径5.2、高8厘米。敞口，尖圆唇，沿稍外卷，斜腹，平底。腹部饰多道弦纹（图九八，6；彩版四九，2）。

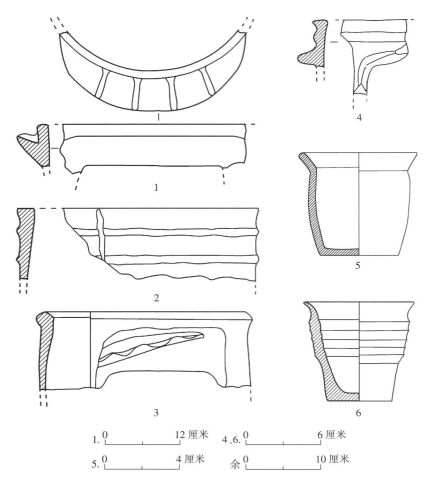

1. 0　　　　　12厘米　　　4、6. 0　　　　　6厘米
5. 0　　　　　4厘米　　　余 0　　　　　10厘米

图九八　马家浜时期陶灶类器和陶杯
1~4. 灶类器（H16∶17、H20∶14、T3628等方②b∶13、T2217等四方②c∶10）　5. A型杯（H100∶19）　6. B型杯（F8∶6）

（二五）圈足小杯

A 型　带腰檐。

H17：2，夹蚌红陶。口径6.4、残高8.2厘米。手制。直口，尖圆唇，口沿下有一道腰檐，喇叭形高圈足，圈足略残（图九九，1）。

H17：5，夹蚌红陶。口径6、残高3.3厘米。手制。斜直口，圆唇，口沿下施一条凸棱纹，其下有六角形腰檐，下部残（图九九，2）。

H112：3，夹蚌红陶。口径5.6、残高4厘米。手制，粗糙，不规整。直口，圆唇，斜直腹，口沿下有对称双錾，錾下有宽大六角形腰檐，圈足残（图九九，3）。

H20：12，夹蚌褐陶。口径8.1、残高4.1厘米。直口，尖圆唇，口沿下一周凸棱，凸棱上凸出四个对称小錾，其中两个已脱落，圈足残（图九九，4）。

B 型　无腰檐。

H15：3，夹蚌褐陶。口径6、残高4.6厘米。直口微敞，圆唇，斜弧腹，圈足残（图九九，6）。

（二六）盅

A 型　直口，直腹，平底。

F15③：6，泥质红陶。口长3.7、口宽3.7、高3.65厘米。手制，不够规整（图九九，5；彩版四九，3）。

B 型　敛口，弧腹，圜底。

F1：7，夹细砂灰陶，局部偏红，含砂量小，接近泥质陶。手制。口径6、高2.8厘米。口微

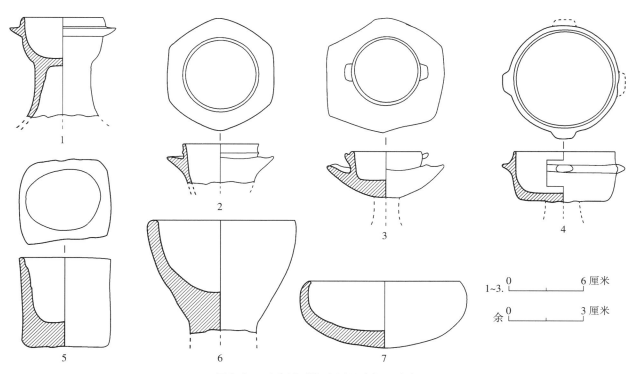

图九九　马家浜时期陶圈足小杯和陶盅
1～4.A型圈足小杯（H17：2、H17：5、H112：3、H20：12）　5.A型盅（F15③：6）　6.B型圈足小杯（H15：3）　7.B型盅（F1：7）

敛，弧腹内收成圈底（图九九，7；彩版四九，4）。

（二七）器座

A 型　圆筒状。

H20：4，夹蚌红衣陶，内、外壁均施红衣。口径19.2、底径18.4、高16厘米。中空，腹部设四个梯形鋬（图一〇〇，1；彩版四九，5）。

B 型　喇叭圈足状。

H16：4，夹蚌红衣陶。上部径10.8、底径12.2、高5.4厘米。手制。上部平，中有圆孔，圈足外撇，中部饰六个圆孔（图一〇〇，2；彩版四九，6）。

C 型　环状。

T2221 等四方⑦：3，夹蚌红衣陶。外底径8.6、残高2.8厘米。上部残，环处截面近三角形（图一〇〇，3）。

D 型　圈形。

F14：9，泥质红陶。底径20厘米。剖面斜长方形（图一〇〇，4）。

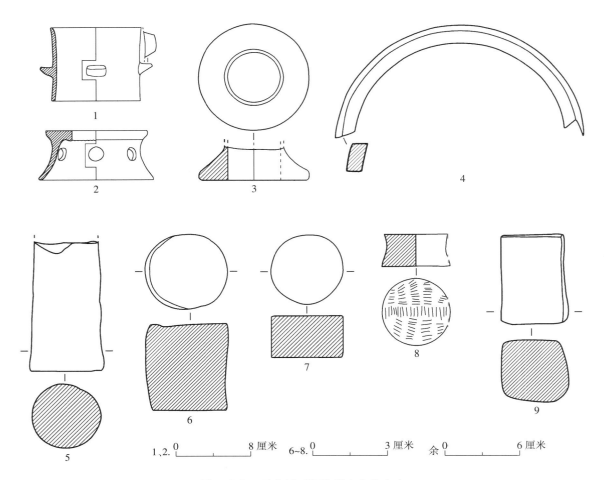

图一〇〇　马家浜时期陶器座和陶支座

1. A 型器座（H20：4）　　2. B 型器座（H16：4）　　3. C 型器座（T2221 等四方⑦：3）　　4. D 型器座（F14：9）　　5. Aa 型支座（F16：20）　　6 ~ 8. Ab 型支座（T2419 等四方⑧：2、T2217 等四方②c：4、T2417 等四方②b：1）　　9. B 型支座（F1：32）

（二八）支座

A 型　圆柱体。

Aa 型，器体较高。

F16：20，泥质橙黄陶。底径 6、残高 10.6 厘米。手制。呈上略细、下略粗的圆柱形（图一〇〇，5）。

Ab 型，器体较矮。

T2419 等四方⑧：2，夹蚌红衣陶。直径 3.1 ~ 3.3、高 3.4 厘米。手制，通体较光滑（图一〇〇，6；彩版五〇，1）。

T2217 等四方②c：4，泥质红褐陶，表面夹灰黑色。直径 2.8、高 1.7 厘米。圆柱体。素面（图一〇〇，7；彩版五〇，2）。

T2417 等四方②b：1，泥质红陶，局部褐色。直径 2.5 ~ 2.7、高 1.3 厘米。手制。束腰圆柱体，一面有指甲刻划纹装饰（图一〇〇，8；彩版五〇，3）。

B 型　方柱体。

F1：32，夹砂红陶。长 5.4、宽 5、高 7.2 厘米。手制。上、下两端平整（图一〇〇，9；彩版五〇，4）。

（二九）圈形器

T2221 等四方⑨：1，夹蚌红衣陶。上径 14、下径 22.2、残高 8.6 厘米。束腰圈形器，上部可能略残（图一〇一，1；彩版五〇，5）。

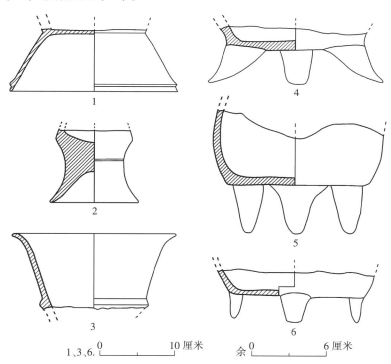

图一〇一　马家浜时期陶圈形器、陶敞口器和陶小三足器

1、2. 圈形器（T2221 等四方⑨：1、T2221 等四方⑤b：6）　3. 敞口器（H103：1）

4 ~ 6. 小三足器（T3220 等方⑥：6、H17：8、T4028④：6）

T2221 等四方⑤b:6，夹蚌红陶。底径 7.1、残高 5.8 厘米。束腰喇叭形，上部可能稍残。腰部有一道凹弦纹（图一○一，2；彩版五○，6）。

（三○）敞口器

H103:1，夹蚌红衣陶，局部发黑。口径 22、残高 8.4 厘米。敞口，圆唇，束腰。腰部有凸棱一周。器形不明（图一○一，3）。

（三一）小三足器

T3220 等方⑥:6，夹蚌褐陶。残高 4.6 厘米。器形不明。斜腹，平底，三扁锥状小足（图一○一，4）。

H17:8，夹蚌红衣陶。残高 9.6 厘米。弧腹，腹内收成平底，三扁锥状小足（图一○一，5）。

T4028④:6，夹蚌红衣陶。残高 6.8 厘米。斜腹，平底，三扁锥状小足（图一○一，6）。

（三二）袋足器

仅余袋足，器形可能为异形鬶袋足部分。

T2217 等四方⑥a:6，夹蚌褐陶。残高 5、残宽 4.1 厘米。锥状空心袋足，足尖圆钝（图一○二，1）。

T2419 等四方⑤a:5，夹蚌褐陶。残高 7.3、残宽 3.9 厘米。锥状空心袋足，实足跟（图一○二，2）。

T3628 等方②b:12，夹蚌褐衣陶。残高 9.6、残宽 6 厘米。乳状袋足（图一○二，3）。

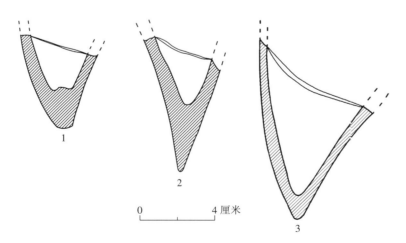

图一○二　马家浜时期陶袋足器

1~3. T2217 等四方⑥a:6、T2419 等四方⑤a:5、T3628 等方②b:12

（三三）器盖

A 型　盖面低弧形。

Ⅰ式，盖面较低。

T2221 等四方⑧:4，夹蚌红褐陶。盖径 30、残高 3.6 厘米。圆唇，盖面弧度较小，盖纽残。

盖缘饰锯齿纹花边（图一〇三，1）。

Ⅱ式，盖面低。

H112：4，夹蚌红陶。盖径27.8、残高4.4厘米。圆唇，盖面弧度小，顶部残（图一〇三，2）。

T2919⑦：4，夹蚌红陶。盖径26、残高4.8厘米。尖圆唇，盖面弧度小，顶部残（图一〇三，3）。

F1：3，泥质红陶。盖径15.2、残高2.6厘米。圆唇，盖面弧度小，顶部残（图一〇三，4）。

Ⅲ式，盖面稍高。

H100：66，夹蚌红衣陶。盖径24、残高5.6厘米。圆唇，盖面弧度稍大，顶部残（图一〇三，5）。

T2217等四方⑥a：13，夹蚌红陶。盖径20、残高4.8厘米。圆唇，盖面弧度稍大，顶部残（图一〇三，6）。

F1：1，泥质灰陶，局部灰黑。盖径12.8、高6厘米。尖圆唇，盖面弧度稍大，盖纽形态较奇特，顶部施一捺窝，带三个相通的孔（图一〇三，7；彩版五一，1）。

F1：44，夹蚌末红陶。盖径36、残高6.2厘米。尖圆唇，盖面弧度稍大，上部及盖纽残（图一〇三，8）。

B型 盖面平折。

Ba型，盖面低。

T3220等方⑥：1，夹蚌红陶。盖径32.4、高4厘米。圆唇，盖缘有锯齿形花边。盖面一侧阴刻鱼状纹样，刻划线条流畅生动（图一〇四，1；彩版五一，2）。

Bb型，盖面高。

T3220等方⑤：1，夹蚌黑陶。盖径19.6、残高8.2厘米。方唇，桥形纽，纽残（图一〇四，2；彩版五一，3）。

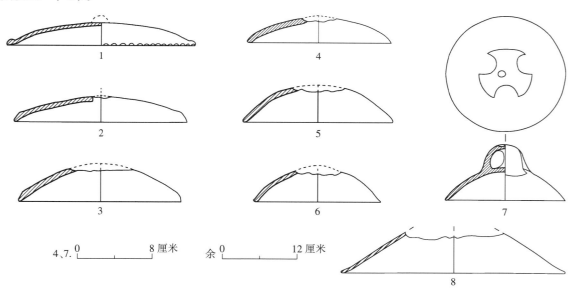

4、7. 0   8厘米   余 0   12厘米

图一〇三 马家浜时期A型陶器盖

1. Ⅰ式（T2221等四方⑧：4）   2~4. Ⅱ式（H112：4、T2919⑦：4、F1：3）   5~8. Ⅲ式（H100：66、T2217等四方⑥a：13、F1：1、F1：44）

C 型　盖面高弧形。

H16：6，夹蚌黑陶。盖径23.6、残高11.6厘米。圆唇，纽残，从断口形态看应为桥形或"U"形纽（图一〇四，3；彩版五一，4）。

D 型　小器盖，盖面斜。

T2217 等四方⑧：1，夹细蚌末红陶。盖径7.5、高3.4厘米。尖圆唇，有一桥形小盖纽。表面涂一层陶泥，稍光滑（图一〇四，4；彩版五二，1）。

H16：7，夹蚌红陶。盖径5.3、高3.5厘米。手制。圆唇，呈斗篷状，顶部设一小系纽（图一〇四，5；彩版五二，2）。

H16：8，夹蚌红陶。盖径5.2、高2.6厘米。手制。圆唇，呈斗篷状，顶部设一牛鼻状系纽（图一〇四，6；彩版五二，3）。

H16：9，泥质红陶。盖径5.1、高2.8厘米。手制。圆唇，略呈斗篷状，顶部带一浑圆状捉手（图一〇四，7；彩版五二，4）。

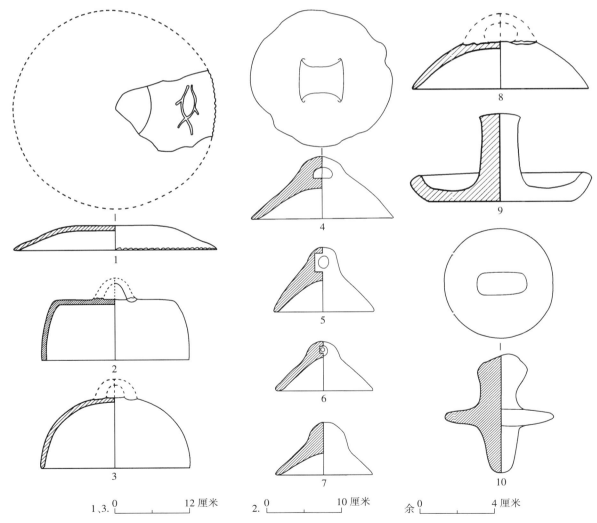

图一〇四　马家浜时期 B、C、D、E、F 型陶器盖

1. Ba 型（T3220 等方⑥：1）　2. Bb 型（T3220 等方⑤：1）　3. C 型（H16：6）　4~8. D 型（T2217 等四方⑧：1、H16：7、H16：8、H16：9、T4028④：4）　9. E 型（T4028④：7）　10. F 型（H22：1）

T4028④:4,夹蚌红衣陶。盖径 9.4、残高 2.6 厘米。手制。尖圆唇,呈覆钵形,桥形纽,残(图一〇四,8;彩版五二,5)。

E 型 圆饼状。

T4028④:7,夹蚌红褐陶。盖径 9.6、高 4.8 厘米。圆饼形,边缘上翘,中央有一圆柱状盖(图一〇四,9)。

F 型 陀螺形。

H22:1,夹蚌褐陶。盖径 5.8、高 6.4 厘米。整个器形似圆形陀螺,盖上有一扁形实纽,盖下为一近圆柱体纽(图一〇四,10;彩版五二,6)。

（三四）盖纽

均呈半环形。

T2221 等四方④a:25,夹砂红褐。残长 6、残宽 4.2 厘米。纽面上中央一道附加堆纹,两侧为指捺花边,下端附加堆纹两侧各有一个指窝纹(图一〇五,1)。

F14:8,夹蚌红陶。残长 13.2、残宽 12 厘米。纽边缘饰以花边,纽面中间及两侧饰指捺纹三个(图一〇五,2)。

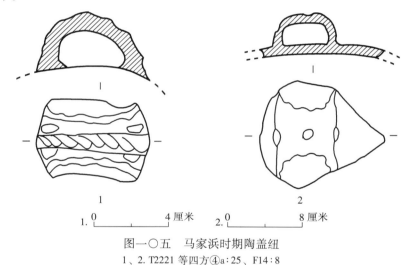

1. 0   4 厘米   2. 0   8 厘米

图一〇五 马家浜时期陶盖纽
1、2. T2221 等四方④a:25、F14:8

（三五）把手

A 型 扁条形把手。

Ⅰ式,把背部无装饰。

T2417 等四方⑧:15,夹蚌红陶。残长 11、残宽 7 厘米。手制。整体呈扁条梯形(图一〇六,1)。

T3220 等方⑥:14,夹蚌黑色陶。残长 10.5、残宽 4.8 厘米。整体呈扁条长方形,中间略凹,系从器物上脱落下来(图一〇六,2)。

T2219 等四方⑦:9,夹蚌褐色衣陶。残长 11、残宽 5.6 厘米。整体呈扁条长方形(图一〇六,3)。

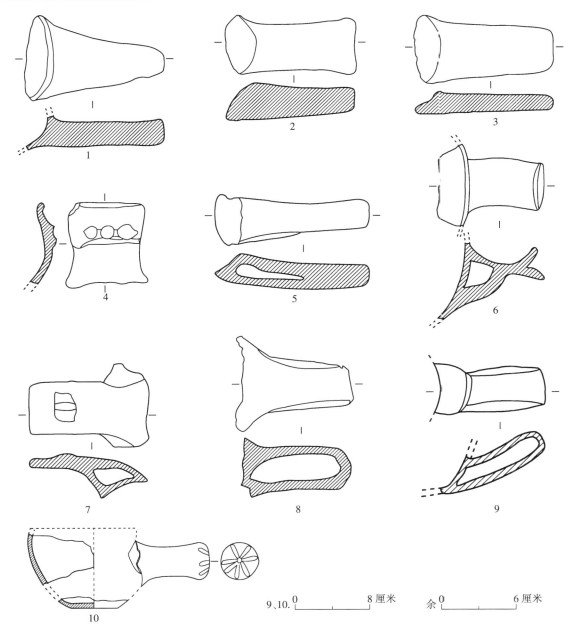

图一〇六　马家浜时期陶把手

1～3. A I 式（T2417 等四方⑧：15、T3220 等方⑥：14、T2219 等四方⑦：9）　4. A II 式（T2419 等四方⑥a：7）　5. B I 式（T2417 等四方⑧：14）　6. B II 式（H100：43）　7. B III 式（T2217 等四方⑥a：7）　8、9. C 型（T2219 等四方⑧：10、H100：55）　10. D 型（F1：2）

II 式，把背部有装饰。

T2419 等四方⑥a：7，夹蚌褐衣陶。残长 7、残宽 6.6 厘米。扁条形，略弯。把手背面用泥条附加花边（图一〇六，4）。

B 型　用两条泥片捏成的扁条形把手。

I 式，两条泥片间有穿孔。

T2417 等四方⑧：14，夹蚌红陶。残长 12.2、残宽 4.2 厘米。器身呈扁条形，侧面有水滴形穿孔（图一〇六，5）。

Ⅱ式，两条泥片间穿孔较大，把尾分叉。

H100：43，夹蚌红陶。残长 8.4、残宽 6.6 厘米。宽泥条把手，尾端分叉，似鱼尾状（图一〇六，6）。

Ⅲ式，两条泥片间穿孔较大，尾部分叉退化。

T2217 等四方⑥a：7，夹蚌褐衣陶，大部分脱落。残长 9.6、残宽 6.8 厘米。把手背面靠近末梢贴附一中间有凹槽的泥贴（图一〇六，7）。

C 型　扁环形把手。

T2219 等四方⑧：10，夹蚌黄褐陶。残长 9.4、残宽 7.8 厘米。手制，制作不太规整。扁环形，粘接于器体上（图一〇六，8）。

H100：55，夹蚌黑陶。残长 11.2、残宽 4.4 厘米。手制。宽泥条捏成环形把手，两端分别粘接于器腹和器底上（图一〇六，9）。

D 型　圆柱形把手。

F1：2，夹砂红陶。残长 8.6、残宽 4.4 厘米。手制。空心，把手后端中心有一穿孔，另有压印放射形凹槽七个。口、腹残损，具体器形不明，可见弧腹、平底，底径 5 厘米（图一〇六，10）。

（三六）牛鼻形器耳

T3220 等方⑥：15，夹蚌红陶。残宽 5.7、残高 7.4 厘米。残留器耳及部分腹片，具体器形不明（图一〇七，1）。

TG1④：8，夹蚌红陶。残宽 6、残高 5.5 厘米。微敛口，圆唇，下部残（图一〇七，2）。

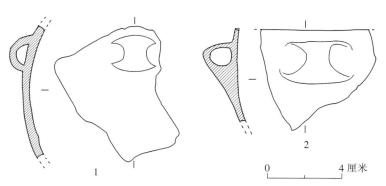

图一〇七　马家浜时期陶牛鼻形器耳
1、2. T3220 等方⑥：15、TG1④：8

（三七）网坠

A 型　长条形，正面有两道凹槽。

H20：1，夹蚌褐陶。长 3.4、宽 2.4、厚 1.8 厘米（图一〇八，1；彩版五三，1）。

H100：10，泥质黑陶。长 3.4、宽 2.6、厚 1.4 厘米（图一〇八，2；彩版五三，4）。

H100：9，泥质黑陶。长 1.4、宽 1.1、厚 0.7 厘米（图一〇八，3；彩版五三，3）。

H100：8，泥质黑陶。长 2.6、宽 2、厚 1.2 厘米（图一〇八，4；彩版五三，2）。

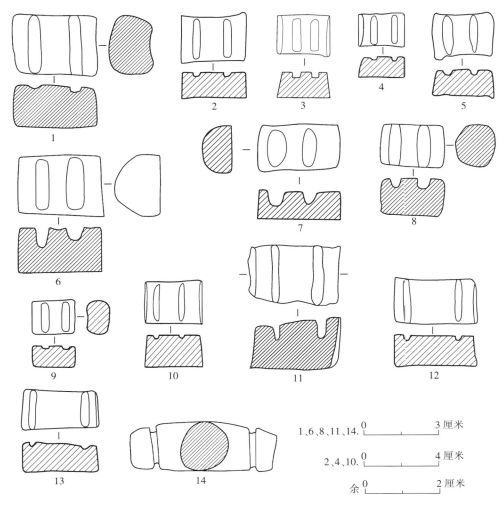

图一〇八　马家浜时期陶网坠

1~13. A 型（H20：1、H100：10、H100：9、H100：8、H51：5、T2217 等四方⑥a：1、T2221 等四方⑤b：5、T2221 等四方⑤b：7、JS1：2、T2217 等四方⑤a：1、T2219 等四方⑥a：1、T3628 等方②b：6、T3628 等方②b：7）　14. B 型（TG1④：3）

H51：5，夹蚌红陶。长 1.6、宽 0.8、厚 0.7 厘米（图一〇八，5）。另灰坑中还同出网坠 11 个，共 12 个（彩版五四，1）。

T2217 等四方⑥a：1，泥质灰褐陶。长 3.4、宽 2.6、厚 1.8 厘米（图一〇八，6；彩版五三，5）。

T2221 等四方⑤b：5，夹蚌红褐陶。长 2.2、宽 1.3、厚 0.8 厘米（图一〇八，7；彩版五三，6）。

T2221 等四方⑤b：7，泥质红陶。长 2.5、宽 1.7、厚 1.7 厘米（图一〇八，8；彩版五三，7）。

JS1：2，泥质褐陶。长 1.1、宽 0.9、厚 0.6 厘米（图一〇八，9）。该祭祀坑共出 7 件（彩版五四，2）。

T2217 等四方⑤a：1，泥质红陶。长 3.2、宽 2.2、厚 1.6 厘米（图一〇八，10；彩版五三，8）。

T2219 等四方⑥a：1，泥质黑陶。长 3.6、宽 2.4、厚 2 厘米（图一〇八，11；彩版五三，9）。

T3628 等方②b：6，夹砂红陶。长 2.2、宽 1.2、厚 0.8 厘米（图一〇八，12；彩版五三，10）。

T3628 等方②b：7，夹砂红陶。长 2、宽 1.1、厚 0.7 厘米（图一〇八，13；彩版五三，11）。

B 型　长圆形，两端有凹槽。

TG1④：3，夹蚌末褐陶。长 5.8、径 2 厘米（图一〇八，14；彩版五三，12）。

（三八）纺轮

A型　圆饼形，两面平。

T2114③：1，夹蚌红陶。残。直径约5.4、孔径1.1、厚0.7厘米（图一〇九，1；彩版五五，1）。

T2219等四方⑥b：1，夹蚌红衣陶。直径5.9、孔径1.5、厚1厘米。剖面近长方形，中孔两面对穿（图一〇九，2；彩版五五，2）。

T2819②：1，泥质褐陶，胎色一面偏红一面偏黑。直径4.2、孔径0.3、厚0.6厘米。手制。边缘不够规整，中间有一圆形穿孔（图一〇九，3；彩版五五，3）。

T3628等方②b：1，泥质红陶。直径4.3、孔径0.7、厚1.4厘米。形态较厚，外缘略弧。正、反两侧饰刻划弧形放射线形成旋涡纹（图一〇九，4；彩版五五，4）。

T3628等方②b：2，夹蚌红陶。直径5.3、孔径0.7、厚约0.8厘米。手制。外缘略硬折（图一

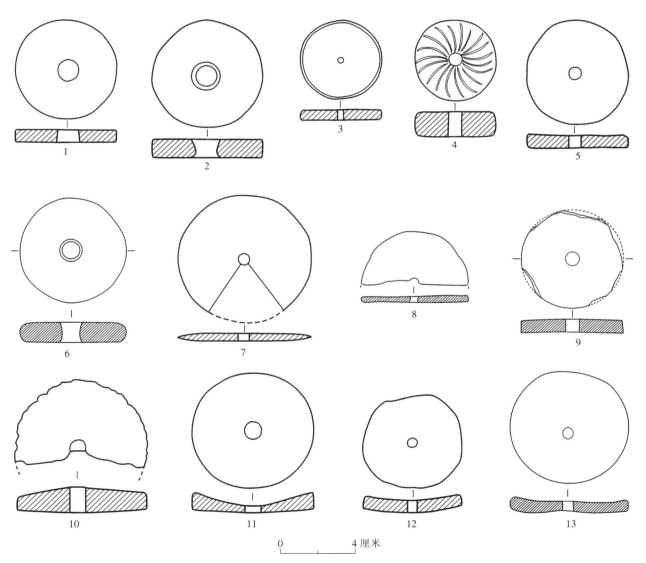

图一〇九　马家浜时期A、B、C型陶纺轮

1~9. A型（T2114③：1、T2219等四方⑥b：1、T2819②：1、T3628等方②b：1、T3628等方②b：2、T3628等方②b：3、F8：7、F4：3、
T2217等四方②b：2）　10. B型（TG1④：2）　11~13. C型（T1632④：1、T3220②b：1、F15③：5）

○九，5；彩版五五，5）。

T3628 等方②b：3，夹蚌红陶。直径5.6、孔径1.2、厚约1.1厘米。手制。残，外缘略圆折（图一○九，6；彩版五五，6）。

F8：7，泥质红陶。直径7、孔径0.6、厚0.4厘米。手制。残，外缘较薄，向内侧渐厚（图一○九，7；彩版五五，7）。

F4：3，泥质红褐陶。直径5.7、孔径0.5、厚0.4厘米。残存约一半（图一○九，8；彩版五五，8）。

T2217 等四方②b：2，泥质红陶。直径5.4、孔径0.7、厚0.7厘米。由陶片改制而成，周边不整齐（图一○九，9；彩版五五，9）。

B 型　圆饼形，两面较鼓。

TG1④：2，夹蚌末褐陶。直径6.9、孔径0.8、厚1.4厘米。手制。周边有锯齿装饰（图一○九，10；彩版五六，1）。

C 型　圆饼形，一面较凹，一面微鼓。

T1632④：1，夹蚌红陶。直径6.4、孔径0.9、厚0.9厘米（图一○九，11；彩版五六，2）。

T3220 等方②b：1，灰胎，两面红色，表为泥质红衣。直径5.2、孔径0.5、厚0.7厘米。由陶片改制而成（图一○九，12；彩版五六，3）。

F15③：5，夹蚌红褐陶。直径6.4、孔径0.6、厚0.7厘米（图一○九，13；彩版五六，4）。

D 型　台形，剖面呈梯形。

Ⅰ式，厚度较薄。

T2221 等四方⑤b：2，泥质红陶。直径3.8～4.2、孔径0.5、厚0.5厘米。用残陶片略加工而成，截面略有起伏（图一一○，1；彩版五六，5）。

T2219 等四方⑤a：1，夹蚌红陶，外施少量红衣。直径3.9～4.3、孔径1、厚0.7厘米。似由陶片加工而成（图一一○，2；彩版五六，6）。

Ⅱ式，厚度较厚。

T2219 等四方④a：1，夹炭红陶。直径3.9～5.2、孔径1、高1.4厘米（图一一○，3；彩版五六，7）。

T2219 等四方④a：7，夹蚌红陶。直径4.7～6.3、孔径1.1、厚1.7厘米。器表平整（图一一○，4；彩版五六，8）。

F1D6：1，泥质红陶。直径4.6～6.5、孔径1.1、高2.8厘米（图一一○，5；彩版五七，1）。

F1：23，夹蚌红陶。直径2.6～4.6、孔径0.6、厚2厘米（图一一○，6；彩版五七，2）。

F8：4，夹蚌红陶。直径3.9～5.7、孔径1、厚1.8厘米（图一一○，7；彩版五七，3）。

F8：8，夹蚌红陶。直径3.9～6.3、孔径0.8、厚2厘米（图一一○，8；彩版五七，4）。

F15①：3，泥质红胎灰黑陶。直径4.7～6.1、孔径1、厚2厘米（图一一○，9；彩版五七，5）。

F16：1，夹蚌末红陶。直径3～5.6、孔径0.9、厚2.8厘米（图一一○，10；彩版五七，6）。

T2417 等四方⑤a：5，泥质黑陶。直径3.6～6、孔径0.6、厚1.8厘米。残，仅余小半（图一一○，11；彩版五七，7）。

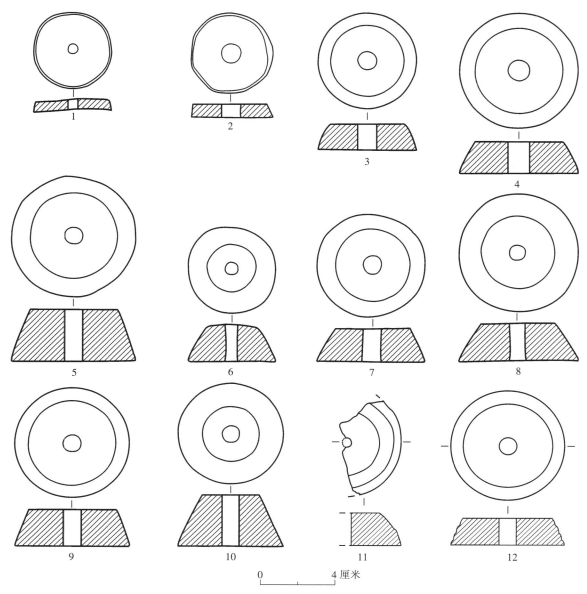

图一一〇　马家浜时期 D 型陶纺轮

1、2. Ⅰ式（T2221 等四方⑤b:2、T2219 等四方⑤a:1）　3~12. Ⅱ式（T2219 等四方④a:1、T2219 等四方④a:7、F1D6:1、F1:23、F8:4、F8:8、F15①:3、F16:1、T2417 等四方⑤a:5、F4:5）

F4:5，夹蚌黑陶。直径 4.8~6、孔径 1、厚 1.5 厘米。残存约一半（图一一〇，12；彩版五七，8）。

（三九）圆饼

H107:1，夹蚌陶，表施褐色陶衣，部分脱落，内褐色。直径 7.3、厚 0.8 厘米。手制，系用陶器残片磨制而成（图一一一，1）。

（四〇）拍

形态呈圆角长方形，正面一般有纹饰，背面有环状把。

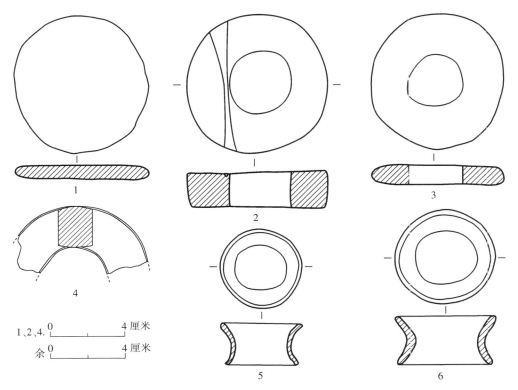

图一一一　马家浜时期陶圆饼和陶环

1. 圆饼（H107∶1）　　2、4. Aa 型环（T3220 等方④∶7、T2221 等四方④a∶16）　　3. Ab 型环（T2419 等四方⑧∶3）
5、6. B 型环（F15①∶1、F15①∶2）

　　H88∶1，夹蚌红陶。长 10.2、宽 5.9、残高 2.2 厘米。正面右下端和中心有缺损，正面遍布指甲划纹，背面把无，仅留残痕（图一一二，1；彩版五八，1）。

　　T2217 等四方⑧∶2，夹细蚌末红褐陶，表面有细孔隙。长 10.4、宽 6.2、残高 2.6 厘米。背面有环状把，留有残痕（图一一二，2）。

　　T2419 等四方⑧∶1，夹蚌红陶。长 12.4、宽 7.4、残高 2.5 厘米。手制，制作较粗糙。正面有许多小孔，背部有环状把残痕（图一一二，3；彩版五八，2）。

　　T2219 等四方⑦∶4，夹蚌红陶。长 8.6、宽 3.9、残高 2 厘米。正面有篦点纹，背部有环状把残痕（图一一二，4；彩版五八，3）。

　　G1∶1，夹蚌红陶。残长 10.4、宽 6.1、残高 1.2 厘米。正面呈小圆形蜂窝状，小孔直径在 2～3 毫米，深约 3～5 毫米；背部带环状把手残痕（图一一二，5；彩版五八，4）。

　　（四一）环

　　A 型　圆环形。

　　Aa 型，器形厚大。

　　T3220 等方④∶7，夹蚌褐陶。直径 7.5、孔径 3.3、厚 2 厘米。手制。环形，一面压印一道凹槽（图一一一，2；彩版五八，5）。

　　T2221 等四方④a∶16，泥质褐陶。复原直径约 8、孔径约 3.6、厚 1.8 厘米。手制。环形，残存一小半（图一一一，4；彩版五八，6）。

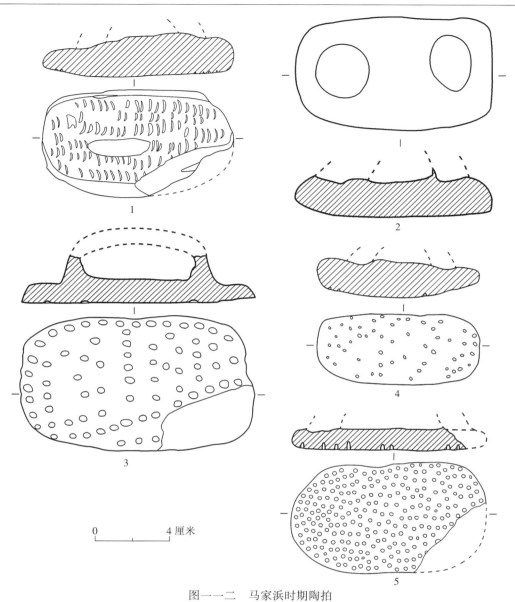

图一一二　马家浜时期陶拍

1~5. H88：1、T2217 等四方⑧：2、T2419 等四方⑧：1、T2219 等四方⑦：4、G1：1

Ab 型，器形扁小。

T2419 等四方⑧：3，夹蚌褐陶。直径 3.5、孔径 1.4、厚 0.5 厘米。环形。制作粗糙（图一一一，3；彩版五八，7）。

B 型　束腰形。可能为耳饰。

F15①：1，泥质黑陶。直径 1.9~2.2、高 1.1 厘米。手制，表面较粗糙（图一一一，5；彩版五八，8）。

F15①：2，泥质黑陶。直径 2.5~2.7、高 1.3 厘米。手制，表面较粗糙（图一一一，6；彩版五八，9）。

（四二）陶塑动物

T2221 等四方④a：13，泥质黑陶。长 5.8、宽 3.4、高 6.5 厘米。一大一小似母子动物，小的骑在大动物上，小动物的四肢与大的四肢黏合在一起。两动物的嘴、眼睛、肛门均以圆点表征，四蹄奋开，引颈昂首，目视前方（图一一三，1；彩版五九，1）。

T2417 等四方⑥a：3，夹蚌红陶。残长 7.8、宽 3.4、残高 4.1 厘米。手捏制而成。似猪，有头和尾（残），四足尾下和身体两侧有三个穿孔，穿而未透（图一一三，2；彩版五九，2）。

T2111⑤：5，泥质红陶。长 3.8、宽 2.7、高 2.2 厘米。手制。为动物形象，脸部有鼻，有两足（图一一三，3；彩版五九，3）。

T2114②e：1，泥质褐陶。长 6.1、宽 2.9、高 2.8 厘米。手捏制而成。为一动物形象，头部前端尖锐，似为动物嘴部。身体部分有前、后肢，体表有多处细密刮痕。头部扁窄，身体肥硕，底部平整（图一一三，4；彩版五九，4）。

（四三）球

F15②：4，泥质红衣陶。圆径 7.2 厘米。球形，表面不规则分布有镂孔若干，孔通透，壁较

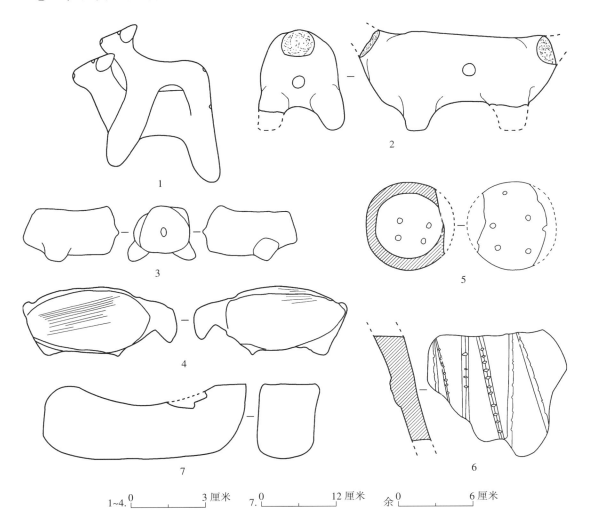

图一一三　马家浜时期陶塑动物、陶球、陶枕状红烧土和纹饰陶片

1～4. 陶塑动物（T2221 等四方④a：13、T2417 等四方⑥a：3、T2111⑤：5、T2114②e：1）　5. 陶球（F15②：4）

6. 枕状红烧土（H97：1）　7. 纹饰陶片（T2114②a：1）

厚，中空（图一一三，5）。

（四四）枕状红烧土

H97：1，夹砂红陶。长 32、口宽 9.2、高 12 厘米。红烧土块枕头状，枕面下凹，两端上翘，底部平（图一一三，7；彩版五八，5）。

（四五）纹饰陶片

T2114②a：1，夹砂红陶。长 11.1、宽 10.2 厘米。仅余部分腹片。外壁施竖斜向附加堆纹（图一一三，6）。

二、石器

主要有穿孔石斧、斧、锛、凿、纺轮、靴状器、砍砸器、石砧、残石器等。先打制或琢制成型，再经磨制，少量有穿孔，包括实心桯钻和空心管钻，有两面钻和单面钻。绝大多数在使用过程中产生疤痕或崩损痕迹。质地有角岩、板岩、泥岩、细砂岩、粉砂岩、火山岩、黏土岩、石英砂岩、硅质岩、辉长岩、辉绿岩、泥板岩、闪长岩、片岩等。

（一）穿孔石斧

A 型　弧刃明显。

F1：34，粉砂岩。残长 11.5、宽 10.8、厚 1.6、孔径 3.5 厘米。整体近长方形，上部略残，中部偏上有一穿孔，系两面对钻。器体宽大厚重，磨制较光滑。刃部残损后又打磨成弧刃，器身两侧各磨出一脊（图一一四，1；彩版六〇，1）。

F1：35，火山岩。残长 8、残宽 13.3、残厚 1.2 厘米。上部残缺，有两面对钻穿孔，残留半孔，下部形成舌状大弧刃，双面刃。刃部有使用痕迹，崩损严重。器身磨制很光滑（图一一四，7；彩版六一，1）。

B 型　微弧刃。

F1：33，泥岩或泥板岩。长 12.5、宽 7.9、厚 1.1、孔径 2 厘米。整体呈上宽下窄梯形，顶平，侧边斜直，中上部有一两面对钻穿孔，微弧双面刃。刃部有使用痕迹。器身扁平，磨制光滑（图一一四，6；彩版六〇，2）。

F14：2，角岩类石料。残长 14.6、宽 7、厚 1.6、孔径 2.4 厘米。残损严重。整体长方形，顶边和侧边较直，上部有一单面管钻穿孔，刃部微弧，双面刃（图一一四，4；彩版六一，2）。

TG1①：1，板岩。长 10.2、宽 7.1、厚 1.8、孔径 1.8 厘米。整体呈上宽下窄梯形，顶平，侧边斜直，中上部有两面对钻穿孔，孔壁留有台痕，微弧双面刃。刃部有使用痕迹。器身磨制光滑（图一一四，2；彩版六〇，3）。

T2214①：1，辉绿岩。残长 11.6、宽 11.2、厚 3、孔径约 2.6 厘米。残损。整体上窄下宽，微弧刃，上端有残孔，系用两面管钻法钻制。刃部有使用过程中而形成的多处疤痕。磨制（图一一四，3）。

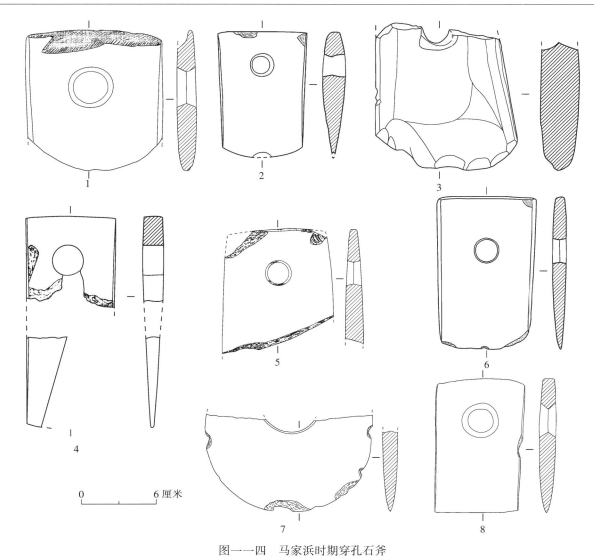

图一一四　马家浜时期穿孔石斧

1、7. A 型（F1∶34、F1∶35）　　2~6. B 型（TG1①∶1、T2214①∶1、F14∶2、采∶6、F1∶33）　　8. C 型（采∶1）

　　采∶6，硅质岩，呈灰黑色夹杂浅灰斑。残长 10、残宽 8.8、厚 1.4、孔径 2.1 厘米。整体呈上略窄下宽的梯形，顶部和侧边相对较直，刃部及上缘两角皆残，中上部有一两面对钻孔，孔壁留有台痕。通体打磨（图一一四，5；彩版六○，4）。

　　C 型　刃边较直。

　　采∶1，辉长岩。长 11.1、宽 7、厚 1.3、孔径 2.9 厘米。整体呈长方形，双面刃，中上部有一两面管钻孔，有管钻时留下的台痕。器身先打制后磨制，磨制光滑，但顶部和孔内未曾打磨（图一一四，8；彩版六○，5）。

　　（二）斧

　　弧顶弧刃，双面刃，厚薄不匀。

　　H24∶1，粉砂岩。残长 5.4、残宽 5.6、厚 1.3 厘米。仅剩刃端一角，弧形双面刃（图一一五，1；彩版六一，3）。

H13∶1，闪长岩类。残长5.3、残宽6.8、厚1厘米。仅剩刃端一处，扁体，弧形双面刃。器表磨制不精（图一一五，2；彩版六一，4）。

F15①∶4，闪长岩类。残长7.8、残宽7.7、厚4.4厘米。弧顶弧边。磨制，整器表面较光滑。（图一一五，3；彩版六一，5）。

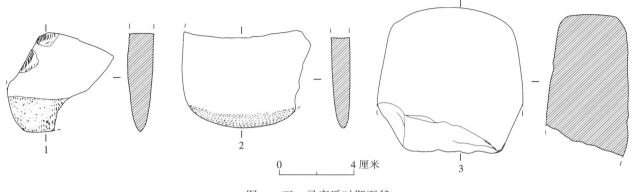

图一一五　马家浜时期石斧
1～3. H24∶1、H13∶1、F15①∶4

（三）锛

A型　单面刃。

Aa型，近长方形，单面刃。

Ⅰ式，正面较平，背面较鼓，棱线明显。

T3220等方③∶3，角岩。长5.6、宽3.1、厚1.75厘米。通体打磨。左刃角残缺，刃部有使用时形成的崩疤（图一一六，1；彩版六二，1）。

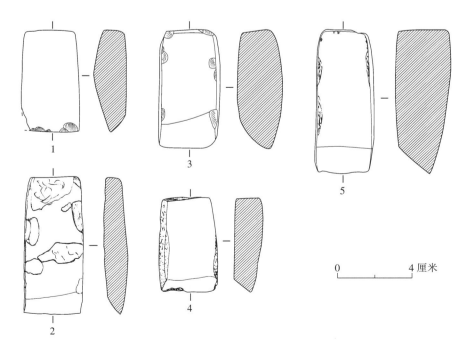

图一一六　马家浜时期Aa型石锛
1. Ⅰ式（T3220等方③∶3）　2～5. Ⅱ式（T2114②b∶1、T2221等四方④a∶12、T2219等四方④a∶6、F8∶13）

Ⅱ式，正面较平，背面微鼓，棱线不明显。

T2114②b∶1，角岩。长7.4、宽3.1、厚0.7厘米。表面多石片疤，刃口锋利。通体磨光（图一一六，2；彩版六二，2）。

T2221等四方④a∶12，角岩。长6.5、宽3.2、厚2.4厘米。器体厚重。器身有打制疤痕，磨制较光滑（图一一六，3；彩版六二，3）。

T2219等四方④a∶6，角岩。长5.2、宽3.1、厚2.5厘米。部分磨光，两侧及前端有石片疤，刃部有崩裂（图一一六，4；彩版六二，4）。

F8∶13，角岩。长7.9、宽3.1、厚2.9厘米。刃部有残损。表面略有打制后留下的崩痕，磨制较光滑（图一一六，5；彩版六二，5）。

F8∶15，角岩。长7.8、宽3.2、厚2.6厘米。刃部略有残损。先打制后磨制，正面有打制后留下的崩痕，磨制较光滑（图一一七，1；彩版六二，6）。

T3220等方②b∶2，角岩。长9.7、宽4.4、厚2.8厘米。先打制后磨制，器身略有崩痕，磨制较光滑（图一一七，2；彩版六三，1）。

F1∶10，角岩。长7.4、宽2.7、厚2.1厘米。器体较厚重，刃部稍残。器身上有打制疤痕，磨制较光滑（图一一七，3；彩版六三，2）。

F1∶21，角岩。长8.1、宽3.5、厚2.65厘米。器体较厚重。顶端成斜面，截面中间略鼓。器身上有打制疤痕，磨制很光滑（图一一七，4；彩版六三，3）。

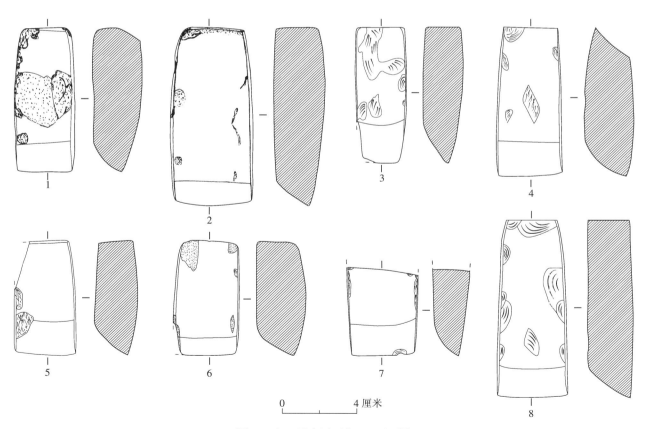

0　　　　　　4厘米

图一一七　马家浜时期 Aa 型石锛

1~7. Ⅱ式（F8∶15、T3220等方②b∶2、F1∶10、F1∶21、F1∶26、F1∶27、F1∶28）　8. Ⅲ式（F1∶11）

F1：26，角岩。长 6.25、宽 3.3、厚 2.2 厘米。器体较厚重，器形短宽。顶侧残一角。器身上有打制疤痕，磨制较光滑（图一一七，5；彩版六三，4）。

F1：27，角岩。长 6.2、刃残宽 3.5、厚 2.6 厘米。器体较厚重，器形短宽。器身上有打制疤痕，磨制较光滑（图一一七，6；彩版六三，5）。

F1：28，角岩。残长 4.8、残宽 3.3、厚 2 厘米。顶端残成斜面。刃部稍残、未经磨光，器身打磨很光滑（图一一七，7；彩版六三，6）。

Ⅲ式，正面较平，背面也平，无棱线。

F1：11，板岩。长 9.6、刃宽 3.8、厚 2.4 厘米。器体较厚重，器身较长。器身上有打制疤痕，磨制不精致（图一一七，8；彩版六三，7）。

Ab 型，近方梯形，单面刃。

Ⅰ式，正面较平，背面较鼓，棱线明显。

T3220 等方④：11，灰黑色角岩。长 10.1、宽 4.7、厚 2.8 厘米。为刃部一角。残器身局部有疤痕，磨制光滑（图一一八，1；彩版六四，1）。

T2221 等四方⑥a：1，角岩。长 5.6、宽 3.4、厚 1.8 厘米。刃端较宽。器身有打制疤痕，磨制较光滑（图一一八，2；彩版六四，2）。

Ⅱ式，正面较平，背面微鼓，棱线不明显。

F1：12，角岩。长 5.7、刃宽 3.5、厚 1.3 厘米。器身有打制疤痕，磨制较光滑，在背面上端两侧分别磨出小凹槽，可能便于系柄（图一一八，3；彩版六四，3）。

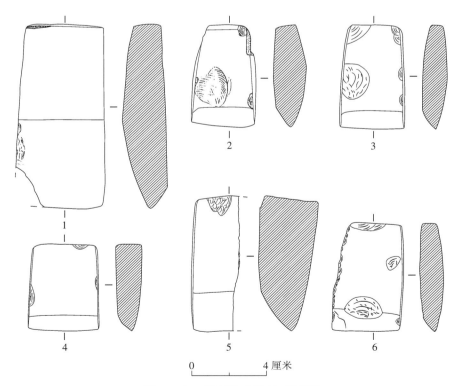

图一一八　马家浜时期 Ab 型石锛

1、2．Ⅰ式（T3220 等方④：11、T2221 等四方⑥a：1）　3～6．Ⅱ式（F1：12、F1：30、F1：25、F1：13）

　　F1：13，角岩。长5.8、刃宽3.6、厚1.3厘米。器身上有打制疤痕，左侧未经打磨，磨制较光滑（图一一八，6；彩版六四，4）。

　　F1：25，角岩。残长7.3、残宽2.5、厚3.1厘米。器体较厚重，器身残半，较厚。有打制疤痕，磨制较光滑（图一一八，5；彩版六四，5）。

　　F1：30，角岩。长4.7、刃宽3.8、厚1.35厘米。器形短宽，较扁平。器身上有打制疤痕，磨制稍光滑（图一一八，4；彩版六四，6）。

　　F1：31，角岩。长5.8、宽3.7、厚2.4厘米。器体较厚重，器形短宽。器身略有打制疤痕，磨制较光滑（图一一九，1；彩版六五，1）。

　　F8：5，角岩。长6.5、宽3.9、厚2.1厘米。先打制后磨制，正面留有打制后留下的崩痕，磨制较光滑，刃部无使用痕迹（图一一九，2；彩版六五，2）。

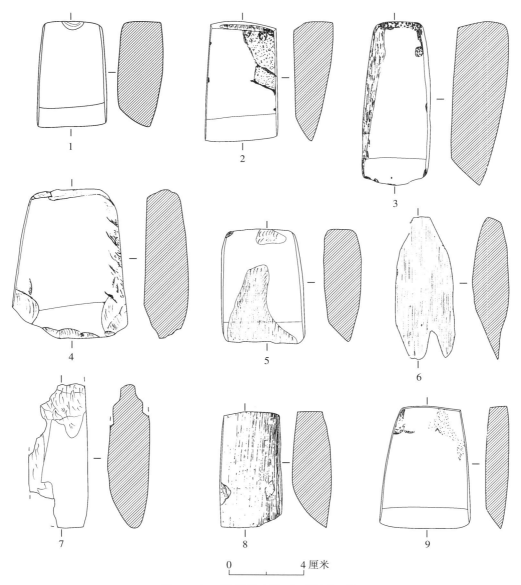

0　　　　　4厘米

图一一九　马家浜时期 Ab 型 II 式石锛

1~9. F1：31、F8：5、F8：14、T3628 等方②b：4、T2221 等四方④a：7、F1：9、F1：39、采：2、采：3

F8：14，角岩。长 8.9、宽 3.5、厚 2.8 厘米。先打制后磨制，表面有打制后留下的崩痕（图一一九，3；彩版六五，3）。

T3628 等方②b：4，角岩。残长 8.1、宽 6、厚 2.7 厘米。刃部残。器身有疤痕，通体打磨，但不精致，顶端因打击使用而不平整（图一一九，4；彩版六五，4）。

T2221 等四方④a：7，角岩。长 6.2、刃宽 4.4、厚 2 厘米。器身上有打制疤痕，刃端有使用痕。因石质较差，表层已局部剥落（图一一九，5；彩版六五，5）。

F1：9，细砂岩。残长 7.7、残宽 3.1、残厚 1.9 厘米。因风化剥蚀作用，器身粗糙不平，严重变形（图一一九，6；彩版六五，6）。

F1：39，泥岩。残长 7.8、残宽 3.1、残厚 2.2 厘米。因风化剥蚀作用，残损严重，难窥全貌（图一一九，7；彩版六五，7）。

采：2，硅质岩。长 6.2、宽 3.3、厚 2.1 厘米。刃口偏斜，单面刃。先打制后磨制，风化严重（图一一九，8；彩版六五，8）。

采：3，角岩。长 6.6、宽 4.3、厚 1.2 厘米。单面刃，刃口略有残损。先打制后磨制，器身有打制时留下的崩疤，磨制较光滑（图一一九，9；彩版六五，9）。

B 型　双面刃。

Ba 型，整体稍窄长。

Ⅰ 式，刃部略偏。

T3220 等方⑥：2，角岩。残长 7.5、残宽 5.3、残厚 2 厘米。顶部残，刃部有个别疤痕（图一二〇，1；彩版六六，1）。

T4028④：1，角岩。长 5.4、宽 2.8、残厚 1.3 厘米。通体打磨精致，背面略残、凹陷（图一二〇，2；彩版六六，2）。

T2419 等四方⑦：1，角岩。长 7.8、宽 3.3、厚 2.7 厘米。磨制，使用痕迹明显，器表石片疤较多（图一二〇，3；彩版六六，3）。

Ⅱ 式，刃部偏斜明显。

T2219 等四方⑤b：1，角岩。长 7.8、宽 2.9、厚 2.4 厘米。刃部尖锐。通体磨光，侧面和顶端有多处石片疤（图一二〇，4；彩版六六，4）。

T2221 等四方④a：6，角岩。长 5.5、宽 2.4、厚 1.3 厘米。整体近楔形。石质较差，器身未经磨制，较粗糙（图一二〇，5；彩版六六，5）。

T2221 等四方②b：1，角岩。长 9.4、宽 3.8、厚 3.6 厘米。器体较厚重。器身两侧和顶部有打制疤痕，其他部分磨制较光滑（图一二〇，6；彩版六六，6）。

Bb 型，整体稍宽短。

T4028④：2，角岩。长 6.2、宽 4.1、厚 2.1 厘米。刃部略残。通体打磨，顶端和左侧面有疤痕（图一二〇，7；彩版六六，7）。

T3220 等方③：4，角岩。长 5.8、宽 5.3、厚 1.15 厘米。刃部残损严重。先打制后磨制，器身崩裂严重，局部经磨光（图一二〇，8；彩版六六，8）。

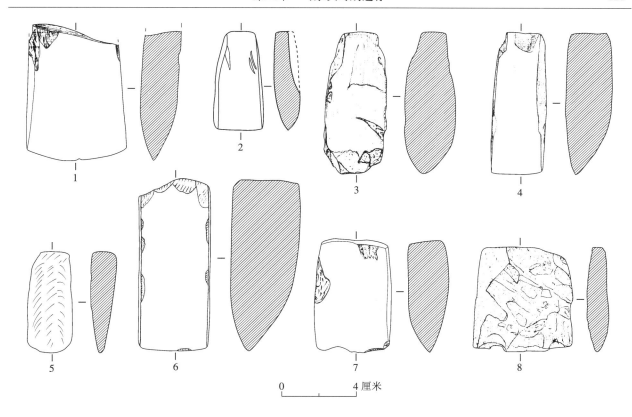

图一二〇　马家浜时期 B 型石锛

1 ~ 3. Ba I 式（T3220 等方⑥：2、T4028④：1、T2419 等四方⑦：1）　　4 ~ 6. Ba II 式（T2219 等四方⑤b：1、T2221 等四方④a：6、
T2221 等四方②b：1）　　7、8. Bb 型（T4028④：2、T3220 等方③：4）

（四）凿

长条形，单面刃，厚度大于宽度。

F8：1，角岩。长 5.7、宽 1.5、厚 1.6 厘米。器身有打制后留下的崩痕，磨制较光滑，刃部无使用痕迹（图一二一，1；彩版六七，1）。

F4：1，角岩。长 4.5、宽 1.2、厚 1.4 厘米。侧面及上、下底面有多块疤痕，刃部有曾使用痕迹，经过打磨（图一二一，2；彩版六七，2）。

T2111②：2，角岩或板岩。残长 6.8、残宽 0.9、残厚 2.3 厘米。磨制，一面有刃，有使用残

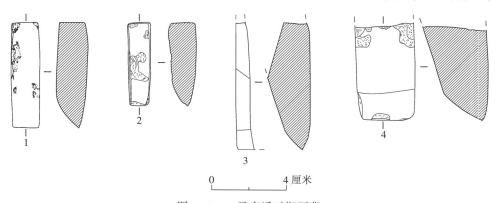

图一二一　马家浜时期石凿

1 ~ 4. F8：1、F4：1、T2111②：2、T2217 等四方⑥a：2

损留下的痕迹（图一二一，3；彩版六七，3）。

T2217 等四方⑥a：2，青灰角岩。残长5.1、残宽3.1、残厚3.4厘米。刃部经打磨，器身有崩疤（图一二一，4；彩版六七，4）。

（五）纺轮

A 型　台形，剖面呈梯形。

T2221 等四方⑤b：1，铁质泥岩。直径5.9～6.2、孔径0.85～1、厚1.2厘米。磨制较光滑，表面有磨制痕迹（图一二二，1；彩版六八，1）。

T2419 等四方⑤b：1，片岩。直径7.1～7.4、孔径1.1、厚0.9厘米。通体磨光（图一二二，2；彩版六八，2）。

T2219 等四方④a：8，泥岩。直径4.4～4.9、孔径0.8、厚0.6厘米。通体磨光。中央系孔单面钻孔而成（图一二二，3）。

T2219 等四方④a：9，砂岩。直径5.8～6.6、孔径1.2、厚1.95厘米。磨制。中央系孔单面钻成（图一二二，4；彩版六八，3）。

F15③：7，粉砂质泥岩。直径5.1～5.65、孔径0.9、高1.1厘米。整体较光滑（图一二二，5；彩版六八，4）。

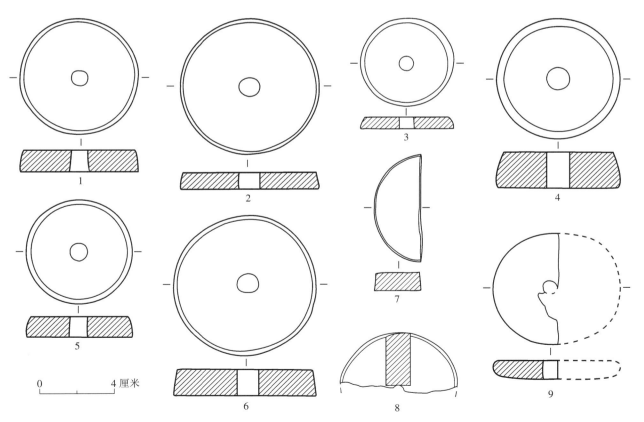

图一二二　马家浜时期石纺轮

1～8. A 型（T2221 等四方⑤b：1、T2419 等四方⑤b：1、T2219 等四方④a：8、T2219 等四方④a：9、F15③：7、F3：1、F8：2、T2221 等四方④a：11）　9. B 型（F8：19）

F3:1，粉砂质泥岩。直径 7.3 ~ 7.5、孔径 1.1、厚 1.4 厘米。石质较差，表层已剥落一些，表面及边缘经磨制，较光滑（图一二二，6；彩版六八，5）。

F8:2，泥质板岩。直径 5.6 ~ 5.8、厚 0.9 厘米。仅余其中一小半。先打制后磨制，器身略有崩痕，表面磨制光滑（图一二二，7；彩版六八，6）。

T2221 等四方④a:11，铁质泥岩。直径 6.2、孔径 0.7、厚 1.3 厘米。残半。局部表层剥落，磨制较光滑（图一二二，8；彩版六八，7）。

B 型 圆饼形。

F8:19，泥岩。直径 6、孔径 0.7、厚 1 厘米。残半。磨制（图一二二，9）。

（六）靴状器

T3220 等方④:6，角岩。残长 4.6、宽 1.6、厚 0.7 厘米。刃部圆钝。通体打磨（图一二三，1；彩版六九，1）。

T3220 等方②b:3，角岩。长 4.7、宽 1.8、厚 0.9 厘米。上端小，下端宽，刃部圆钝。磨制，

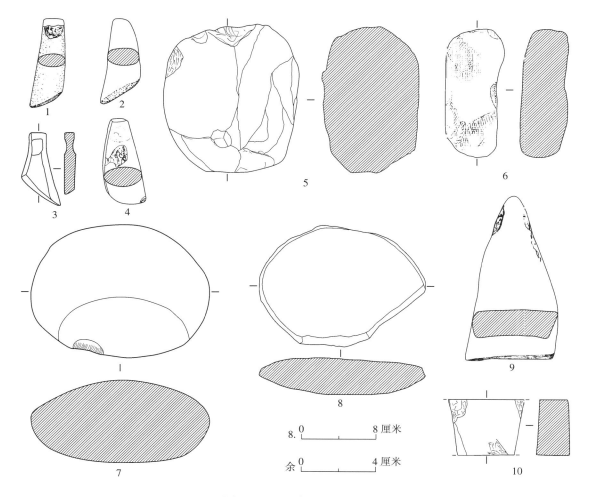

图一二三 马家浜时期石器

1 ~ 4. 靴状器（T3220 等方④:6、T3220 等方②b:3、F1:14、G2:3） 5 ~ 7. 砍砸器（F1:36、F3:3、T2221 等四方⑦:2）
8. 砧（F1:38） 9. 砺石（T2221 等四方④a:19） 10. 残石器（F1:41）

表面略有风化（图一二三，2；彩版六九，2）。

F1：14，泥岩。长4、宽2.1、厚0.6厘米。上部两面有凹槽。通体磨制（图一二三，3；彩版六九，3）。

G2：3，角岩。长4.7、宽2.1、厚1厘米。通体磨制，表面略有风化疤痕（图一二三，4；彩版六九，4）。

（七）砍砸器

F1：36，泥岩。长8、宽7.1、厚5.2厘米。以砾石加工而成，局部磨制，周身多疤痕，不规则形，侧面有磨制痕迹（图一二三，5；彩版六九，5）。

F3：3，角岩。残长7.1、残宽3、残厚2.5厘米。磨制较光滑，器身上有打制和使用过程中留下的疤痕（图一二三，6；彩版六九，6）。

T2221等四方⑦：2，石英质。长9.6、宽7.3、厚4.55厘米。卵石，椭圆体。器身较光滑，上有一凹窝，有砍砸痕迹（图一二三，7）。

（八）石砧

F1：38，粉砂岩。长17.7、宽12.9、厚4厘米。系用砾石制成。两面平整，侧面有磨制痕迹。出土时位于陶盆下。推测该器为砧板一类用途（图一二三，8；彩版六九，7）。

（九）砺石

T2221等四方④a：19，粉砂岩。残长8.8、残宽4.7、厚1.4厘米。略呈三角形，一面磨制，略凹（图一二三，9；彩版六九，8）。

（一〇）残石器

F1：41，细粒粉砂岩。器形不明。残长4、宽3、厚1.7厘米。一面有打磨痕迹（图一二三，10；彩版六九，9）。

三、玉器

数量种类较少，仅2件。

（一）管

G2：2，青玉，局部白化。长2.7、直径1.55、孔径0.5厘米。圆柱状，中间有钻孔。磨制，外表光滑（图一二四，1；彩版六七，5）。

（二）坯料

T4028③：1，石英质，白色。长4.4、宽4、厚3.1厘米。为打制切割后粗磨，未成器（图一二四，2；彩版六七，6）。

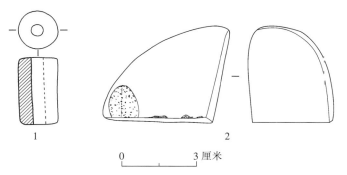

图一二四 马家浜时期玉管和玉坯料
1. 管（G2∶2） 2. 坯料（T4028③∶1）

四、骨角器

主要用鹿等哺乳动物骨骼制成，有骨镞、骨角锥、骨针、骨簪、骨镖、鹿角靴形器、穿孔骨片、骨坠饰、圆柱状角器、骨角料等。

（一）骨镞

A 型 带铤。

Aa 型，镞部剖面呈圆形。

T2221 等四方④a∶14，长 5.7、宽 0.85 厘米。长铤，铤呈圆柱状（图一二五，1）。

Ab 型，镞部剖面呈扁圆形。

F16∶2，长 5.7、宽 1.1 厘米。利用动物肢骨制成，一面较平，一面有孔隙（图一二五，2；彩版七〇，1）。

Ac 型，镞部剖面呈菱形。

T2419 等四方⑥a∶1，长 4.7、宽 0.8 厘米。通体磨光（图一二五，3；彩版七〇，2）。

F3∶2，长 5、宽 0.85 厘米。铤呈圆柱状，镞身下部两侧略内凹（图一二五，4；彩版七〇，3）。

Ad 型，镞部剖面呈扁长形。

JS1∶1，长 7.5、宽 1.7、厚 0.65 厘米。镞尖稍残，镞身呈等腰锐角三角形（图一二五，5；彩版七〇，4）。

B 型 无铤。

Ba 型，镞部剖面呈圆形。

T2217 等四方⑤a∶3，长 5.5、宽 0.7 厘米。两端钝尖，打磨圆滑（图一二五，6；彩版七〇，5）。

Bb 型，镞部剖面呈三角形。

T2217 等四方⑧∶13，长 5.4、宽 0.8 厘米（图一二五，7；彩版七〇，6）。

H101∶1，残长 6.6、宽 0.7 厘米（图一二五，8；彩版七〇，7）。

H100∶5，残长 5、残宽 0.7 厘米（图一二五，9；彩版七〇，8）。

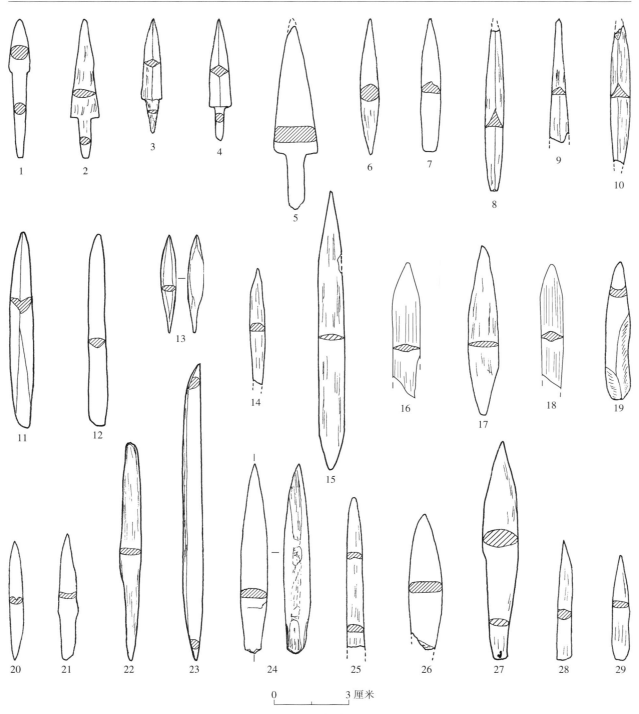

图一二五　马家浜时期骨镞

1. Aa 型（T2221 等四方④a：14）　 2. Ab 型（F16：2）　 3、4. Ac 型（T2419 等四方⑥a：1、F3：2）　 5. Ad 型（JS1：1）　 6. Ba 型（T2217 等四方⑤a：3）　 7～12. Bb 型（T2217 等四方⑧：13、H101：1、H100：5、T3220 等方④：8、T2221 等四方④a：5、T2221 等四方②b：5）　 13～29. Bc 型（H9：1、TG1④：1、H100：1、H100：2、H100：3、H100：6、T2221 等四方⑤b：3、T2221 等四方⑤b：4、T2419 等四方⑥a：2、T2419 等四方⑥a：3、T3220 等方③：1、T2919④：1、T2417 等四方⑤a：4、TG1②：1、F16：3、F16：4、T2217 等四方②c：1）

　　T3220 等方④：8，残长 5.6、宽 0.8 厘米。骨质致密，三面打磨，两端残（图一二五，10；彩版七〇，9）。

　　T2221 等四方④a：5，长 8、宽 0.9 厘米。镞头尖圆，镞身截面近三角形，其中一面有条凹槽。

铤部削成四面，呈楔形（图一二五，11；彩版七一，1）。

T2221 等四方②b：5，长 7.9、宽 0.7 厘米。由一劈开长骨稍加工而成，锥尖较钝，制作不精（图一二五，12；彩版七一，2）。

Bc 型，镞部剖面呈扁圆、扁梭或扁凹形。

H9：1，长 4、宽 0.6 厘米。手制。长锥形，顶部较尖，铤部细长，镞身略有磨制后留下的棱线，剖面呈不太规整的扁圆形，整体器形不够均匀对称（图一二五，13；彩版七一，3）。

TG1④：1，残长 4.8、宽 0.6 厘米。剖面扁圆形（图一二五，14；彩版七一，4）。

H100：1，长 11.4、宽 1.05 厘米。剖面扁梭形（图一二五，15；彩版七一，5）。

H100：2，残长 5.6 厘米。手制。剖面扁梭形（图一二五，16；彩版七一，6）。

H100：3，长 6.9、宽 1.2 厘米。剖面扁梭形（图一二五，17；彩版七一，7）。

H100：6，残长 5.1 厘米。手制。剖面扁梭形（图一二五，18；彩版七一，8）

T2221 等四方⑤b：3，长 5.65、宽 1 厘米。剖面扁凹形。系以骨管中的小段稍加工而成，并利用骨管的内壁凹面作为血槽，铤头呈三角形，制作不精致（图一二五，19；彩版七一，9）。

T2221 等四方⑤b：4，长 3.8、宽 0.5 厘米。剖面扁凹形。以细小骨片制作，上刻有一条细血槽（图一二五，20；彩版七二，1）。

T2419 等四方⑥a：2，长 5.2、宽 0.8 厘米。剖面扁凹形（图一二五，21；彩版七二，2）。

T2419 等四方⑥a：3，长 9.1、宽 0.9 厘米。剖面扁圆形（图一二五，22；彩版七二，3）。

T3220 等方③：1，长 12.2、宽 0.8 厘米。由动物肢骨加工而成，两端磨制，一端呈锥状，另一端截面呈扁圆形（图一二五，23；彩版七二，4）。

T2919④：1，长 7.8、宽 1.05 厘米。剖面扁圆形。系把动物肢骨从中剖开后制成，一面呈弧形，上有一道刻划痕迹；一面略平或微凹，露出肢骨的原有骨芯（图一二五，24；彩版七二，5）。

T2417 等四方⑤a：4，残长 6.2、宽 0.7 厘米。剖面扁凹形（图一二五，25；彩版七二，6）。

TG1②：1，残长 5.6、宽 1.3 厘米。剖面扁圆形（图一二五，26；彩版七二，7）。

F16：3，长 9、宽 1.4 厘米。剖面扁圆形。利用鹿角肢骨制成，一面有孔隙，一面不平整（图一二五，27；彩版七二，8）。

F16：4，长 4.9、宽 0.6 厘米。剖面扁圆形（图一二五，28；彩版七二，9）。

T2217 等四方②c：1，长 4.3、宽 0.7 厘米。剖面扁圆形。由动物肢骨改制而成，外表面较平，内面有孔腔痕（图一二五，29；彩版七二，10）。

（二）骨角锥

一端较尖，另一端较平钝，有的端部有穿系孔，相对较长较宽。

T2111⑤：4，骨质。残长 9.2、宽 2.4 厘米。剖面扁长形（图一二六，1；彩版七三，1）。

T2114②h：1，鹿角质。残长 3.5、宽 1 厘米。剖面扁圆形。前端通体磨光，后端残断（图一二六，2；彩版七三，2）。

T3220 等方④：10，骨质。长 11.4、宽 1.7 厘米。截面扁凹形。用动物肢骨制成，仅在尖部两侧稍作打磨（图一二六，3；彩版七三，4）。

T2419 等四方⑥a：4，骨质。残长 4.6、宽 1.2 厘米。剖面扁条形（图一二六，4；彩版七三，3）。

T2219 等四方⑥a：2，骨质。残长 12.1、宽 1.2 厘米。截面近扁三角形，前端削尖有破损。用动物肢骨磨制加工而成（图一二六，5；彩版七三，5）。

T2219 等四方④a：2，骨质。长 9.6、宽 1.1 厘米。剖面扁棱形，顶端磨成钝尖（图一二六，6；彩版七三，6）。

T2219 等四方④a：4，骨质。残长 8.5、宽 0.7 厘米。剖面扁圆形，前端已残，后端顶部切割后磨平，后端中部有两面对穿孔。系动物肢骨半剖后磨制加工而成，正面留有骨腔，通体光滑

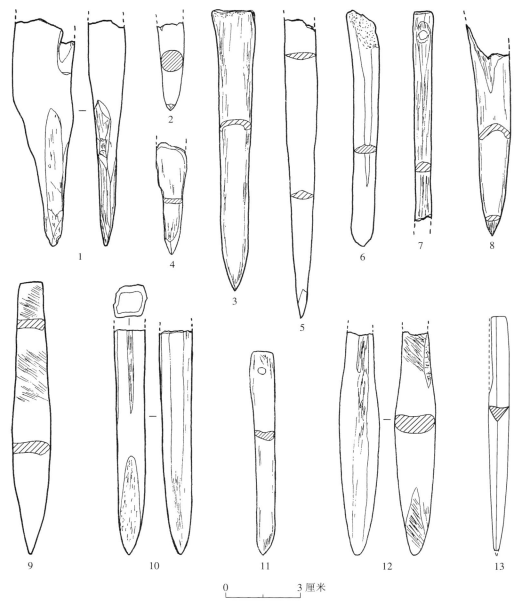

0 　　　　　 3 厘米

图一二六　马家浜时期骨角锥

1～13. T2111⑤：4、T2114②h：1、T3220 等方④：10、T2419 等四方⑥a：4、T2219 等四方⑥a：2、T2219 等四方④a：2、T2219 等四方④a：4、T3220 等方③：2、T2221 等四方④a：4、T2217 等四方②c：2、F14：1、F8：3、TG1①：2

（图一二六，7；彩版七三，7）。

T3220 等方③：2，骨质。残长 8.6、宽 1.5 厘米。用动物肢骨制成，尖部磨制，另一端残。截面略呈扁凹形（图一二六，8；彩版七三，8）。

T2221 等四方④a：4，骨质。长 11、宽 1.5 厘米。整体近柳叶形，器身稍宽，上有一道浅凹槽，剖面扁条形略凹（图一二六，9；彩版七三，9）。

T2217 等四方②c：2，骨质。残长 9.1、宽 1.2 厘米。磨制，利用动物的肢骨打磨成斜尖刃口，刃部尖钝，骨腔因长时间埋藏而破裂（图一二六，10；彩版七四，1）。

F14：1，骨质。长 8.3、宽 1 厘米。剖面扁凹形，刃部尖钝，尾端有一个穿系孔（图一二六，11；彩版七四，2）。

F8：3，骨质。残长 9.1、宽 1.6 厘米。刃部钝尖，端部内收略残，剖面半圆形略内凹。系利用动物肢骨削开后磨制而成，尚留有打磨痕迹（图一二六，12；彩版七四，3）。

TG1①：2，骨质。残长 9.7 厘米。手制。剖面三角形（图一二六，13；彩版七四，4）。

（三）骨针

器身细长，剖面一般呈圆形或扁圆形，有的尾端有针孔。

T2219 等四方⑦：2，残长 6.7、宽 0.4 厘米。剖面圆形，前端已残。以动物肢骨磨制而成（图一二七，1；彩版七四，5）。

H100：4，残长 8.3、宽 0.3 厘米。剖面圆形，两端均残（图一二七，2；彩版七四，6）。

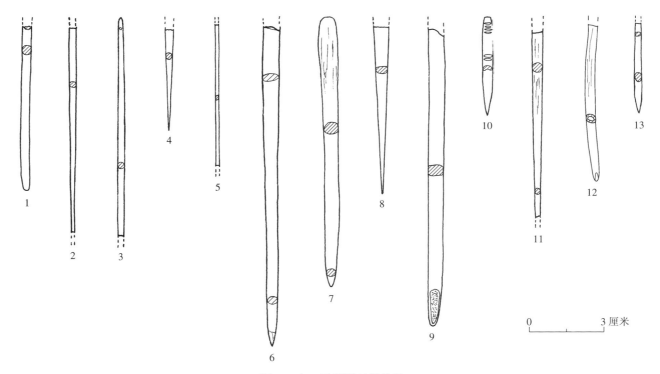

图一二七　马家浜时期骨针

1～13. T2219 等四方⑦：2、H100：4、H100：7、T2417 等四方⑥a：1、T2417 等四方⑥a：2、T2219 等四方④a：5、T2219 等四方⑤a：3、T2417 等四方⑤a：2、T2221 等四方④a：15、T2221 等四方③：1、T2217 等四方②b：1、T2217 等四方⑤a：2、G2：1

H100：7，残长 8.9、宽 0.3 厘米。剖面圆形，一端有针孔，一端残（图一二七，3；彩版七四，7）。

T2417 等四方⑥a：1，残长 4.1、宽 0.3 厘米。剖面圆形，一端尖，一端残（图一二七，4；彩版七四，8）。

T2417 等四方⑥a：2，残长 5.7、宽 0.15 厘米。剖面圆形，两端均残（图一二七，5；彩版七四，9）。

T2219 等四方④a：5，残长 13、宽 0.6 厘米。剖面扁圆形，前端尖锐，后端略残。用动物肢骨加工磨制而成，通体磨光（图一二七，6；彩版七五，1）。

T2219 等四方⑤a：3，长 11、宽 0.8 厘米。剖面扁圆形，前端尖锐，后端圆钝。系利用动物肢骨磨制而成，有使用痕迹，通体光滑（图一二七，7；彩版七五，2）。

T2417 等四方⑤a：2，残长 6.7、宽 0.6 厘米。剖面扁圆形，一端尖，一端残（图一二七，8；彩版七五，3）。

T2221 等四方④a：15，长 12、宽 0.6、厚 0.45 厘米。剖面圆角方形，尾端已残，针尖处露出骨壁内面（图一二七，9；彩版七五，4）。

T2221 等四方③：1，长 4、宽 0.4、厚 0.28 厘米。器较小。剖面扁凹形，器正面横刻有几道凹槽，器背有一长条凹槽（利用骨管内壁自然凹面）（图一二七，10；彩版七五，5）。

T2217 等四方②b：1，残长 7.5、宽 0.4 厘米。剖面圆形，两端残。器身有打磨痕（图一二七，11；彩版七五，6）。

T2217 等四方⑤a：2，残长 6.4 厘米。由动物肢骨制成，一端磨成尖状，剖面圆环形，中空（图一二七，12；彩版七五，7）。

G2：1，残长 3.6、宽 0.35 厘米。剖面扁圆形，前端切削磨尖，后端已残。系动物肢骨加工而成，通体磨光（图一二七，13；彩版七五，8）。

（四）骨簪

器形较宽扁，一端微鼓似铲状。

T3220 等方④：9，残长 11.1、残宽 1.6 厘米。剖面扁圆形，一端呈铲形，一端残。通体打磨（图一二八，1；彩版七六，1）。

T2419 等四方⑤a：1，残长 9.9、宽 1.1 厘米。剖面圆形，一端较扁、呈铲状，一端残（图一二八，2；彩版七六，2）。

T2221 等四方④a：10，长 8.4、宽 0.8 厘米。剖面扁状微凹，长条形，两端稍扁。一面尚见骨内壁的凹面，有磨制痕迹（图一二八，3；彩版七六，3）。

T2221 等四方④a：3，残长 6.8、宽 1.65 厘米。剖面扁平状，一端呈铲形，一端残。通体打磨（图一二八，4；彩版七六，4）。

（五）骨镖

两端尖，器身有凸出，剖面大体呈圆形或扁圆形。

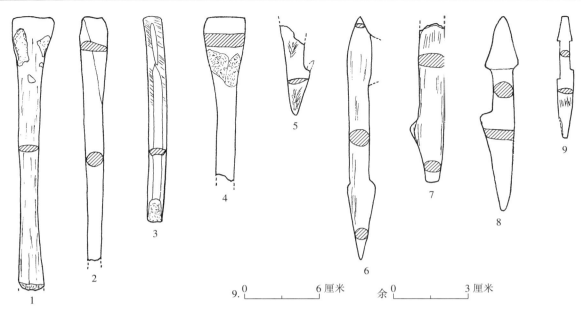

图一二八 马家浜时期骨簪和骨镖

1~4. 簪（T3220 等方④：9、T2419 等四方⑤a：1、T2221 等四方④a：10、T2221 等四方④a：3） 5~9. 镖（T2219 等四方⑦：1、T2417 等四方⑤a：1、T2417 等四方⑤a：3、T2221 等四方②b：4、F16：5）

T2219 等四方⑦：1，残长 3.8、残宽 0.8 厘米。前端磨尖，中间有脊，一侧有倒刺，已残。以兽骨磨制而成（图一二八，5；彩版七七，1）。

T2417 等四方⑤a：1，长 9.8、残宽 1.1 厘米。利用动物肢骨劈削磨制而成（图一二八，6；彩版七七，2）。

T2417 等四方⑤a：3，残长 6.4、宽 1.3 厘米。利用动物肢骨劈削磨制而成（图一二八，7；彩版七七，3）。

T2221 等四方②b：4，长 7.9、宽 1.4 厘米。镖头扁，为一锐角三角形，铤呈圆锥状。利用动物肢骨劈削磨制而成（图一二八，8；彩版七七，4）。

F16：5，长 9.8、宽 1.3 厘米。利用动物肢骨制成，一面较光滑，一面有孔隙（图一二八，9；彩版七七，5）。

（六）鹿角靴形器

Ⅰ式，无穿孔。

T2217 等四方⑧：4，残高 6.4、宽 2.2 厘米。系利用鹿角的自然转折处劈削而成，内面劈削并打磨光滑，外面保留鹿角自然糙面（图一二九，1；彩版七七，6）。

Ⅱ式，有穿孔。

T2111⑤：2，长 6.8、宽 3 厘米。系利用鹿角的折弯处加工制作而成，内面劈削并打磨光滑，外面保留鹿角自然糙面。靴尖光滑圆润，上端外面有磨光斜面，上、中部有人工钻孔两个，为两面钻法制成（图一二九，2；彩版七七，7）。

（七）穿孔骨片

T2111⑤：3，残长 3.4、宽 2.5、厚 0.2 厘米。通体磨光，骨片边缘锐利，一端有一穿孔（图

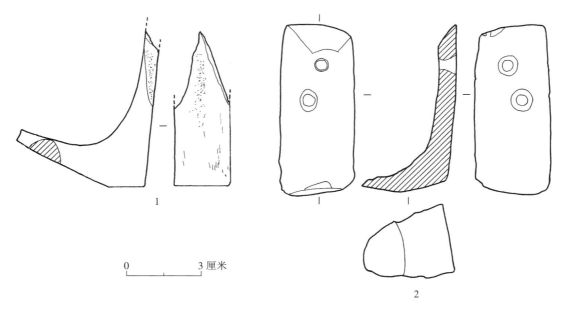

图一二九　马家浜时期鹿角靴形器
1. Ⅰ式（T2217 等四方⑧：4）　2. Ⅱ式（T2111⑤：2）

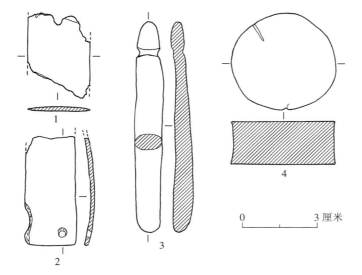

图一三〇　马家浜时期穿孔骨片、骨坠饰和骨圆柱状角器
1、2. 穿孔骨片（T2111⑤：3、TG1④：11）　3. 坠饰（T4028④：3）
4. 圆柱状角器（F4：2）

一三〇，1；彩版七六，6）。

TG1④：11，残长4.5、残宽2.1厘米。通体磨光，端部一侧有一单面钻孔，顶端残。可能用动物的肋骨制成（图一三〇，2）。

（八）骨坠饰

T4028④：3，长8.6、宽1.1厘米。长条状，两端浑圆，一端带一道捆绑凹槽（图一三〇，3；彩版七六，5）。

（九）圆柱状角器

F4：2，直径4.1、高1.8厘米。系利用动物角打磨加工而成。表面光滑，侧面略内凹，表面密布自然纹理（图一三〇，4；彩版七六，7）。

（一〇）骨角料

大多利用动物的角和肢骨，为加工制作骨角器的原料，上面多有锯切痕迹。

T3220 等方③：6，鹿角料。长12、宽5厘米。两端带锯割痕（图一三一，1；彩版七八，3）。

T2419 等四方⑤b：2，鹿角料。长8.5、宽3.6厘米。中间有锯切痕迹，割而未断（图一三一，2；彩版七八，4）。

T2221 等四方④a：20，鹿角料。残长11.5、宽2.7厘米。表面有天瘤，一端带锯割痕（图一

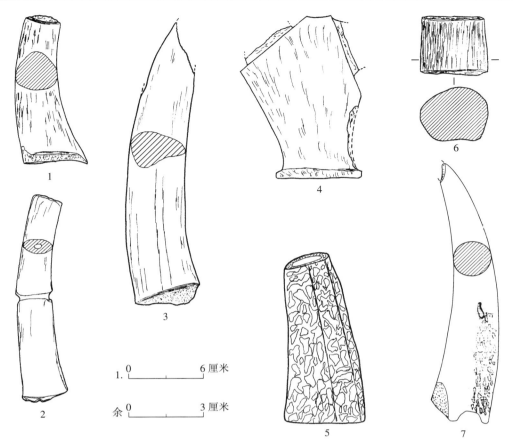

图一三一　马家浜时期骨角料

1～7. T3220 等方③：6、T2419 等四方⑤b：2、T2221 等四方④a：20、T2217 等四方②c：3、T2221 等四方②b：6、
T2819③：1、T2221 等四方⑤b：8

三一，3；彩版七八，5）。

T2217 等四方②c：3，鹿角料。长 6.6、宽 4.9 厘米。为鹿角根部分叉部位，分叉处有锯割痕（图一三一，4；彩版七八，2）。

T2221 等四方②b：6，鹿角料。残长 7、宽 3.2 厘米。为鹿角中间的一段，两头均有明显锯痕，截面较平。角身上粗糙不平，并有一条条凹槽（图一三一，5；彩版七八、6）。

T2819③：1，动物肢骨骨料。长 2.4、宽 2.7 厘米。两端带锯痕（图一三一，6；彩版七八，1）。

T2221 等四方⑤b：8，鹿角料。残长 10.3 厘米。角尖光滑，尖稍残，下端粗糙，并有小沟槽（图一三一，7；彩版七八，7）。

第四章　良渚时期遗存

良渚时期遗存为局部堆积，主要包括墓葬、灰坑、地层等，主要分布于 T2217 等四方、T2219 等四方、T2417 等四方②a 层。

第一节　遗迹及出土遗物

一、墓葬

M7

位于 T2217 等四方西北部。开口于①层下，打破②b 层，西南角被一柱洞打破。开口距地表深 0.2 米，墓向 25°。为不太规则的圆角长方形竖穴土坑墓，直壁，平底。长 2.15 米，宽 0.51 米，深 0.2 米。墓内填土为蚬螺蚌壳夹少量泥土，土质相对较为疏松，出土一个侧三角形陶鼎足。墓坑中有一具骨架，为成年女性，仰身直肢，头向东北，面向上。随葬品 4 件，置于头顶部，为陶双鼻壶、鼎、罐、罐底各 1 件（图一三二；彩版七九，1）。

M7：1，陶双鼻壶。泥质灰陶。口径 8.2、圈足径 10.2、高 13.6 厘米。小敞口，圆唇，高领，圆鼓腹，矮圈足。口沿外侧有两个对称双鼻，鼻带竖穿孔。口下有一道弧形刻划纹，领与腹交接处有两道凸棱，矮圈足上有三个等距横条形镂孔（图一三三，1；彩版七九，2）。

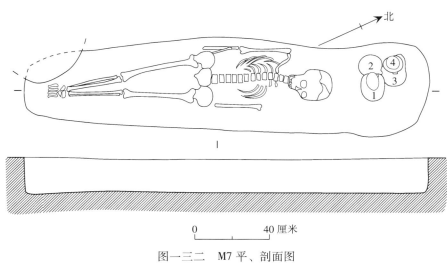

图一三二　M7 平、剖面图
1. 陶双鼻壶　2. 陶鼎　3. 陶罐　4. 陶罐底

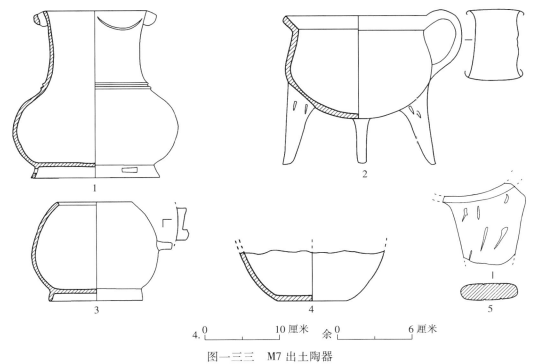

图一三三 M7 出土陶器

1. 双鼻壶（M7:1） 2. 鼎（M7:2） 3. 罐（M7:3） 4. 罐底（M7:4） 5. 鼎足（M7 填土）

M7:2，陶鼎。夹粗蚌红陶。口径11.2、高12.2厘米。侈口，方圆唇，斜平沿微凹，垂鼓腹，圜底，侧三角形鼎足。一侧环形耳，耳背宽大。鼎足弧稍外撇，鼎足两侧有刻划纹（图一三三，2；彩版七九，3）。

M7:3，陶罐。泥质黑陶。口径6、圈足径7.4、高8厘米。敛口，方唇，圆鼓腹，矮圈足。腹部一侧有一錾，呈半个"T"形（图一三三，3；彩版七九，4）。

M7:4，陶罐底。夹蚌红陶。底径9.6、残高7.2厘米。斜弧腹，平底（图一三三，4；彩版七九，5）。

陶鼎足。M7 填土出土。夹蚌红陶。残长6.6、残宽6.6厘米。两侧有刻划纹（图一三三，5）。

二、灰坑

H92

位于T2219等四方的西南部。开口于①层下，打破②b层。近椭圆形，长径1.85米，短径1.6米，深0.48米。斜壁，台阶底。内填灰黑色土，夹有大小不一的红烧土块，土质较硬。出土少量陶片，有陶鼎、缸、罐等（图一三四）。

H92:1，陶鼎足。夹蚌黄陶。残长11.4、残宽8厘米。扁侧三角形，足尖较宽，似鸭嘴状（图一三四，1）。

H93

位于T2217等四方西北角，伸入探方外。开口于①层下，打破②b层。不规则形，现长1.64米，宽1.76米，深0.35米。斜壁，底不平。内填灰黑色土，土质较为疏松。出土两个夹砂红陶侧三角形鼎足（图一三五）。

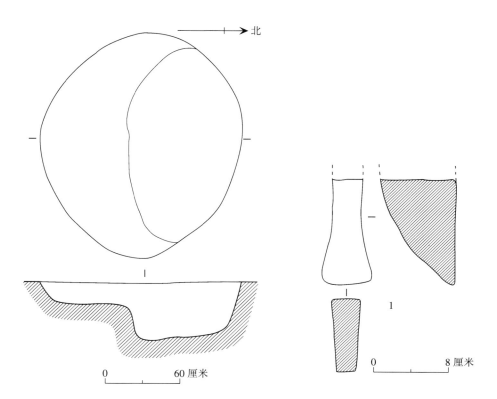

图一三四　H92 平、剖面图及其出土陶鼎足
1. 陶鼎足（H92：1）

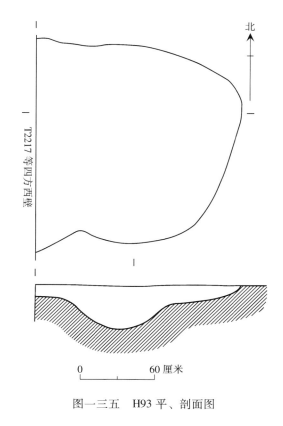

图一三五　H93 平、剖面图

第二节　地层出土遗物

出土遗物以陶器为主，有少量有段石锛、石凿和个别骨锥等。陶器中以夹蚌陶为多，夹砂陶和泥质陶次之；夹蚌红陶和褐陶、夹砂红陶和褐陶、泥质灰陶和灰陶占了绝大多数。纹饰有刻划纹、镂孔、凸棱、弦纹、附加堆纹、按捺纹等。器形有陶鼎（足）、豆、罐、盆、缸、双鼻壶、杯、器耳等。

一、陶器

（一）鼎足

分三型。

A 型　侧三角形。外侧略宽，内侧略窄。两侧面有刻划直线纹。

T2417 等四方②a∶15，夹蚌红陶。残长 10.8、残宽 4 厘米（图一三六，1）。

T2417 等四方②a∶7，夹蚌褐陶。残长 12、残宽 6.2 厘米（图一三六，2）。

T2217 等四方②a∶9，夹砂红陶。残长 7、残宽 8 厘米（图一三六，3）。

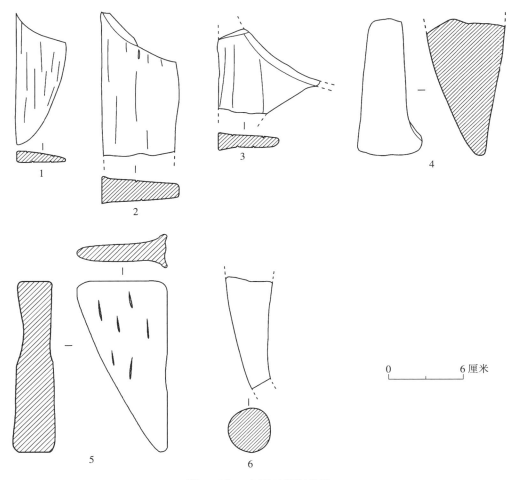

0 　　　　　6厘米

图一三六　良渚时期陶鼎足

1~3. A 型（T2417 等四方②a∶15、T2417 等四方②a∶7、T2217 等四方②a∶9）　4、5. B 型（T2417 等四方②a∶6、T2217 等四方②a∶8）　6. C 型（T2217 等四方②a∶4）

B 型　侧三角鸭嘴状。扁侧三角形，足尖较宽，似鸭嘴状。

T2417 等四方②a:6，夹蚌红陶。残长 11.2、残宽 6.2 厘米（图一三六，4）。

T2217 等四方②a:8，夹砂红陶。残长 14、残宽 7.2 厘米。外侧略宽，内侧略窄。两侧面有刻划直线纹（图一三六，5）。

C 型　羊角锥状。

T2217 等四方②a:4，泥质灰陶。残长 9、残径 3.6 厘米。两端略残（图一三六，6）。

（二）盆

T2217 等四方②a:5，夹细砂灰陶。口径 20、残高 6 厘米。敞口，圆唇，束颈，折腹，底残。颈部有凸棱一周（图一三七，1）。

（三）杯

T2217 等四方②a:7，泥质灰陶。底径 5、残高 1 厘米。手制。上部残，直腹，平底（图一三七，2）。

（四）豆

豆盘

T2417 等四方②a:8，泥质褐陶。口径 20、残高 2.8 厘米。直口，圆唇，束颈，折腹浅盘，下部残（图一三七，3）。

T2417 等四方②a:9，泥质灰陶。残长 3.3、残高 2.5 厘米。敞口，圆唇，折腹（图一三七，4）。

豆圈足

T2417 等四方②a:11，泥质灰陶。圈足径 14、残高 3.4 厘米。上部残，喇叭状圈足底外侈成

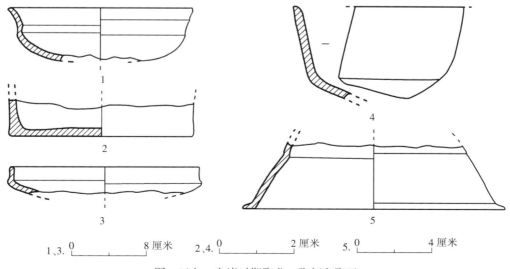

图一三七　良渚时期陶盆、陶杯和陶豆

1. 盆（T2217 等四方②a:5）　2. 杯（T2217 等四方②a:7）　3、4. 豆盘（T2417 等四方②a:8、T2417 等四方②a:9）　5. 豆圈足（T2417 等四方②a:11）

折棱。柄部有一道凹弦纹（图一三七，5）。

（五）罐

分两型。

A 型　敛口。

T2217 等四方②a：3，泥质灰陶。口径 12、残高 4 厘米。敛口，方圆唇，微束颈，鼓腹，下部残（图一三八，1）。

T2417 等四方②a：5，夹砂红陶。残长 1.6、残高 2 厘米。敛口，圆唇．束颈，下部残（图一三八，2）。

B 型　侈口。

T2417 等四方②a：3，泥质灰陶。口径 20.2、残高 6 厘米。微侈口，平沿，尖圆唇，溜肩，下部残（图一三八，3）。

T2417 等四方②a：13，夹砂红陶。口径 12、残高 5 厘米。侈口，圆唇，束颈，溜肩，下部残（图一三八，4）。

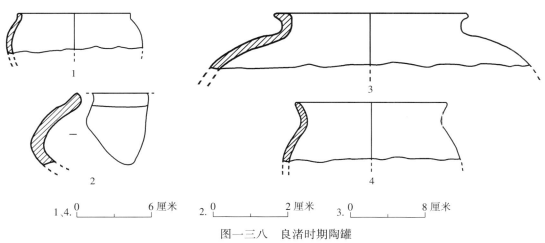

1、4. 0 ——— 6 厘米　　2. 0 ——— 2 厘米　　3. 0 ——— 8 厘米

图一三八　良渚时期陶罐

1、2. A 型（T2217 等四方②a：3、T2417 等四方②a：5）　3、4. B 型（T2417 等四方②a：3、T2417 等四方②a：13）

（六）缸

分两型。

A 型　敞口。可分两亚型。

Aa 型，宽沿。

T2217 等四方②a：6，夹砂红陶，胎质较厚重。口径 32、残高 6.8 厘米。宽折沿，圆唇，斜弧腹，下部残（图一三九，1）。

Ab 型，敞口斜直。

T2417 等四方②a：18，夹粗砂褐陶。口径 30、残高 10 厘米。圆唇，斜直腹，下部残。腹部偏上有花边状附加堆纹（图一三九，2）。

T2417 等四方②a：14，泥质灰陶。残长 6.4、残高 12 厘米。圆唇，斜直腹，下部残。内外壁

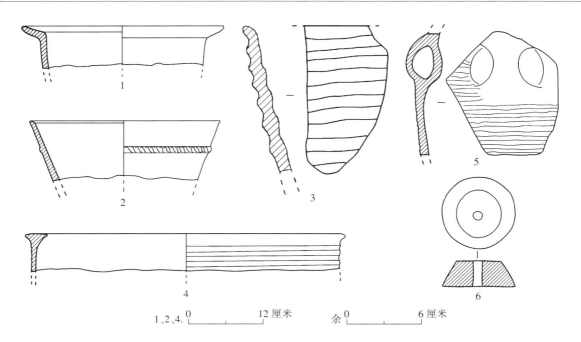

图一三九　良渚时期陶缸、陶器耳和陶纺轮

1. Aa 型缸（T2217 等四方②a：6）　2、3、Ab 型缸（T2417 等四方②a：18、T2417 等四方②a：14）　4. B 型缸（T2417 等四方②a：16）　5. 器耳（T2417 等四方②a：10）　6. 纺轮（T2217 等四方②a：1）

有凹凸弦纹（图一三九，3）。

B 型　敛口。

T2417 等四方②a：16，泥质灰陶。口径 44、残高 6 厘米。敛口，平沿，沿面微凸，尖圆唇，下部残。口沿下有凹凸弦纹（图一三九，4）。

（七）器耳

T2417 等四方②a：10，泥质黄陶。残长 8.8、残高 10 厘米。仅剩部分腹片及环耳，环耳部分器壁内凹（图一三九，5）。

（八）纺轮

T2217 等四方②a：1，夹砂红陶。直径 3.5～5.8、孔径 0.7、高 2.1 厘米。台形，剖面呈梯形，两侧略弧（图一三九，6）。

二、石器

（一）有段石锛

T2217 等四方①层下 D14：1，角岩。残长 7.8、宽 2.5、厚 2.3 厘米。正面平，背面有段，刃部残损。四周有崩疤（图一四〇，1）。

T2217 等四方②a：2，角岩。长 4.5、宽 3.1、厚 1 厘米。正面平，背面有段，刃部锋利，单面刃，顶部略残。通体磨光，侧面多疤痕（图一四〇，2）。

（二）凿

T2417 等四方②a：1，角岩。长 10.1、宽 2.8、厚 3.2 厘米。长条形，厚度大于宽度，正、背面较平，刃部斜，单面刃。刃部略有崩疤（图一四〇，3）。

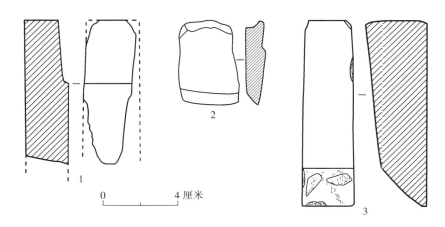

0 ────── 4 厘米

图一四〇　良渚时期有段石锛和石凿
1、2. 有段石锛（T2217 等四方①层下 D14：1、T2217 等四方②a：2）　3. 凿（T2417 等四方②a：1）

三、骨器

骨锥　T2417 等四方②a：2，残长 32、宽 3.2、厚 1.2 厘米。长条锥形，剖面呈扁条形。一端较尖，一端残（图一四一）。

本遗址发掘清理发现的良渚文化时期遗存数量较少，且完整器不多，可用于比较的标本数量有限。M7 出土的环耳陶鼎（M7：2）在太湖西部崧泽晚期至良渚早期墓葬中多见，如常州新岗 M80：2 和湖州昆山 M5：11、昆山 M2：6、昆山 M39：1[①] 等与其相似。陶圈足罐（M7：3）与昆山 M2：1 相似，双鼻壶（M7：1）与昆山 M58：8、昆山 M60：5、海宁小兜里 M2：33[②] 相似。以上遗址遗存的年代均为良渚文化早期，因此，西溪遗址 M7 的年代为良渚文化早期。地层出土物中可用于比较器物较少，推测与墓葬同期相当。

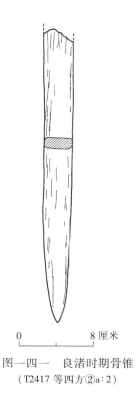

0 ────── 8 厘米

图一四一　良渚时期骨锥
（T2417 等四方②a：2）

①　浙江省文物考古研究所、湖州市博物馆：《昆山》，文物出版社，2006 年，第 52、108、132 页。
②　浙江省文物考古研究所、海宁市博物馆：《小兜里》，文物出版社，2015 年，第 36 页。

第五章 商周时期遗存

商周时期遗存仅局部零星堆积，遗迹发现较少，仅清理2个灰坑，出土少量遗物。

第一节 遗迹及出土遗物

H8

位于 T3220 东北部及向北扩方内。开口于①层下，打破②b 层。清理部分呈不规则形，斜壁，底凹凸不平。长 7.65 米，宽 3.14 米，深 0.76 米（图一四二）。填土为灰褐色土夹红烧土，结构紧密，土质较硬。出土物有泥质陶、夹砂陶、印纹硬陶、原始瓷等。纹饰有弦纹、绳纹、连珠纹、梯格纹、细方格纹、粗方格纹、水波纹、回纹、席纹、叶脉纹、折线纹、刻划纹等（图一四三）。器形有陶鬲、甗、罐、盆、钵、壶、豆、盅、圈足器等。

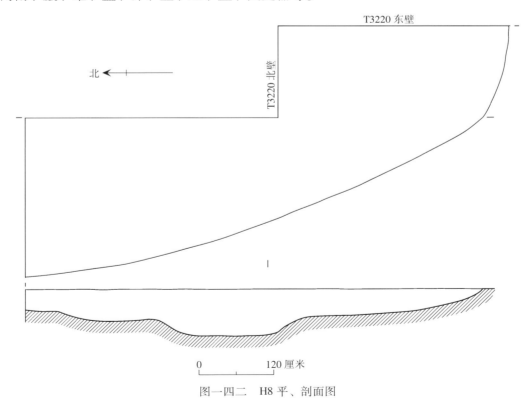

图一四二 H8 平、剖面图

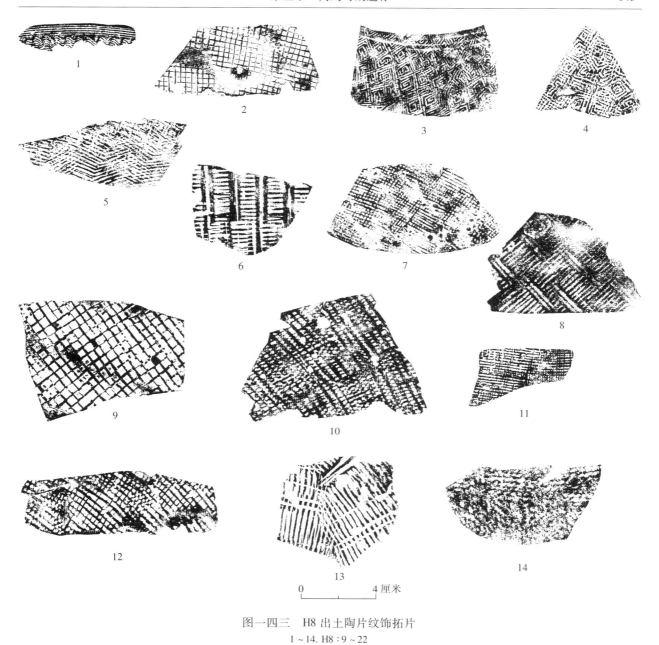

图一四三　H8 出土陶片纹饰拓片
1～14. H8：9～22

　　H8：1，陶鬲。夹蚌夹炭红陶，胎质疏松。口径30、残高6.4厘米。侈口，圆唇，束颈。器表施竖向细绳纹（图一四四，1）。

　　H8：2，陶盆。泥质灰陶。口径48.4、残高4.8厘米。手制。平沿，方圆唇，敛口，下部残。上腹有弦纹（图一四四，2）。

　　H8：3，陶盆。夹砂灰陶。残高6厘米。直口，平沿，方唇，下部残（图一四四，3）。

　　H8：4，原始瓷钵。口径9、残高4厘米。轮制。敛口，尖圆唇，鼓腹。靠近口部有八周凹弦纹（图一四四，4）。

　　H8：5，陶壶。泥质灰陶。口径10、残高4.4厘米。器壁较薄。直口，方圆唇，长颈，溜肩，下部残（图一四四，5）。

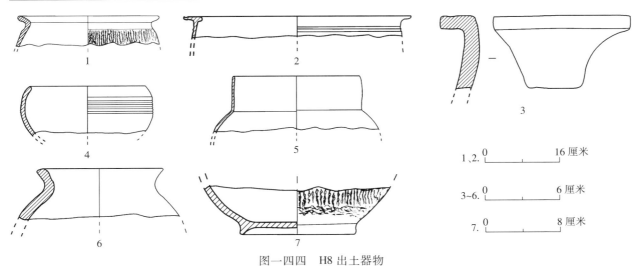

图一四四　H8 出土器物

1. 陶鬲（H8:1）　2、3. 陶盆（H8:2、3）　4. 原始瓷钵（H8:4）　5. 陶壶（H8:5）　6. 陶罐（H8:6）　7. 陶圈足器（H8:7）

H8:6，陶罐。夹砂黑皮陶。口径10.4、残高4厘米。侈口，尖圆唇，溜肩，下部残（图一四四，6）。

H8:7，陶圈足器。夹砂红褐陶。底径12.4、残高5.2厘米。弧腹，矮圈足。下腹饰交错绳纹（图一四四，7）。

H94

位于 T2419 等四方东北部，进入东隔梁。开口于①层下，打破 F15。平面呈不规则形，斜壁、圜底。长2.28米，宽2.2米，深0.5米（图一四五）。填土为黑灰土夹少量红烧土颗粒，相对较为疏松。出土物有泥质陶、夹砂陶、夹蚌陶、印纹硬陶、原始瓷等。纹饰有回纹、叶脉纹、菱形填线纹、方格折线组合纹、方格席纹组合纹等（图一四六）。器形有陶豆、钵、罐、鼎等。

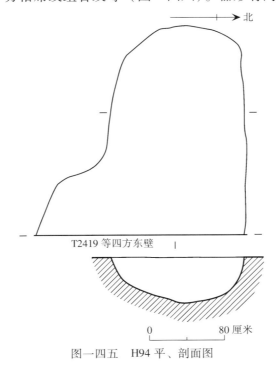

北

T2419 等四方东壁

0　　　　　80厘米

图一四五　H94 平、剖面图

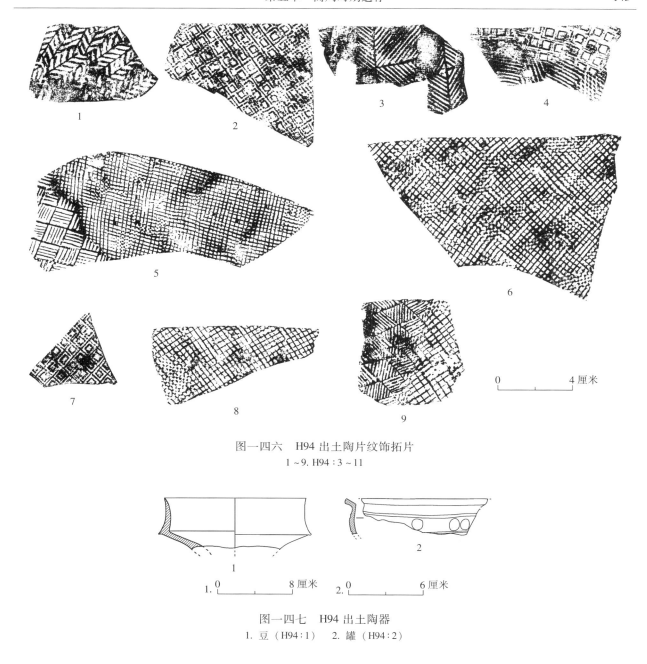

图一四六　H94 出土陶片纹饰拓片
1~9. H94：3~11

图一四七　H94 出土陶器
1. 豆（H94：1）　2. 罐（H94：2）

　　H94：1，陶豆。泥质灰陶。口径15、残高5.6厘米。轮制。敞口，尖唇，束颈，折腹，下部残（图一四七，1）。

　　H94：2，陶罐。泥质灰陶。残高3厘米。微侈口，方圆唇，平沿内倾，下部残。靠近口部有凹弦纹两周，之中压印圆圈纹饰（图一四七，2）。

第二节　地层出土遗物

　　在 T2221 等四方①层下打破 F1 的 D3 和 T2217 等四方①层下打破②b 层的 D5 中分别出土 2 块和 1 块印纹陶片，纹饰为大、小回纹（图一四八）。柱洞中填土为灰黑色土，相对较为疏松。

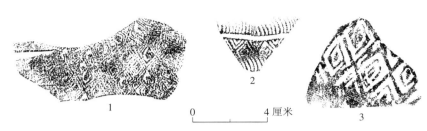

图一四八　商周时期印纹陶片
1. T2217 等四方①下 D5　2、3. T2221 等四方①下 D3

　　本遗址商周时期文化遗存清理发现数量极少，且不见完整器，可用于比较的标本数量极为有限。器形主要有陶鬲、盆、钵、罐、豆、圈足器等，纹饰有回纹、叶脉纹、菱形填线纹、方格折线组合纹、方格席纹组合纹等。H8：1 陶鬲口沿与溧阳神墩 H1：9 相似，回纹和叶脉纹也在神墩遗址同时期遗存中多见①。菱形填线纹、方格折线组合纹、方格席纹组合纹等是江南地区土墩墓中常见的纹饰题材。综合来看，西溪遗址商周时期文化遗存的时代大概相当于西周晚期至春秋中期。

---

　　①　南京博物院、常州博物馆、溧阳市文化广电体育局：《溧阳神墩》，文物出版社，2016 年。

第六章　唐宋时期遗存

唐宋时期遗存较少，仅发现清理 3 座墓葬，出土瓷罐、盏、碗、钵和铜镜等少量遗物。

M8

位于 T2221 等四方的中部。开口于①层下，打破 F4 红烧土倒塌堆积。墓向 260°。为不太规整的长方形竖穴土坑墓，直壁，平底。长 3.46 米，宽 0.66 ~ 1.1 米，深 0.3 米。填土为灰土，夹有大量的红烧土块，土质较硬。墓葬内骨架腐朽。在墓坑的西南角随葬有瓷罐和瓷盏各 1 件（图一四九）。

M8∶1，瓷罐。红黄胎，器表施酱釉不及底。口径 9.8、底径 9.2、高 17.1 厘米。微侈口，圆唇外翻，束颈，肩部有对称半圆形双系，弧腹，平底微内凹。轮制（图一五○，1；彩版八○，1）。

M8∶2，瓷盏。口沿内外施酱釉。口径 8.1、底径 4.6、高 2.8 厘米。敞口，尖圆唇，斜弧腹内收，平底微内凹。器内外均有轮制痕迹（图一五○，2；彩版八○，2）。

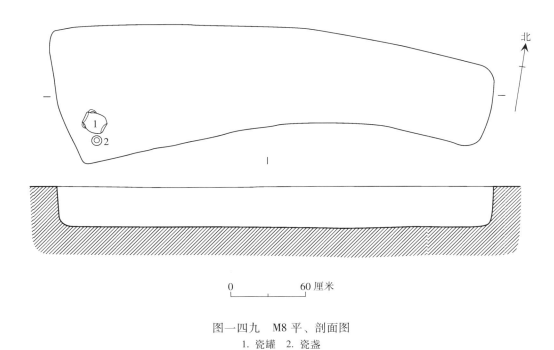

图一四九　M8 平、剖面图
1. 瓷罐　2. 瓷盏

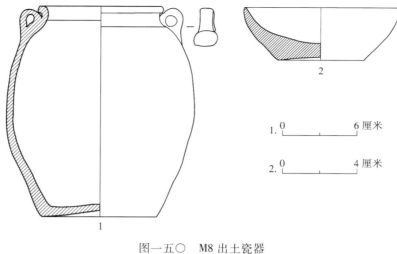

图一五〇　M8 出土瓷器
1. 罐（M8：1）　2. 盏（M8：2）

M1

位于 T3120 西南部。开口于①层下，打破 F8，开口距地表深 0.3 米。墓向 342°。为长方形竖穴土坑墓，直壁，平底。长 2.46 米，宽 0.86~0.92 米，深 0.4 米。填土为含螺蛳蚌贝壳和红烧土块的灰黑色土，土质较硬。墓坑中有人骨架一具，为成年女性，仰身直肢，头向西北，面向上。随葬品有铜镜 1 面和铜钱 13 枚。铜钱锈蚀严重，几成粉状，钱文内容不可辨认（图一五一；彩版八一，1）。

M1：1，铜镜。直径 12.6、厚 0.4 厘米。平面呈葵花状，镜面平整、布满铜锈，背面有穿孔圆纽，有铭文"湖州真石家念二叔照子"。为宋代湖州产铜镜（图一五二；彩版八一，2）。

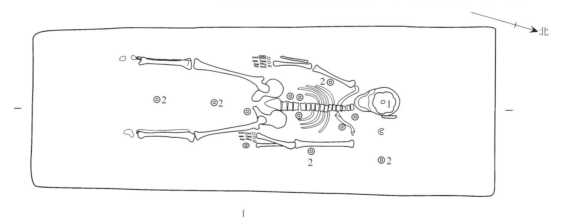

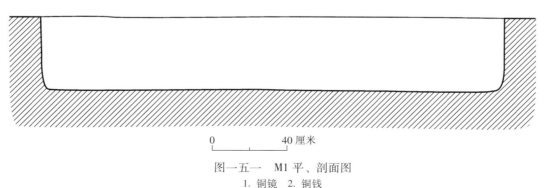

图一五一　M1 平、剖面图
1. 铜镜　2. 铜钱

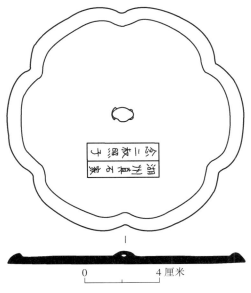

图一五二　M1 出土铜镜（M1∶1）

M5

位于 T2111 东南角。开口于②层下，打破③层。墓向 220°。为长方形竖穴土坑墓，直壁，平底。长 2.07 米，宽 0.68 米，深 0.35 米。填土为含红烧土颗粒的黄褐色土，土质较硬。墓坑中有一具骨架，为青年女性，仰身直肢，头向西南，面向西北。随葬品有瓷碗 2 件、瓷钵 1 件和铜钱 16 枚，隐约可辨"开元通宝""元祐元宝""皇宋通宝""天德元宝""熙宁元宝""嘉祐通宝"等钱文，余锈蚀严重，有的几成粉状。葬具已朽，残余棺钉痕迹 15 枚（图一五三）。

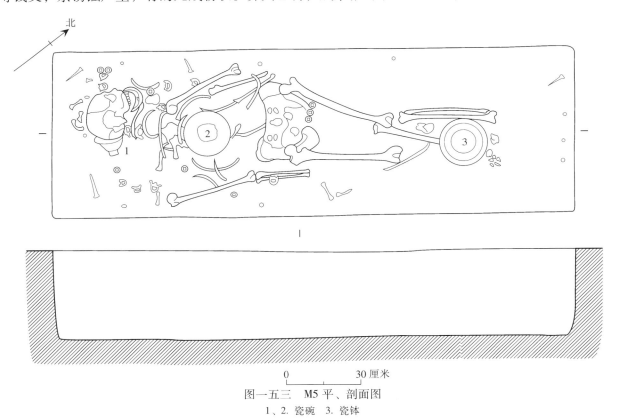

图一五三　M5 平、剖面图

1、2. 瓷碗　3. 瓷钵

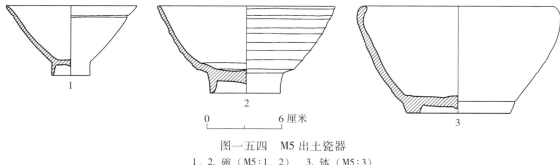

图一五四　M5 出土瓷器
1、2. 碗（M5∶1、2）　3. 钵（M5∶3）

　　M5∶1，青白瓷碗。口径 10.4、底径 3、高 5.7 厘米。轮制。敞口，尖圆唇，斜腹，小圈足。口沿下有一道凹弦纹。灰白色胎，内外施釉，口沿处有垂釉现象，圈足外部分釉不及底，圈足内不施釉（图一五四，1；彩版八〇，3）。

　　M5∶2，青白瓷碗。口径 14.1、底径 5.6、高 7.1 厘米。轮制。敞口，圆唇，沿略外翻，弧腹，圈足微外侈。灰白色胎，外壁有竹刀修刮形成的弦带状痕迹，弦带交接处稍凸起。内外施釉，圈足外釉不及底，圈足内不施釉。内外壁口沿处有不连续流釉痕迹和釉滴，施釉较薄。内外壁皆有烧制过程中形成的小气孔，外壁尤甚（图一五四，2；彩版八〇，4）。

　　M5∶3，瓷钵。口径 15.4、底径 8.2、高 8.9 厘米。轮制。敛口，圆唇，内弧腹，矮圈足。胎呈铁褐色，内外施半釉，釉为墨绿色，较薄，外壁有竹刀修刮形成的带状痕迹，交界处略有凸起。器内底部和圈足上各有七个支钉痕迹（图一五四，3；彩版八〇，5）。

　　根据随葬遗物比对，M8 为晚唐五代墓葬，M1 为北宋墓葬，M5 为南宋墓葬。

第七章　与人类活动相关遗存及信息

考古学的研究对象是古代人类活动遗留下的实物资料。实物资料的范围不但包括人类制造、加工、废弃的各种文化遗物和文化遗迹，还包括古人类本身的研究、人类当时所处的生态环境的各种自然遗存。通过分析自然遗物，有助于古代自然环境的重建以及深入了解人类活动与周边环境的相互作用关系。我们在实际的考古发掘工作中，不但要尽可能全面细致地收集各种信息内容，还需要积极开展多学科合作，广泛利用人类学、古生物学、地理学、地质学、植物学、年代学等多学科先进研究技术成果，进而丰富考古遗址的研究深度和内涵。现将相关材料汇集如下：

第一节　动物遗存分析 *

西溪遗址位于太湖西部的江苏省宜兴市芳庄镇，2003 年 5 月至 7 月和 2003 年 9 月至 2004 年 1 月，南京博物院考古研究所等单位对该遗址进行了两次发掘，发掘总面积 1068.6 平方米[1]。遗址出土了数量较多的软体动物，其鉴定报告已另文刊出[2]。本次研究的对象全部为脊椎动物遗存，笔者在鉴定过程中使用的对比标本为山东大学考古学院动物考古实验室的现生动物标本，同时也参考了部分相关文献[3]。

根据西溪遗址整体文化特征，其主要遗存的年代跨度为距今 7000 ~ 6000 年，属于马家浜文化时期。全部遗存分为早、晚两大时期，其中早期又分为两个阶段，晚期分为四个阶段，下文的统计就是按照这六个小的阶段分期进行的。

动物遗存共 2963 件，大多比较破碎，可鉴定标本数为 2685 件。能够鉴定出的种属包括：鲤鱼、青鱼、乌鳢、龟、鳖、鸟、兔、猪獾、貉、狗、猪、麋鹿、斑鹿、獐和牛等。从分类情况来看，以残破的鱼骨数量最多，有 1735 件。

由于鱼骨比较破碎且难辨种属，并没有纳入下文的最小个体数统计。其余遗存，可鉴定标本

---

* 本节由山东大学考古学院宋艳波和南京博物院田名利执笔，原以《江苏宜兴西溪新石器时代遗址脊椎动物研究报告》刊载于《海岱考古（第九辑）》，科学出版社，2016 年，第 335 ~ 357 页。

① 南京博物院、宜兴市文物管理委员会：《江苏宜兴西溪遗址发掘纪要》，《东南文化》2009 年第 5 期。

② 黄宝玉、朱祥根、蔡华伟等：《江苏宜兴骆驼墩、西溪遗址全新世软体动物》，《海洋科学》2005 年第 29 卷第 8 期。

③ 伊丽莎白·施密德著、李天元译：《动物骨骼图谱》，中国地质大学出版社，1992 年。Elizabeth J. Reitz and Elizabeth S. Wing: *Zooarchaeology*, Cambridge University Press, 1999.

数 941 件，代表至少 111 个个体。其中早期一段 91 件，代表 19 个个体（图一五五，1）；早期二段 502 件，代表 42 个个体（图一五五，2）；晚期一段 193 件，代表 19 个个体（图一五六，1）；晚期二段 42 件，代表 11 个个体（图一五六，2）；晚期三段 62 件，代表 12 个个体（图一五六，3）；晚期四段 51 件，代表 8 个个体（图一五六，4）。

从统计结果来看，动物遗存集中分布于早期一段、早期二段和晚期一段三个时期，其中又以早期二段的数量最多，鱼类遗存也多数出自这个阶段。

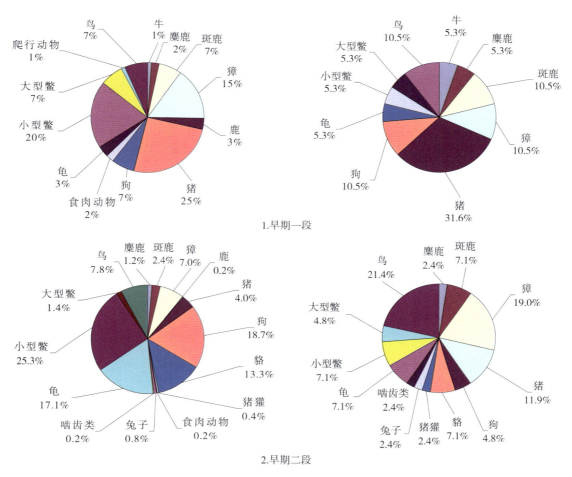

图一五五　西溪遗址早期动物可鉴定标本数分布示意图

一、种属鉴定

（一）硬骨鱼纲（Osteichthyes）

发现的鱼类标本共 1735 件，占总可鉴定标本数的 64.6%，分布于遗址的各个阶段，以早期二段数量最多（图一五七）。

鱼骨大多比较破碎，根据其形态特征可以区分出有鳃盖、胸鳍、齿骨、咽齿和脊椎等部位存在，但是种属多较难确定。根据部分咽齿和胸鳍等的特征判断有鲤鱼（*Cyprinus carpio*）、青鱼（*Mylopharyngodon piceus*）和乌鳢（*Ophiocephalus argus*）存在，但这类能够确定种属的标本仅占整个鱼类标本的 1%，大部分只能记录为鱼类。

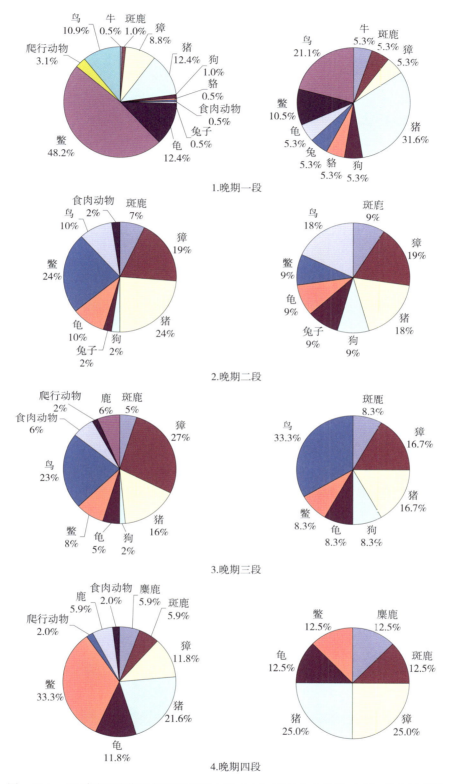

图一五六　西溪遗址晚期动物可鉴定标本数（左）和最小个体数（右）分布示意图

　　根据完整脊椎的测量数据分布情况，可以看出这些鱼类脊椎的最大径集中分布在 5 毫米左右的范围内，0~5 毫米和 5~10 毫米的脊椎数量约占总数的 75%，大于 15 毫米的脊椎数量很少（图一五八、一五九）。

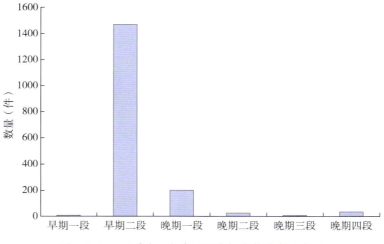

图一五七　西溪遗址鱼类可鉴定标本数分布示意图

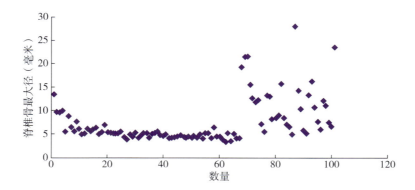

图一五八　西溪遗址鱼类脊椎最大径测量数据分布示意图

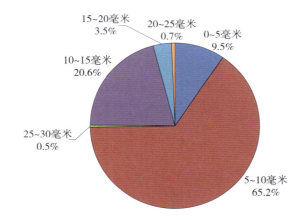

图一五九　西溪遗址鱼类脊椎最大径测量数据百分比分布示意图

　　属于早期二段的H16出土大量的鱼骨，共1007件，占鱼骨总数的58%。完整脊椎的测量数据集中在5毫米左右的范围内，极少有大于10毫米的标本发现（图一六〇）。这些数据说明当时先民捕获食用的鱼类基本尺寸和重量都是相对集中的，推测先民已经掌握了比较熟练的捕捞技术，有可能采用特定的捕捞工具来捕捞这些淡水鱼类。

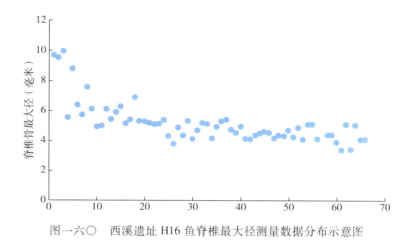

图一六〇　西溪遗址 H16 鱼脊椎最大径测量数据分布示意图

（二）爬行动物纲（Reptilia）

龟鳖目（Testudoformes）

发现标本共 418 件，包括残破的背腹甲（图一六一）和肢骨等。根据背腹甲的特征、肋板和肢骨完整关节端的测量数据等，可以判断出有龟和两种不同体型的鳖存在。有 9 件肢骨比较残破，不能明确判断种属，以爬行动物记述。

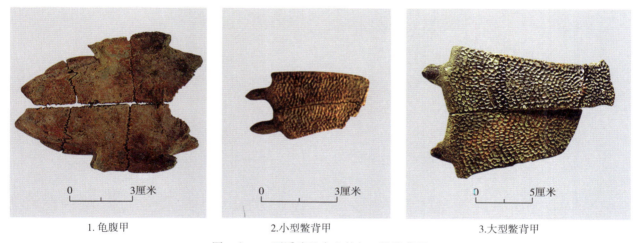

1. 龟腹甲　　　2. 小型鳖背甲　　　3. 大型鳖背甲

图一六一　西溪遗址出土的龟、鳖腹背甲

（1）龟科（Emydidae）

发现的材料有 126 件，大多为残破的背、腹甲（图一六一，1），保存状况较差。在遗址的各个阶段均有分布，以早期二段数量最多（图一六二）。典型标本见表一。

（2）鳖科（Trionychidae）

发现的材料有 283 件，根据背腹甲的特征、肋板和完整肢骨关节端的测量数据可以判断有两种不同类型（体型）的鳖存在（图一六三）。

①小型鳖

材料共 270 件，主要为残破的背甲（图一六一，2）、腹甲和肢骨等，分布于遗址的各个阶段，以早期二段数量最多（图一六二）。典型标本见表一。

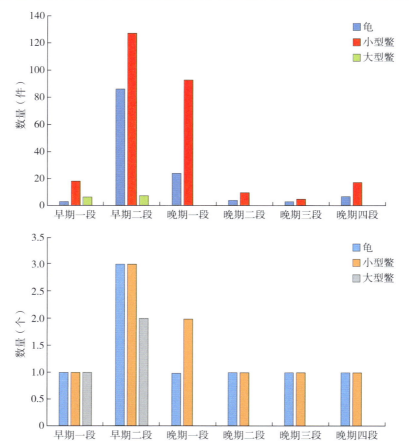

图一六二 西溪遗址爬行动物可鉴定标本数（上）和最小个体数（下）分布示意图

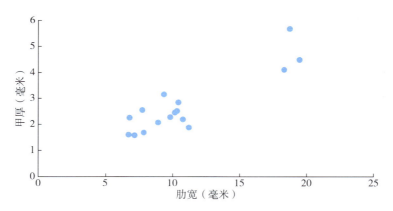

图一六三 西溪遗址鳖背板测量数据分布示意图

表一 西溪遗址出土爬行动物典型标本一览表

分期	遗迹单位	骨骼名称	重量（克）	测量数据（毫米）	备注
早期二段	H16	小型鳖腹甲	13.6	长 80.21	
早期二段	H16	小型鳖腹甲	27.4	长 92.15	
早期二段	H20①	小型鳖腹甲	5.6	长 65.03	
早期二段	H20①	小型鳖左侧股骨远端	0.1	最大长 3.87，最大宽 6.54	烧痕
早期二段	H20②	龟腹甲	17.3	长 86.8，宽 66.37	
早期二段	H20②	龟左侧肱骨远端	0.2	最大长 4.72，最大宽 7.02	通体烧黑

续表一

分期	遗迹单位	骨骼名称	重量（克）	测量数据（毫米）	备注
早期一段	G3	大型鳖左侧肱骨	40.1	近端最大长 46.57，最大宽 48.7；远端最大长 25.2，最大宽 37.79；高 123.17	两端关节处有密集切割痕
早期二段	H16	大型鳖左侧肱骨	43.2		两端断裂处布满食肉动物啃咬痕迹

②大型鳖

材料共 13 件，全部见于早期（图一六二），主要为背甲（图一六一，3）、腹甲和肢骨残块。典型标本见表一。

（三）鸟纲（Aves）

可鉴定标本 84 件，均为肢骨。根据保存完整的关节端测量数据，可以分为大、中、小三种类型[①]。这些材料在晚期四段以外的各个阶段均有分布，以早期二段数量最多（图一六四、一六五；表二）。

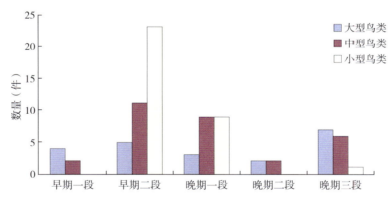

图一六四　西溪遗址鸟类可鉴定标本数分布示意图

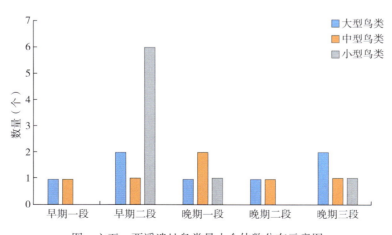

图一六五　西溪遗址鸟类最小个体数分布示意图

① 由于缺乏比较标本，现阶段对于遗址中的鸟类种属还无法进行明确的归类，暂时以大、中、小型鸟类进行区分和统计。

表二　　　　　　　　　　　　西溪遗址出土鸟类典型标本一览表

分期	骨骼名称	重量（克）	测量数据（毫米）	描述
早期一段	左侧肱骨远端	6.2	最大长 16.06，最大宽 26.38	
早期一段	右侧肱骨远端	13	最大长 16.44，最大宽 28.29	烧黑
早期一段	左侧尺骨	8.4	近端最大长 15.64，最大宽 16.1；远端最大长 14.56，最大宽 14.95	
早期二段	左侧腕掌骨远端	3.7	最大长 22.05，最大宽 9.46	
早期二段	右侧肱骨远端	9.3	最大长 14.76，最大宽 25.43	
早期二段	右侧肱骨远端	9.6	最大长 15.03，最大宽 25.61	
晚期一段	右侧胫骨近端	19.1	最大长 34.13，最大宽 29.62	
晚期一段	右侧胫骨远端	8.3	最大长 25.5，最大宽 28.46	
晚期一段	右侧尺骨	5.2	近端最大宽 14.37；远端最大长 13.67，最大宽 11.79	
晚期二段	右侧腕掌骨远端	3.3	最大长 18.22，最大宽 7.7	
晚期三段	右侧股骨远端	12.5	最大长 17.46，最大宽 18.4	
早期二段	右侧股骨近端	3.8	最大长 12.15，最大宽 16.26	
早期二段	右侧尺骨远端	0.4	最大长 8.63，最大宽 7.03	通体烧黑
早期二段	右侧尺骨近端	0.3	最大长 9.95，最大宽 8.17	通体烧黑
早期二段	右侧尺骨近端	0.3	最大长 6.96，最大宽 5.6	烧痕
早期二段	右侧尺骨近端	0.3	最大长 7.32，最大宽 6.09	烧痕
早期二段	右侧尺骨近端	0.3	最大长 7.09，最大宽 5.78	烧痕
早期二段	右侧尺骨远端	0.3	最大长 5.39，最大宽 5.3	烧痕
早期二段	右侧尺骨远端	0.8	最大长 8.17，最大宽 7.64	烧痕
早期二段	右侧尺骨远端	0.4	最大长 8.3，最大宽 5.54	烧痕
早期二段	右侧尺骨远端	0.3	最大长 5.32，最大宽 4.65	烧痕
早期二段	右侧尺骨远端	0.4	最大长 6.78，最大宽 6.05	烧痕
早期二段	左侧尺骨远端	1.2	最大长 6.51，最大宽 5.43	烧痕
早期二段	右侧桡骨	0.4	近端最大长 4.15，最大宽 4.06；远端最大长 2.95，最大宽 4.85	烧痕
早期二段	右侧肱骨远端	1.1	最大长 7.12，最大宽 12.1	烧痕
早期二段	右侧肱骨远端	0.1	最大长 5.51，最大宽 7.76	烧痕
早期二段	右侧肱骨远端	0.9	最大长 6.33，最大宽 12.56	烧痕
早期二段	右侧尺骨近端	1	最大长 9.33，最大宽 9.42	烧痕
早期二段	右侧胫骨远端	1.6	最大长 9.84，最大宽 8.86	

1. 大型鸟类

材料共 21 件，在遗址的各个阶段均有分布。全部为残破的四肢骨，代表 7 个个体。典型标本见表二。

2. 中型鸟类

材料共 30 件，在遗址的各个阶段均有分布。全部为四肢骨残块，代表 6 个个体。典型标本见表二。

3. 小型鸟类

材料共 33 件，分布于早期二段、晚期一段和晚期三段，以早期二段数量最多。全部为四肢骨残块，代表 8 个个体。典型标本见表二。

（四）哺乳动物纲（Mammalia）

1. 偶蹄目（Artiodactyla）

可鉴定标本 248 件，其中早期一段 49 件，早期二段 74 件，晚期一段 44 件，晚期二段 21 件，晚期三段 34 件，晚期四段 26 件（图一六六）。主要包括牛科、鹿科和猪科。

（1）牛科（Bovidae）

可鉴定标本共 2 件，为一件桡骨近端残块（出自属于早期一段的 TG1④）和一枚游离的上颌臼齿（出自属于晚期一段的 T2419⑥b）。材料发现极少，无法判断是否已经驯化，可能为先民偶然获得的野生动物，代表 2 个个体。

（2）鹿科（Cervidae）

可鉴定标本 148 件，分布于遗址的每一个阶段（图一六六），代表 29 个个体（图一六七）。材料包括头骨、残破的鹿角、下颌骨、四肢骨和游离的牙齿等。根据残破的鹿角特征可以确定有麋鹿和斑鹿存在，根据下颌骨和犬齿的特征可以确定有獐的存在。此外有一些残破的角片，特征不明显，归为鹿类。下面分类描述。

①麋鹿（Elaphurus davidianus）

共 11 件标本，为残破的鹿角和肢骨，主要分布于早期一段、早期二段和晚期四段三个时期（图一六六），代表 3 个个体（图一六七）。另外，部分大型哺乳动物的肢骨残片无法判别种属，应该也属麋鹿的残破肢骨片。

鹿角出自 T2217②b，属于晚期四段。角表面有明显的瘤状凸起，表面及断裂处可见多处明显的人工砍砸、切锯的痕迹。应该是先民取料制作角质工具留下来的痕迹。残存鹿角重 308.3 克。

②斑鹿（Cervus nippon）

标本共 29 件，包括残破的鹿角（图一六八）和肢骨，分布于遗址的每一个阶段，以早期数量最多（图一六六），代表 9 个个体（图一六七）。遗址中出土的无法判定种属的部分中型肢骨片和肋骨也应属于斑鹿。

③獐（Hydropotes inermis）

标本共 97 件，包括头骨、残破的上下颌骨、游离的犬齿（图一六九）和肢骨残块，分布于遗址的每一个时期，以早期二段数量最多（图一六六），代表 17 个个体（图一六七）。遗址中出土的无法判定种属的部分小型肢骨片和肋骨可能也属于獐。

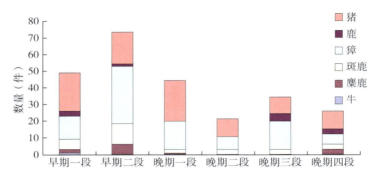

图一六六　西溪遗址偶蹄目动物可鉴定标本数分期分布示意图

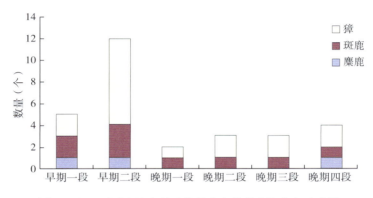

图一六七　西溪遗址鹿科动物最小个体数分期分布示意图

属于晚期一段的 H51 出有基本完整的獐头骨、寰椎、枢椎和颈椎等 6 件。头骨带上颌骨残块（图一七〇），前端基本缺失，保留大部分顶骨和枕骨，重 75.8 克；寰椎上有细小砍痕一道，重 7.5 克；枢椎和剩余的三枚颈椎均被火烧过，总重 22.4 克。

发现的游离犬齿有 5 枚，可代表 3 个成年雄性个体。其中，左侧上犬齿 1 枚，出自早期二段，重 4.9 克；左、右上犬齿各 1 枚，出自晚期一段，总重 10.1 克；左、右上犬齿各 1 枚，出自晚期三段，总重 10.4 克。

此外，发现的上、下颌骨残块数量也比较多，共 21 件。具体情况见表三。

图一六八　西溪遗址出土的斑鹿角

图一六九　西溪遗址出土的獐上犬齿

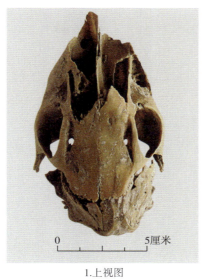 

1.上视图　　　　　　　　　　2.底视图

图一七〇　西溪遗址出土的獐头骨

表三　　　　　　　　　　　　　　西溪遗址獐上下颌骨测量数据统计表

分期	遗迹单位	骨骼名称	重量（克）	描述及测量（毫米）
早期一段	G1	左侧下颌带 M_2—M_3	8.7	M_2—M_3，22.5
早期一段	G1	左侧下颌带 P_3—M_2	8.7	P_3—M_2，37.11
早期一段	T2111⑥a	右侧下颌带 P_2—M_3	11.3	磨蚀严重
早期一段	T2219 等四方⑧	右侧下颌带 DM_3—M_2	9.8	牙齿脱落
早期二段	H106	左侧下颌带 P_2—M_3	11.3	P_3—M_2，33.76
早期二段	H106	左侧下颌带 P_2—M_3	17.3	P_3—M_2，45.61
早期二段	H113	左侧下颌带 DM_1—M_2	16.3	DM_1—M_2，45.52
早期二段	H113	右侧下颌带 DM_1—M_2	11.5	M_1—M_2，20.51
早期二段	T2111⑤	左侧下颌带 P_3—M_3	13.7	P_3—M_3，46.03
早期二段	T2111⑤	左侧下颌带 P_3—M_3	11.2	P_3—M_3，44.86
早期二段	T2111⑤	左侧上颌带 P^3—M^3	9.1	P^3—M^3，45.08
早期二段	T2111⑤	右侧上颌带 P^2—M^1	4.7	牙齿保存状况极差
早期二段	T2219 等四方⑦	左侧下颌带 P_2—M_3	14.6	P_2—M_3，52.88
早期二段	T2219 等四方⑦	左侧下颌带 M_1—M_3	9.7	M_3 正萌出
早期二段	H115	左侧下颌带 P_2—M_2	8.7	牙齿脱落
晚期二段	T3220 等方③	左侧下颌带 P_3—M_3	17.9	P_3—M_3，47.77
晚期二段	T2014②e	左侧下颌带 M_3	18.3	M_3，13.4
晚期二段	T3220 等方③	右侧下颌带 M_3	11.6	M_3，14.2
晚期三段	T2217 等四方⑤a	左侧下颌带 P_3—M_3	15.3	P_4—M_3，41.9
晚期四段	T2417 等四方②b	左侧下颌带 M_2—M_3	9.1	M_2—M_3，23.45
晚期四段	F16	右侧下颌带 M_3	11.3	M_3，13.6

④鹿 (*Cervus* sp.)

发现鹿角残片 11 件，表面没有明显特征，无法判断种属。其中几件表面有明显的人工痕迹，推测应为制作工具的过程中遗留下来的废料。

（3）猪科（Suidae）

家猪（*Sus Scrofa domestica*）

可鉴定标本 98 件，分布于遗址的各个阶段（图一七一），主要包括残破的头骨，上、下颌骨残块（表四）和四肢骨残块等。根据肢骨的部位及关节端愈合程度、牙齿的萌出和磨蚀程度等推测，这些材料至少能够代表 23 个不同年龄段的个体。此外，遗址中出土的无法判定种属的部分中型肢骨片和肋骨也有可能属于猪的遗存。

这些个体的死亡年龄可以分为五个阶段（图一七二），其中小于 6 个月，4 个个体；6 ~ 13 个月，5 个个体；13 ~ 18 个月，4 个个体；18 ~ 24 个月，2 个个体；大于 24 个月，8 个个体。

表四   西溪遗址出土猪典型标本一览表

分期	骨骼名称	测量数据（毫米）	描述
晚期一段	左侧下颌带 DM_2—DM_3	DM_2—DM_3 长 33.17	
晚期二段	左侧下颌带 DM_2—DM_3	DM_2—DM_3 长 31.12	M_1 未萌出
晚期三段	左侧下颌带 DM_3—M_1		M_1 未完全萌出
早期一段	右侧下颌带 M_2		M_2 未完全萌出
早期二段	左侧下颌带 DM_1—M_1		M_1 刚刚萌出
早期二段	右侧下颌带 DM_2—M_1	DM_2—DM_3 长 30.34	M_1 刚刚萌出
早期二段	左侧上颌带 M^1	M^1 长 19.31，宽 15.8	M^2 未萌出，M^1 轻微磨蚀
晚期一段	左侧下颌带 M_1	M_1 长 17.87，宽 12.06	M_2 未萌出
晚期一段	左侧下颌带 DM_1—M_1	DM_2—M_1 长 47.6	M_2 未萌出
早期一段	左侧下颌带 DM_2—M_2	M_1—M_2 长 41.73	骨体前端有食肉动物啃咬痕迹
早期一段	左侧下颌带 DM_3—M_2	M_1—M_2 长 41.07	
早期二段	左侧上颌带 DM^1—M^2	M^1—M^2 长 33.25	
晚期一段	右侧下颌带 M_1		M_2 萌出且脱落，P_4 未萌出
早期一段	左侧上颌带 M^1—M^2	M^1—M^2 长 43.16	M^3 未萌出
早期一段	左侧上颌带 M^1—M^2	M^1—M^2 长 40.29	M^3 未萌出
早期一段	右侧下颌带 M_2		骨骼断裂边缘有食肉动物咬痕
早期二段	下颌带左侧 P_3—M_2，右侧 M_1—M_3	M_1—M_3 长 68.18	M_3 刚刚萌出
早期二段	左侧下颌带 M_1—M_3		M_3 刚刚萌出
晚期一段	左侧胫骨远端		断裂处人工砍痕
晚期二段	左侧下颌带 M_3	M_3 长 37.99，宽 15.47	骨体有食肉动物咬痕

分期	骨骼名称	测量数据（毫米）	描述
晚期三段	左侧下颌带 M_2—M_3	M_3长 38.06，宽 16.13	骨体上有食肉动物咬痕
晚期三段	右侧上颌带 M^2—M^3	M^2—M^3长 54.28； M^3长 35.53，宽 20.18	
晚期四段	右侧下颌带 M_1—M_3	M_1—M_2长 41.05	M_3刚刚萌出

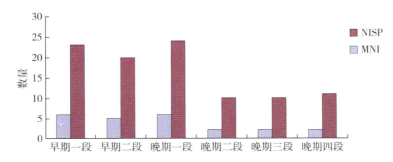

图一七一　西溪遗址猪可鉴定标本数（NISP）和最小个体数（MNI）分期分布示意图

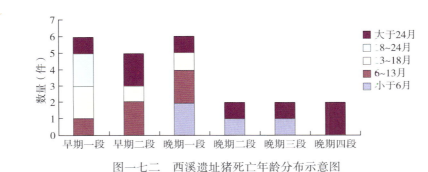

图一七二　西溪遗址猪死亡年龄分布示意图

2. 食肉目（Carnivora）

可鉴定标本 184 件，其中早期一段 8 件，早期二段 164 件，晚期一段 4 件，晚期二段 2 件，晚期三段 5 件，晚期四段 1 件（图一七三）。材料包括残破的头骨、下颌骨、四肢骨、脊椎和肋骨等。根据头骨、下颌骨等的特征判断，主要种属为狗、貉和猪獾等；部分肢骨残块不能明确种属，统称为食肉动物，这样的标本有 10 件。

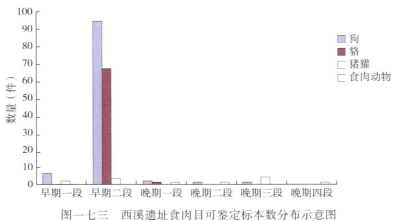

图一七三　西溪遗址食肉目可鉴定标本数分布示意图

（1）犬科（Canidae）

①狗（*Canis familiaris*）

材料包括残破的头骨、上下颌骨、脊椎、肋骨和四肢骨等，共104件（图一七三），代表7个个体（图一七四）。除晚期四段外，在遗址的各个阶段均有分布，以早期二段数量最多。

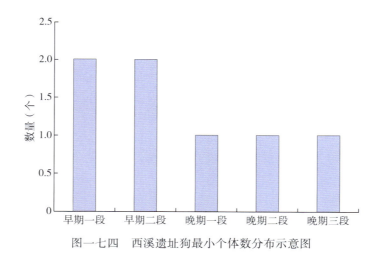

图一七四　西溪遗址狗最小个体数分布示意图

属于早期二段的H79，出有基本完整的狗骨架一具，包括：残破的头骨片5件，为顶骨、枕骨等部分；基本完整的上颌骨1件，保存有左侧的I^1—M^3，右侧的I^1—M^3；两侧下颌骨带C—M_3；两侧肩胛骨残块各1件；两侧肱骨各1件；两侧尺骨各1件（近端关节均脱落）；两侧桡骨各1件（两端关节未愈合）；两侧股骨远端残块各1件（关节未愈合）；左侧胫骨残块1件（近端关节脱落）；腕骨残块4件；趾骨残块10件；掌/跖骨残块10件；脊椎残块20件；肋骨残段27件。

从保存下来的材料看，这是一具幼年家犬的骨架，保存状况一般。

②貉（*Nyctereutes procyonoides*）

材料包括残破的头骨、上下颌骨、脊椎、肋骨和四肢骨等，共68件（图一七三），代表4个个体。主要分布于遗址的早期二段。

属于早期二段的TG1④中出有半副基本完整的貉骨架，具体包括：残破的头骨及上颌骨，上颌保留左侧P^2—M^1、右侧P^2—P^4；下颌带C—M_2残块（图一七五，左）2件，左、右各一；左侧肩胛骨残块1件；两侧肱骨各1件；两侧尺骨各1件；两侧桡骨各1件；脊椎残块20件；肋骨残块20件；掌/跖骨残块8件。

从出土状况和测量数据来看，这些材料应该属于同一个个体。本层中发现的后肢材料很少，仅有1件右侧胫骨近端残块。

（2）鼬科（Mustelidae）

猪獾（*Arctonyx collaris*）

发现的材料为下颌骨残块，共2件（图一七五，右），代表1个个体。部分不能明确种属的小型食肉动物肢骨残块可能属于猪獾。

左侧下颌带P_2—M_2残块（图一七五，右）1件，重9.9克；M_1长15.73毫米，宽6.79毫米。

图一七五　西溪遗址出土的貉下颌（左）和獾下颌（右）

右侧下颌带 P_4—M_1 残块 1 件，重 5.8 克；M_1 长 15.37 毫米，宽 6.5 毫米。

3. 兔形目（Lagomorpha）

兔科（Leporidae）

材料共 6 件，全部为肢骨残块，分布于遗址的早期二段、晚期一段和晚期二段，代表 3 个个体。

4. 啮齿目（Rodentia）

只发现 1 件左侧肱骨远端残块，远端长 14.21 毫米，宽 30.13 毫米，属于大型啮齿动物，出自早期二段的地层中，代表 1 个个体。

二、讨论与分析

（一）家畜饲养

西溪遗址发现的哺乳动物数量相对较少，可鉴定为牛、麋鹿、斑鹿、獐、猪、狗、貉、猪獾等种属，其中狗和猪可能为家养动物。

1. 狗

遗址中发现的狗的材料相对较多，有 104 件，占食肉动物总数的 56.5%，这一数量比例显示出先民对狗这种动物的特殊喜好。

在遗址的灰坑（H79）中发现一具基本完整的骨架，而且骨架上没有人工切割或砍砸过的痕迹。埋藏整具骨架这一现象自新石器时代中期以来就比较常见。河北武安磁山遗址 H107 埋有狗骨架[1]；济南长清月庄遗址 H172 中出有完整的不明动物骨骼 1 具，经笔者鉴定为狗骨架[2]。这样特殊的埋藏现象一般被认为是人类与狗关系较为亲近的表现。

在遗址中发现 75 件表面有食肉动物啃咬痕迹的骨骼残块。从种属上来看，包括麋鹿、斑鹿、

---

[1]　河北省文物管理处、邯郸市文物保管所：《河北武安磁山遗址》，《考古学报》1981 年第 3 期，第 303～338 页。

[2]　山东大学东方考古研究中心、山东省文物考古研究所、济南市考古研究所：《山东济南长清区月庄遗址 2003 年发掘报告》，《东方考古（第 2 集）》，科学出版社，2006 年版，第 383～384 页。宋艳波：《济南长清月庄 2003 年出土动物遗存分析》，《考古学研究（七）》，科学出版社，2008 年，第 519～531 页。

獐、猪和鳖等；从部位来看，在肢骨的关节部位和骨骼断裂的部位发现较多，证明是食肉动物啃食关节软骨或咬断骨骼时留下的痕迹；部分带有啃咬痕迹的标本同时还有较明显的人工痕迹和烧痕，说明这些是被先民利用废弃之后又被食肉动物利用留下的遗存；从咬痕的大小来看，属于中型食肉动物的咬痕。综合上述各项证据，西溪先民会将自己食剩的还带有部分筋腱软骨的骨骼用来喂狗，人与狗之间的关系比较密切。

2. 猪

遗址中发现的猪的材料不是很多（98 件），骨骼保存状态也比较差，但是在遗址分布的各个阶段均有发现。

从现有的两件 M_3 测量数据来看，其长度分别为 37.99 毫米和 38.06 毫米，平均值为 38.03 毫米；宽度分别为 15.47 毫米和 16.13 毫米，平均值为 15.8 毫米；与龙虬庄的家猪[①]相比，西溪遗址的平均值要小一些。因此，从骨骼特征的角度来说，西溪遗址的猪应该是家猪。

笔者针对个体数较多的几个阶段的猪的死亡年龄进行分析，结果显示：早期一段，1 ~ 2 岁的个体占 66%（图一七六，1）；早期二段，0.5 ~ 1.5 岁的个体占 60%（图一七六，2）；晚期一段，1 岁以下的个体占 66%（图一七六，3）。这几个阶段都有死亡年龄相对集中的现象，且死亡年龄都集中于未成年个体，这应该是人类有意识选择的结果。从死亡年龄的角度来看，西溪遗址的猪可能是先民驯化饲养的家猪。

综合上述三个时期的情况，1 岁以下的幼年个体占的比例呈现上升趋势，从早期一段的 17% 到早期二段的 40%，再到晚期一段的 66%；而相对应的大于 1.5 岁的个体所占的比例却呈现下降趋势，从早期一段的 50% 到早期二段的 40%，再到晚期一段的 17%（图一七六）。这一现象表明先民饲养家猪的水平随着时间的变化是在慢慢提高的。

（二）遗址周围的自然环境

遗址动物群中，牛、麋鹿、斑鹿、獐、貉、猪獾、兔、乌龟、鳖、鲤鱼、青鱼、乌鳢、大型鸟类、中型鸟类、小型鸟类等均为野生动物。可以通过这些野生动物的生活习性大体推测一下遗址周围的自然环境。

斑鹿喜栖于混交林、山地草原和森林边缘；獐喜栖于水边草丛、芦苇塘中[②]；貉喜栖于河谷、草原和靠近河川、溪流、湖沼附近的丛林中；猪獾喜栖于森林山坡灌丛、田野荒地，喜在水边觅食[③]；龟、鳖、青鱼、鲤鱼、乌鳢等均为淡水水生动物。

结合遗址中发现的大量软体动物遗存，可以作出如下推断：六七千年前的西溪遗址附近有着比较宽广的水域，水域周围分布有一定面积的混交林、草地和灌木丛等，野生动物资源非常丰富。通过野生动物群复原的环境与其他文献的研究结果也是一致的[④]。

---

① 龙虬庄遗址考古队：《龙虬庄——江淮东部新石器时代遗址发掘报告》，科学出版社，1999 年，第 471 页。
② 盛和林等：《中国鹿类动物》，华东师范大学出版社，1992 年。
③ 高耀亭等：《中国动物志·兽纲》，科学出版社，1987 年。
④ 黄宝玉、朱箱根、蔡华伟等：《江苏省宜兴西溪、骆驼墩篮蚬与环棱螺研究》，《海洋科学》2007 年第 31 卷第 9 期。

（三）人类行为分析

遗址中共发现 28 件带有人工痕迹的骨骼残块。从种属来看包括麋鹿、斑鹿、獐、猪和鳖等；痕迹类型主要为砍痕和切割痕；分布部位多为肢骨的关节部位，推测应该是先民肢解动物、削骨剔肉过程中留下的痕迹。

遗址中同时出土数量较多的骨制品，从坯材方面来看，大多是大中型哺乳动物的四肢骨残块。制作过程一般是先从大中型哺乳动物的长骨上截取骨块，然后利用比较锋利的器具砍削加工出制品的雏形，最后对特定部位进行打磨，最终制成骨簪、骨锥、骨镞等制品。部分制品打磨得比较精细，通体磨光，很难看出坯材的原始性状；部分制品磨制得比较粗糙或者没有进行磨制加工，保留有较多的坯材特征，可以较为准确地判断出其原材料。

另外，遗址中有 100 余件骨骼表面有被火烧过的痕迹，代表的动物种属比较复杂，有麋鹿、斑鹿、食肉动物、鸟、鱼、龟和鳖等。部分烧骨为表面局部烧黑，推测可能与人类烧烤食物的行为有关；部分烧骨通体油黑，推测其曾被先民用作燃料。这些烧骨发现于房址、灰坑和地层中，也有可能是人类将其废弃为垃圾之后产生自燃的结果。

（四）人类经济生活方式

遗址中出土大量的鱼类和软体动物遗存，说明捕捞水生动物是先民比较重要的经济生活方式。

遗址中出土的全部动物，从最小个体数来看，在各个阶段野生动物[①]都是最多的（图一七七）。单纯从哺乳动物的最小个体数来看，除早期二段野生动物比例明显较高外，其他几个阶段家养动物与野生动物比例基本相当（图一七八）。

参照有关的动物资料，结合古代家畜饲养情况，可以大体推算出一些动物的出肉量标准[②]：家猪 119 千克，麋鹿 80 千克，斑鹿 60 千克，獐 7.5 千克，猪獾 3 千克，貉 2.5 千克，兔 1 千克。遗址中发现的狗骨骼上未见任何人工痕迹，笔者认为狗可能并不是人类的肉食对象，因此在下文的肉量统计中并没有把狗包含在内。

1. 早期一段

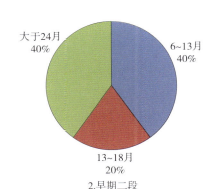

2. 早期二段

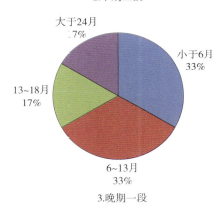

3. 晚期一段

图一七六　西溪遗址猪死亡年龄分布示意图

---

① 最小个体数的统计没有把鱼包含在内。
② 关于各种哺乳动物肉量的计算参照 Elizabeth J. Reitz and Elizabeth S. Wing：*Zooarchaeology*，Cambridge University Press，1999，P223 中 White，T. E. 的计算方法。体重数据参考以下文献：高耀亭等：《中国动物志·兽纲》，科学出版社，1987 年；夏武平等（高耀亭等修订）：《中国动物图谱（兽类）》，科学出版社，1988 年；寿振黄：《中国经济动物志（兽类）》，科学出版社，1962 年；盛和林等：《中国鹿类动物》，华东师范大学出版社，1992 年。

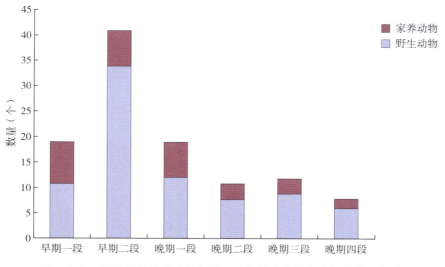

图一七七　西溪遗址家养动物与野生动物最小个体数分期分布示意图

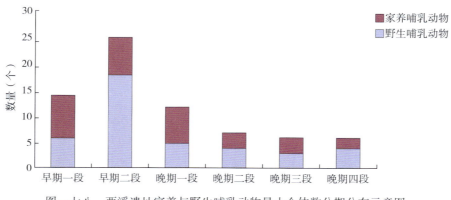

图一七八　西溪遗址家养与野生哺乳动物最小个体数分期分布示意图

　　根据上述标准，可以推算出遗址各个阶段出土的哺乳动物遗存所能提供的肉量（图一七九、一八〇）。在遗址的早期阶段，野生动物和家养动物比例相差不是很大，但如果将遗址中发现的软体动物、鱼类、爬行动物和鸟类等野生动物都统计进来的话，野生动物与家养动物的比例就会相差较大，说明在这一时期野生动物资源要比家养动物（家猪）重要一些；而在遗址的晚期阶段，家养动物（家猪）的地位明显上升，说明随着时间的推移，先民对家养动物的依赖程度有所提高。

（五）小结

　　西溪遗址的脊椎动物群种类比较丰富，包括麋鹿、斑鹿、獐、牛、家猪、狗、貉、猪獾、兔、鸟、龟、鳖、鼋、鲤鱼、青鱼、乌鳢等。对动物群的分析表明：六七千年前的西溪先民生活在近水的低山丘陵地带，野生动物资源非常丰富；先民会充分利用遗址周围丰富的野生动物资源，狩猎野生的鸟类和哺乳动物（主要是鹿科动物），捕捞水生的龟鳖类、淡水鱼类和软体动物来获取所需的肉食；先民已经开始饲养狗和猪，并且在长期的实践过程中慢慢积累经验，提高饲养水平；

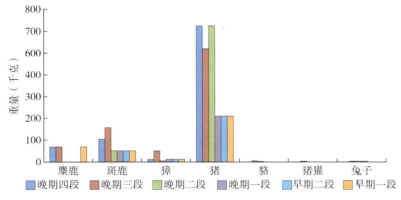

图一七九　西溪遗址哺乳动物肉食量分期分布示意图

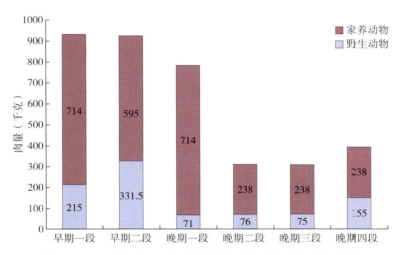

图一八〇　西溪遗址家养动物与野生动物肉食量分布示意图

先民与狗的关系比较密切，可能并不食用狗肉；在遗址延续的一千多年间，家猪始终都是先民们非常重要的肉食资源，尤其到了遗址的晚期阶段，更是成为先民主要的肉食资源。

第二节　软体动物研究*

　　江苏境内河流、湖泊、池塘、沟渠及其沿岸地区的第四纪地层发育，分布广泛，出露良好，层序清楚，化石丰富。除软体动物外，尚有植物、孢粉、昆虫、脊椎动物等。软体动物特别丰富，是研究中国第四纪地层及古贝类的重要地区之一。早在 1878～1886 年外国学者 Heude 曾对南京及其邻近地区的双壳类作了简单描述报道①。20 世纪 60 年代以后，刘川英、黄宝玉、余汶、蓝琇、潘华璋、冯伟民、陈其羽等也对江苏湖泊、河流的软体动物

---

　　*　本节由黄宝玉、朱祥根、蔡华伟、林留根、田名利执笔。原以《江苏宜兴骆驼墩、西溪遗址全新世软体动物》刊载于《海洋科学》2005 年第 29 卷第 8 期，依据材料以宜兴西溪遗址为主。第一作者黄宝玉，福建闽清人，女，中国科学院南京地质古生物研究所研究员，从事欧亚古今软体动物研究。特将原文收入本报告，以志纪念。

　　①　Heude R P. Conchyliologia fluvialile de la provine de Nanking et de la China Central. *Fasel*-10 Paris, 1875－1886.

及其沿岸的第四纪地层做过研究①，作者于 2002 年 4 月至 2003 年 7 月期间，曾对骆驼墩及西溪遗址的第四纪地层进行考察，并采集软体动物化石。骆驼墩位于江苏省宜兴市新街镇塘南村。该区地理环境多样：有山地、丘陵、平原、湖泊、河流、沼泽等②。西溪遗址位于江苏宜兴市芳庄镇溪东村。该区地处太湖西部宁镇山脉低山、丘陵地带，为太湖平原的中间过渡带。

中国第四纪淡水双壳类过去多发现于中国北方，尤以内蒙古清水河、河北泥河湾、河南三门峡、山西襄汾、陕西渭南、安徽五河、江苏北部等地较多。但在长江以南除广西桂林甑皮岩洞穴遗址中的淡水瓣鳃类外③，以本区最为丰富。因此对本区第四纪古贝类的研究，不仅对中国南北方第四纪古贝类的种群面貌、类型区别提供新资料，同时对研究古环境、古地理及动物群的迁移有重要意义。

一、组合特征及时代分析

本批贝类经整理鉴定计有：8 属 17 种，其中一个新种，有隶属于双壳类（Bivalvia）珠蚌科（Unionidae）的珠蚌（Unio）、楔蚌（Cuneopsis）、曲蚌（Arconaia）、裂脊蚌（Schistodesmus）、帆蚌（Hyriopsis）、丽蚌（Lamprotula），蚬科（Corbiculidae）的篮蚬（Corbicula）及腹足类（Gastropoda）田螺科（Viviparidae）的环棱螺（Bellamya）。可分成 3 个组合类群，一是 Unio - Cuneopsis 类群，这个类群属种个体数量少、地质历程长，代表古老类型。其中 Unio tschiliensis Sturany，早在 1901 年外国学者 Sturany 发现于中国河北张家口岔道村，为早更新世④。至今未见现生种。Cuneopsis spocki Leroy 最早发现于内蒙古锡林郭勒盟二连第三纪晚期中新世通古尔期⑤。未发现现生种。二是 Arconaia - Lamprotula 类群。本类群从第四纪至现代河流、湖泊、水库中均有⑥。其中 Arconaia -

①　刘月英、张文珍、王跃先：《太湖及其周围水域的双壳类》，《动物学报》1980 年第 26 卷第 4 期，第 365～369 页。黄宝玉：《江苏泗洪晚更新世丽蚌的研究》，《贝类学论文集（第一辑）》，科学出版社，1983 年，第 181～190 页。Huang B Y. Bivalves from Jiangsu region. IN. Jiangsu Province and their environmental significance. *Biota and Palaeoenvironment in Northern Jiangsu, China since 1000a BP*. Beijing; New York: Science Press, 2000. 76 - 82. Huang B Y, Lan X. Quaternary lamillibranch fauna province in East China and their characteristica. *Quaternary Geology and Environment of China*. Beijing: China Ocean Press, 1982. 101 - 104. Huang B Y, Yuan P X. Quaternary lamellibranchiate palaeogeography research, Jiangsu. *Stratigraphy and correlation of Quaternary Sediment of Asia and Pacific region* 2. Vladivoslok: Vladivostok Press, 1988. 70 - 71(in Russian with English). 黄宝玉、冯伟民：《江苏北部第四纪淡水软体动物化石》，《贝类学论文集（第五、六辑）》，青岛海洋大学出版社，1995 年，第 181～185 页。Huang B Y. Bivalves from Jiangsu region. IN. Jiangsu Province and their environmental significance. *Biota and Palaeoenvironment in Northern Jiangsu, China since 1000a BP*. Beijing, New York: Science Press, 2000. 76 - 82. 余汶、王惠基：《江苏晚白垩世和新生代腹足类》，《中国科学院南京地质古生物研究所集刊（8）》，科学出版社，1977 年，第 1～100 页。兰琇、王淑梅：《江苏新生界瓣鳃类化石》，《中国科学院南京地质古生物研究所集刊（8）》，科学出版社，1977 年，第 101～143 页。Pan H Z. Holocene gastropods from Jiangsu region. IN. Jiangsu Province and their environmental significance. *Biota and Palaeoenvironment in Northern Jiangsu, China, since 1000a BP*. Beijing; New York: Science Press, 2000. 66 - 75, 93 - 99. 蔡华伟、黄宝玉、李玉成等：《从软体动物分布谈淮河及长江下游第四纪地层和古地理》，《地质学杂志》2002 年第 26 卷第 4 期，第 253～259 页。陈其羽、吴天惠：《长江下游（南京至江阴江段）软体动物的初步调查》，《贝类学论文集（第一辑）》，科学出版社，1983 年，第 103～114 页。余汶、王惠基、李子舜：《中国的腹足类化石》，科学出版社，1963 年，第 1～362 页。
②　林留根、田名利、谈国华等：《环太湖流域史前考古新突破》，《中国文物报》2002 年 8 月 30 日。
③　黄宝玉：《广西桂林甑皮岩洞穴遗址中的淡水瓣鳃类》，《古生物学报》1981 年第 20 卷第 3 期，第 199～207 页。
④　Sturany R W. A Obrutachew's mollusken aus beute aus Hochasien. Denteseh K K. Akad. Wissenseh Wien, *Math. Natur*, 1901, Bd, 70:28 - 42.
⑤　Leroy P. Late Cenozoic Unionids of China. *Bull Geol, Soc China*, 1940, 19(4).
⑥　刘月英、张文珍、王跃先等：《中国经济动物志：淡水软体动物》，科学出版社，1979 年，第 68～132 页。黄宝玉、李玉成：《安徽寿县淮河正阳光段的双壳类》，《动物学杂志》2003 年第 38 卷第 4 期，第 80～85 页。

laneceolata（Lea）曾见于江苏沭阳钱集西南更新世和安徽五河中、上更新世[①]。*Lamprotula*（*Sino-lamprotula*）*leai*（Gray）最早见于河南三门峡更新世三门期、河北阳原大田洼、蔚县铺路村南早更新世泥河湾期[②]。上述两种不仅在第四纪时发育繁盛，而且在现代河、湖中也不少。如在安徽寿县淮河正阳光河段就有分布[③]。为中国特有种。三是 *Corbicula – Bellamya* 类群。本类群时代长，分布广，适应性强，古今均有，尤其在本区类群种的个体数量极多，彼此聚集、重叠。其中 *Corbicula largillierti* Heude 化石种最早发现于内蒙古乌兰察布市四子王旗第三纪晚期。后又发现于山西垣曲、陕西大荔更新世早期。本种在第三纪晚期时起源于中国内蒙古。第四纪时向西、向南迁移，至全新世时在江苏金坛、江阴、宜兴等地区非常发育、繁盛，直至现代长江流域太湖、洞庭湖及其相通的河流均有[④]，为中国广布的特有种。*Bellamya quadrata*（Benson）见于广西桂林南郊全新世[⑤]。根据贝类动物群属种组合、地质历程及贝壳^{14}C 同位素测定，其时代应为全新世，距今约 7000 ~ 6000 年。

作者研究的古贝类除彩版 II 图 3、4 射线裂脊蚌及图 7、8 奥氏篮蚬，彩版 III 图 1、2 矛形曲蚌及图 6 拉氏篮蚬等采于宜兴骆驼墩遗址外，其余均采于宜兴西溪遗址。其时代为全新世。

二、属种简述

（一）戚荔珠蚌 *Unio tschiliensis*

珠蚌科 Unionidae Fleming，1828

珠蚌亚科 Unioninae Fleming，1828

珠蚌属 *Unio* Retgins，1788

戚荔珠蚌 *Unio tschiliensis* Sturany，1901（彩版 I：3）

1901 *Unio tschiliensis* Turany s. 41，Taf. 4. Figs. 1 – 6.

1976 *Unio tschiliensis*，顾知微等，第 304 页，彩版 133，图 9 ~ 14。

壳中等大小，外形长椭圆形，前端狭圆，前背边短、略直，后边长、斜直。腹边宽长弧形。壳顶宽大而高凸于铰边之上，距前端约为壳长的 1/3。后壳顶脊明显，水管区狭而下凹，而壳面具有细密的同心线。

比较：本种略似 *Unio douglasiae* Griffith et Pidgeon 1843。不同的是：本种的壳顶较宽大而高突，位置略靠后，后壳顶脊之上的水管区下凹较深。

（二）雕饰珠蚌 *Unio compressus*

雕饰珠蚌 *Unio compressus* Heude，1878（彩版 I：4、5）

---

① 周明镇：《安徽五河县戚嘴第四纪淡水斧足类化石》，《古生物学报》1955 年第 3 卷第 1 期，第 73 ~ 82 页。
② 黄宝玉、郭书元：《河北泥河湾地区早更新世淡水瓣鳃类动物群》，《中国科学院南京地质古生物研究所丛刊（5）》，江苏科学技术出版社，1982 年，第 231 ~ 252 页。
③ 黄宝玉、李玉成：《安徽寿县淮河正阳光段的双壳类》，《动物学杂志》2003 年第 38 卷第 4 期，第 80 ~ 85 页。
④ Heude R P. Conchyliologia fluvialile de la provine de Nanking et de la China Central. *Fasel*-10. Paris，1875 – 1886. 刘月英、张文珍、王跃先等：《中国经济动物志：淡水软体动物》，科学出版社，1979 年，第 68 ~ 132 页。顾知微、黄宝玉、陈楚震等：《中国的瓣鳃类化石》，科学出版社，1976 年，第 289 ~ 416 页。
⑤ 王惠基：《广西桂林甑皮岩洞穴中的腹足类化石》，《甑皮岩遗址研究》，漓江出版社，1990 年，第 80 ~ 89 页。

彩版 I　江苏宜兴骆驼墩、西溪遗址全新世软体动物

1、2、10、11. 斯氏楔蚌 *Cuneopsis spocki* Lerroy：1. 右壳内视，2. 右壳，均×1，登记号：99213；10. 右壳内视，11. 右壳，均×1，登记号：99214。3. 戚荔珠蚌 *Unio tschiliensis* Sturany，左壳×1.5，登记号：99215。4、5. 雕饰珠蚌 *Unio compressus* Heude：4. 左壳内视，5. 左壳，均×1.5，登记号：99216。6、7. 巴氏楔蚌 *Cuneapsis barbouri* King：6. 右壳，7. 右壳内视，均×1，登记号：99217。8、9. 勒氏丽蚌（中华丽蚌）*Lamprotula* (*Sinolamprotula*) *leleci* (Heude)：8. 右壳内视，9. 右壳，均×1，登记号：99218。

壳不大，轮廓长方椭圆形。前端宽圆。前、后端略似等高。前背边短，后背边长、斜直，后边也长，背腹边近于平行。壳顶宽平，微尖于铰边之上，位距前端约 1/4 壳长处。壳中等凸曲，最大凸度在壳中上部的壳顶区。后壳顶脊宽缓。壳面同心线细，但近腹部同心线较粗，其间距近于等宽。壳内壳顶腔宽而不深。前假主齿短、片状，后侧齿长。前闭肌痕圆而深，后闭肌痕半圆形，浅。外套线较直，无湾。

比较：本种外形略似 *Unio sculptus* Heude 1878，但后者后端较狭尖，腹边前部略凹，后部微曲；壳顶小而较高；壳顶区同心脊粗强；后壳顶脊较直，其上水管区下凹明显[①]。两者有所不同。

（三）巴氏楔蚌 *Cuneopsis barbouri*

楔蚌属 *Cuneopsis* Simpson，1900

巴氏楔蚌 *Cuneopsis barbouri* King，1926（彩版Ⅰ：6、7）

1926 *Cuneopsis barbouri* King，金淑初，第 158 页。

1958 *Cuneopsis barbouri* King，周明镇，第 90 页，彩版 5，图 3～6。

1976 *Cuneopsis barbouri* King，顾知微等，第 330 页，彩版 144，图 1～4。

壳中等大小，轮廓似尖卵形，后端不卷曲。壳长约为壳高的二倍。前端宽大、短圆，其下部似切割状，后端狭窄；后背边长、斜直；腹边前部弧形。壳膨凸，最大凸度位于壳顶下方的中上部。壳顶小，前转，突出于铰边之上。位置靠近前端，距前端约壳长之 1/7 处。壳顶前方褶曲明显。后壳顶脊不显，其上方壳面略凹。壳面同心线细，其间具宽粗的同心纹。铰板宽，右壳壳顶下有一强大的三角锥状的前假主齿（3a），尖端向上；齿面有颇深的沟棱，其上发育有次一级的小沟棱。后片状为狭长的片板状。前闭肌痕深，近半圆形；后闭肌痕浅，横椭圆形，其后上方有一弱的茧突。

比较：本种与 *Cuneopsis heudei nihowanensis* Otuka 比较，后者壳较小，前端狭圆；腹边较凸曲；壳顶宽大而高突，位置较靠后，距前端约为壳长 1/4 处，后壳顶脊较发育，自壳顶延伸至后腹角[②]。两者显著不同。

（四）斯氏楔蚌 *Cuneopsis spocki*

斯氏楔蚌 *Cuneopsis spocki* Lerroy，1940（彩版Ⅰ：1、2、10、11）

1940 *Cuneopsis spocki* Lerroy，pp. 402－403，Fig. 4.

1976 *Cuneopsis spocki*，顾知微等，第 330 页，彩版 128，图 19、20。

壳横长，轮廓呈舌状。前端短圆，其下部似切割状，前背边短，后背边长、斜直，腹边长，其前部微曲，后部直，背、腹边近于平行。壳顶不大，微突于铰边之上．位置靠近前端。壳顶前稍褶曲。壳面同心线细，其中具粗的同心纹。壳顶腔浅，前闭肌痕深，半圆形，后闭肌痕浅。

比较：本种舌状外形略似 *Cuneopsis oblanga* Huang et Wei，但后者壳厚重，前边较直，其下部

---

① Heude R P. Conchyliologia fluvialile de la provine de Nanking et de la China Central. *Fasel*-10. Paris，1875－1886.
② 顾知微、黄宝玉、陈楚震等：《中国的瓣鳃类化石》，科学出版社，1976 年，第 289～416 页。

彩版Ⅱ　江苏宜兴骆驼墩、西溪遗址全新世软体动物

1、2. 巴氏丽蚌（楔丽蚌）*Lamprotula*（*Cuneolamprotula*）*bazini*（Heude）：1. 右壳内视，2. 右壳，均×1，登记号：99219。3、4. 射线裂脊蚌 *Schistodesmus lampreyanus*（Baird *et* Adams）：3. 右壳，4. 右壳内视，均×1，登记号：99220。5、6. 荔氏丽蚌（中华丽蚌）*Lamprotula*（*Sinolamprotula*）*leai*（Gray）：5. 右壳，6. 右壳内视，均×1，登记号：99221。7、8. 奥氏篮蚬 *Corbicula obrutschewi* Sturany：7. 左壳，8. 左壳内视，均×1.5，登记号：99222。

宽圆，略凸曲，背腹边更直，前、后端似等宽；壳顶不大，位置更靠近前端，壳顶前无褶曲。两者明显区别。本种外形略似 *Cuneopsis sakaii*（Suzuki），但后者壳更狭长，前端狭圆而突出；壳体较宽大，位置较靠后。两者有所不同。

（五）矛形曲蚌 *Arconaia lanceolate*

曲蚌属 *Arconaia* Conrad，1865

矛形曲蚌 *Arconaia lanceolate*（Lea），1865（彩版Ⅲ：1~5）

1856 *Triquetra lanceolata* Lea，p. 79.

1976 *Aconaia lanceolate*，顾知微等，第332~333页，彩版46，图1~5。

2003 *Aconaia lanceolate*，黄宝玉等，第82页，彩版3，图5~8。

轮廓似长柳叶状，壳高约为壳长的1/5。壳体后部3/5处向右侧旋转，曲度约30°以上。前端狭圆，其背部突出呈尖嘴状，约1厘米长。前背短，后背边长而直，腹边长，其中部略内凹。壳顶宽大而低平，位距前端约壳长的1/6~1/5处。后壳顶脊明显，棱脊状，从壳顶伸达后腹端，其上壳面水管区左壳比右壳宽而大。壳面除同心线外，前部的中上部壳面具有细小疣节和细短条纹。壳顶腔浅，前闭肌痕盾形，后闭肌痕肾形。

比较：本种与 *Aroconaia contorta* var. *mutica* Heude 比较，后者壳体1/2的后部向左侧旋转。后部宽大，其后端宽钝。后者后顶脊由壳顶直达后腹端，其上壳面呈宽盾形。两者明显区别。本种与 *Arconaia huaihensis* Huang et Li 比较，后者壳体后部壳长1/3处向左侧旋转曲角达25°以上。壳顶略靠后，位距前端约壳长的1/4处。后者后顶脊之上壳面右壳比左壳宽大；右壳为半圆形，左壳为狭长形。两者有很大区别。

（六）射线裂脊蚌 *Schistodesmus lampreyanus*

射脊裂齿蚌 *Schistodesmus lampreyanus*（Baird *et* Adams），1900（彩版Ⅱ：3、4）

1979 *Schistodesmus lampreyanus*，刘月英等，第88~89页，图78。

2003 *Schistodesmus lampreyanus*，黄宝玉等，第83页，彩版1，图8、9。

中等大小，壳厚而坚硬，轮廓三角椭圆形。壳长大于壳高，两侧不等。前端高于后端。前端短圆，其下部似切割状。前背边短而直，后背边向后腹边斜直。腹边长、宽弧形。壳顶不大，微突于铰边之上，位距前端约壳长1/3处。壳顶前后方均无褶曲。壳中等凸曲。壳面中上部同心脊粗强而凸起，褶间沟深而宽，几乎与褶脊等宽。近腹部同心线细而密。

比较：本种与 *Schistodesmus spinosus* Simpson 比较，后者壳较小，外形呈三角形，长高比率较小。上部似切割状，下部宽圆；背边弯曲。壳顶区具刺状短脊突于壳面上。壳顶腔浅。两者显著不同。

（七）帆蚌（未定种）*Hyriopsis* sp.

帆蚌属 *Hyriopsis* Conrad，1853

帆蚌（未定种）*Hyriopsis* sp.（彩版Ⅲ：9）

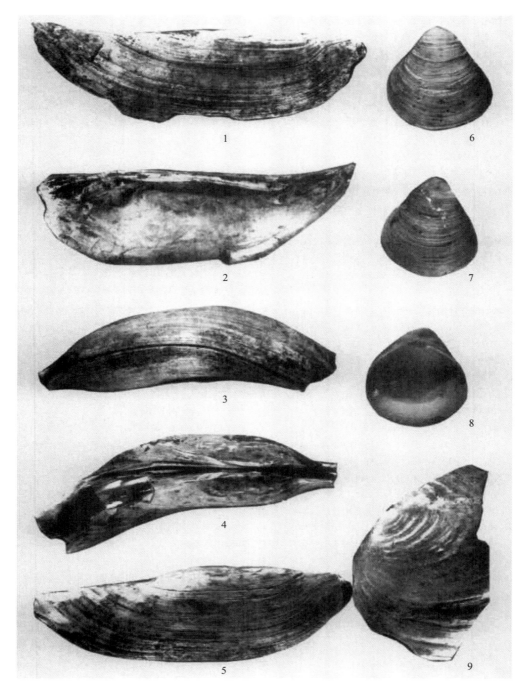

彩版Ⅲ　江苏宜兴骆驼墩、西溪遗址全新世软体动物

1～5. 矛形曲蚌 *Arconaia lanceolaia*（Lea）：1. 右壳，2. 右壳内视，均×1，登记号：99223；3. 腹视，4. 背视，5. 右壳，均×1，同个体，登记号：99224；6～8. 拉氏篮蚬 *Corbicula largillierti* Heude；6. 左壳×1，登记号：99225；7. 左壳，8. 左壳内视，均×1.5，登记号：99226。9. 帆蚌（未定种）*Hyriopsis* sp.，左壳 ×1.5，登记号：99227。

　　壳不大，轮廓椭圆形。前端宽圆，后背边斜直，其向上伸展的帆状翼高而大，呈狭长三角形。壳顶小而低，位置靠前。壳顶饰纹由粗强的同心状褶脊组成。两条饰纹也很粗强。壳面同心线细密，近腹部的壳面具有粗而凸起的同心脊。本种虽然特征明显，但因壳的后部缺损，因此暂不定种。

（八）荔氏丽蚌（中华丽蚌）*Lamprotula*（*Sinolamprotula*）*leai*

丽蚌属 *Lamprotula* Simpson，1900

丽蚌（中华丽蚌）亚属 *Lamprotula*（*Sinolamprotula*）Gu *et* Huang，1976

荔氏丽蚌（中华丽蚌）*Lamprotula*（*Sinolamprotula*）*leai*（Gray），1836（彩版Ⅱ：5、6）

1877 *Unio leai* Gray，Heude，pl. 4，Fig. 16.

1976 *Lamprotula*（*Sinolamprotula*）*leai*，顾知微等，第 324 页，彩版 137，图 1~3。

壳小至中等大小，轮廓卵圆形。壳长大于壳高。前部略比后部窄。前端短圆，其下部切割状，腹边长宽弧形，其前部斜直，后部与狭圆的后端相交无明显的后腹角，略后伸，后背边长而直，后背角钝角状。壳中等凸曲。壳顶宽大，突于铰边之上，位距前端约壳长 1/8 ~ 1/7 处。壳嘴小，向前内转。壳顶前方凹曲小而明显。壳顶后方无凹曲。后壳顶脊宽。壳面瘤节及斜射脊发育，壳顶具有细密的双钩状顶饰，壳顶区附近疣节小，壳面中部的瘤大，与水管区粗强的斜脊相交成"A"形。同心线与同心纹密。

比较：本种外形略似 *Lamprotula*（*Cuneolamprotula*）cf. *bazini*（Heude）[1]，但后者前端较宽圆，后端狭圆而伸展，背腹边近于平行，后背角更明显。壳顶略靠后。两者有所不同。

（九）勒氏丽蚌（中华丽蚌）*Lamprotula*（*Sinolamprotula*）*leleci*

勒氏丽蚌（中华丽蚌）*Lamprotula*（*Sinolamprotula*）*leleci*（Heude），1875（彩版Ⅰ：8、9）

1875 *Unio leleci* Heude，pl. Ⅳ，fig. 12，pl. 5，Fig. 14.

1982 *Lamprotula*（*Sinolamprotula*）*leai leleci*（Heude），第 243 页，彩版Ⅰ，图 9~11。

壳中等大小，横长椭圆形。壳长约为壳高的 1.8 倍，前部比后部窄。前端短圆，其下部切割状。前背边短，后背边长而直，后背角明显，呈钝角状，后端狭圆，突出。腹边长，其前后均斜直，在距前端 2/3 处的腹边凸曲明显。壳顶宽大，突于铰边之上，位距前端约壳长的 1/7 ~ 1/6 处，位近于前背端。后壳顶脊粗强，由壳顶伸达后腹端，其上壳面下凹明显。壳面瘤节小而少，集中于壳顶区的中上部。水管区斜脊粗强，脊间沟深而宽。同心纹强，其中夹有细的同心线。假主齿发育。前闭肌痕小而深，近圆形；后角肌痕浅，半圆形。壳顶腔浅。

比较与注释：本种横长椭圆形与 *Lamprotula*（*Sinolamprotula*）*leai*（Gray）相似，但后者更接近卵圆形，壳长与壳高比率较小，后端宽圆形，腹边宽长、弧形凸度较小，壳顶更靠近前端，壳面瘤节粗大而多。水管区斜射脊发育，同心褶脊粗强。两者有所区别。产于河北泥河湾蔚县铺路村南更新世早期的 *Lamprotula*（*Sinolamprotula*）*leai leleci*（Heude）（黄宝玉等，1982，第 243 页，彩版 2，图 10、11）与本种虽很接近，但后者壳体正卵圆形，前后端圆形，近于等高。背、腹边微弧形，无明显的后背角与后腹角。顶脊宽缓不显，其上水管区狭窄，射脊也不发育。壳面瘤节小而少，主要分布于壳顶的中后部，其余壳面光滑，仅有同心线与同行脊，因此该种特征与本种有很大区别[2]。

---

[1]　刘月英、张文珍、王跃先等：《中国经济动物志：淡水软体动物》，科学出版社，1979 年，第 68 ~ 132 页。

[2]　黄宝玉、郭书元：《河北泥河湾地区早更新世淡水瓣鳃类动物群》，《中国科学院南京地质古生物研究所丛刊（5）》，江苏科学技术出版社，1982 年，第 231 ~ 252 页。

（一〇）巴氏丽蚌（楔丽蚌）*Lamprotula*（*Cuneolamprotula*）*bazini* 1976

丽蚌（楔丽蚌）亚属 *Lamprotula*（*Cuneolamprotula*）Gu *et* Huang

巴氏丽蚌（楔丽蚌）*Lamprotula*（*Cuneolamprotula*）*bazini*（Heude），1877（彩版Ⅱ：1、2）

1877 *Unio bazini* Heude，pl. 9，Fig. 20.

1958 *Lamprotula bazini*，周明镇，第 88 页，彩版 4，图 1、2、2a。

1976 *Lamprotula bazini*，顾知微等，第 319 页，图 142，图 5 ~ 7。

壳中等大小，厚重，坚硬，轮廓长椭圆形。壳长约为壳高二倍，前端方圆，后端狭圆而伸长。后背边与腹边均长而直，两者近于平行，后背角与后腹角均呈钝角状。壳顶宽而低，极靠前端，距前端约壳长 1/9 ~ 1/8 处。壳顶前方略有点褶曲，其后方无褶曲。壳中等膨凸，凸度均匀平缓，后壳顶脊宽缓，从壳顶伸达后背角，其上水管区面狭窄，具粗强的斜射脊。壳面瘤节在壳顶区较小而密，在壳的中后部较大而稀疏。壳上部同心纹粗强，下部细而密。

比较：本种与产于山西襄汾丁村更新世的 *Lamprotula*（*Cuneolamprotula*）cf. *bazini*（Heude）有些相似，但后者壳较椭圆形，前端宽圆，后端狭角圆。壳顶宽而高突，略靠后，位距前端约壳长的 1/6 ~ 1/5 处。壳顶前方的褶曲宽大而明显。后壳顶脊粗强，从壳顶伸达后端，其上水管区宽，似不等边长三角形。壳面瘤节粗大而突出，壳的中后部同心纹粗强，其上还具有瘤节[①]。

（一一）奥氏篮蚬 *Corbicula obrutschewi*

篮蚬科 Corbiculidae Gray，1847

篮蚬属 *Corbicula* Mergela Van Muhlfeld，1811

奥氏篮蚬 *Corbicula obrutschewi* Sturany，1901（彩版Ⅱ：7、8）

1901 *Corbicula obrutschewi* Sturany，p. 30，pl. 4，Figs. 12 – 16.

1976 *Corbicula obrutschewi*，顾知微等，第 372 页，彩版 147，图 1 ~ 5。

壳较大，轮廓三角形。壳长大于壳高。相当膨凸，前端宽圆，后端狭圆，略向后下方伸展。腹边宽弧形。壳顶大，位近中央，高突于铰边之上。壳顶前褶曲明显，前壳顶角约为 90°。壳面同心线强。小月面与盾纹面清晰。

比较：本种与 *Corbicula japonica sandatformis* Yokayama 相近，但后者轮廓为圆而略高的三角形。壳长与壳高近于相等，不如本种膨凸。两者有所区别。

（一二）高顶篮蚬 *Corbicula celsusapica*

高顶篮蚬 *Corbicula celsusapica* Huang，1976（彩版Ⅳ：12、13）

1976 *Corbicula celsusapica* Huang，p. 372 – 373，pl. 150，Figs. 4 – 8.

壳中等大小，轮廓高圆三角形。膨凸。壳高大于壳长。前、腹、后三边连成半圆形。壳顶宽大，圆筒状，高耸于铰边之上，位置近中央靠前。壳面具有同心脊，脊间有细的同心线。壳内铰

[①] 顾知微、黄宝玉、陈楚震等：《中国的瓣鳃类化石》，科学出版社，1976 年，第 289 ~ 416 页。周明镇：《软体动物化石》，《山西襄汾县丁村旧石器时代遗址发掘报告》，科学出版社，1958 年，第 81 ~ 96 页。

边宽。壳顶腔很深。外套线具有很浅的外套湾，外套线之下内腹边很宽。

比较：本种的外形虽与 *Corbicula shimizui*（Suzuki）有些相似[1]，但本和壳体较膨凸，壳顶更宽大，更高耸于铰边之上，两者不同。本种膨凸的壳体，宽大而高耸于铰边的壳顶，与本属其他种有很大区别。

（一三）拉氏篮蚬 *Corbicula largillierti*

拉氏篮蚬 *Corbicula largillierti* Heude，1886（彩版Ⅲ：6～8）

1886 *Corbicula largillierti* Heude，Ⅱ，pl. 1，Figs. 1，la.

1976 *Corbicula largillierti*，顾知微等，第 371 页，彩版 149，图 5～13。

1991 *Corbicula largillierti*，黄宝玉等，第 92 页，彩版 18，图 21～24。

壳中等大小。圆边三角形。壳长与壳高近乎相等。前边宽圆，后边狭圆，腹边宽弧形，前、腹、后三边连成半圆形。壳顶大而高，位于中央。壳体相当膨凸，最大凸度位于壳的中上部的壳顶区。壳面具有明显凸起而粗细不规则的同心线。小月面明显。

注释：本种生活时代较长，从第三纪晚期至现代的湖泊、河流均有发现。化石标本最早发现于内蒙古乌兰察布市四子王旗。至更新世晚期曾发现于山西垣曲、襄汾丁村、太谷回龙沟等地[2]。但在江苏江阴、金坛、宜兴等地区全新世地层中更是大量发现，个体数量非常多，这说明本种生活适应很强，起源于我国东北，而后向西、向南迁移。在长江以南地区大量发育繁衍。

（一四）塔卡篮蚬 *Corbicula takasaga*

塔卡篮蚬 *Corbicula takasaga* Nomura，933（彩版Ⅳ：1～7）

1933 *Corbicula takasaga* Nomura，p. 69，pl. 2，Figs. 1，la，2，2a.

1976 *Corbicula takasaga*，顾知微等，第 371～372 页，彩版 131，图 14～17。

壳稍大，坚固。轮廓圆高三角形。壳长与壳高近乎相等。前部比后部短，后下部稍向后伸展。前边宽圆，后边斜直，其下部圆。腹边宽弧形。壳体膨凸，其凸度等于壳长的 4/5。壳顶膨胀，高突于铰边之上。壳嘴小，向内转。壳顶前方褶曲明显。壳面同心线细密，其中具有较粗的同心脊，脊间沟宽而深。

比较：本种轮廓相似 *Corbicula fluminea* Müller，但后者壳体小，外形呈正三角形，两侧略相等，壳顶不如本种膨胀高尖。本种最早发现于台湾新竹第三纪地层，在本地区很繁盛，个体数量非常多，是优势种。

（一五）宜兴篮蚬 *Corbicula yixingensis*

宜兴篮蚬（新种）*Corbicula yixingensis* Huang et Cai sp. nov.（彩版Ⅳ：8～11）

材料：正模标本：为一个完整左壳，壳饰及铰齿保存良好，登记号：99230；副模标本：为一

---

① 顾知微、黄宝玉、陈楚震等：《中国的瓣鳃类化石》，科学出版社，1976 年，第 289～416 页。
② 顾知微、黄宝玉、陈楚震等：《中国的瓣鳃类化石》，科学出版社，1976 年，第 289～416 页。

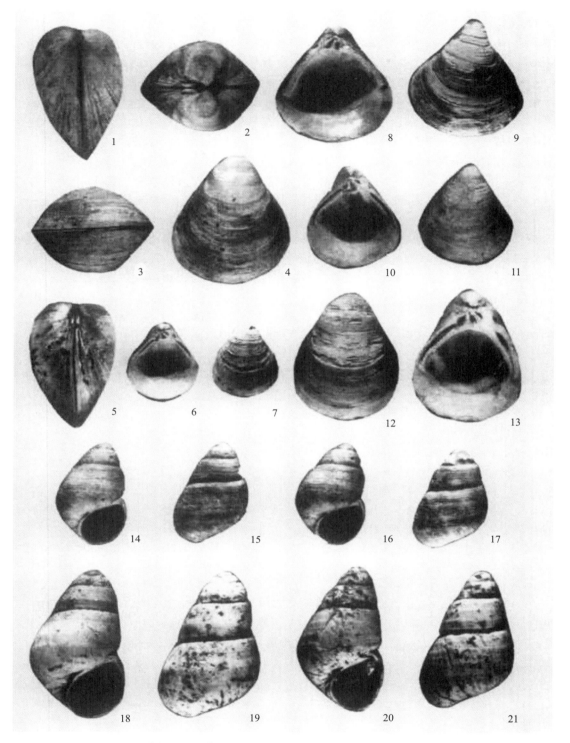

彩版Ⅳ 江苏宜兴骆驼墩、西溪遗址全新世软体动物

1～7. 塔卡篮蚬 *Corbicula takasaga* Nomura：1. 前视，2. 背视，3. 腹视，4. 右壳，5. 后视，均×1.5，同个体，登记号：99228；6. 右壳内视，7. 右壳，均×1，登记号：99229。8～11. 宜兴篮蚬（新种）*Corbicula yixingensis* Huang et Cai sp. Nov.：8. 左壳内视，9. 左壳，均×1，正模标本，登记号：99230；10. 右壳内视，11. 右壳，均×1，副模标本，登记号：99231。12、13. 高顶篮蚬 *Corbicula celsusapica* Huang：12. 右壳，13. 右壳内视，均×1.5，登记号：99232。14～17. 方形环棱螺 *Bellamya quadrata*（Benson）：14. 口视，15. 背视，均×1.5，登记号：99233；16. 口视，17. 背视，均×1.5，登记号：99234。18～21. 田螺型环棱螺 *Bellamya viviparoides*（Hsu）：18. 口视，19. 背视，均×1.5，登记号：99235；20. 口视，21. 背视，均×1，登记号：99236。

个完整右壳，壳饰及铰齿也保存良好，登记号：99231。

壳小至中等大小，轮廓为高三角形。壳长与壳高近乎相等。前、后端均为狭圆形，前、后边均直而长。前背角约135°。腹边宽弧形，其与前、后边相连，无明显的前腹角和后腹角。壳甚膨凸，最大凸度在壳的上部壳顶区。壳顶小，胎壳明显，方圆形，高突于铰边之上，位于中央。壳嘴小而尖，向内转。壳顶前后均无明显的褶曲。小月面，盾纹面均明显。后壳顶脊宽缓，从壳顶区伸达后腹部，其上方水管区稍凹陷。壳面同心线细密，其中尚有粗强的同心脊。壳内铰板高而宽，三角形。左、右壳主齿均强。右壳主齿3枚，前、后侧齿各2枚；左壳主齿2枚，前、后侧齿各1枚，左、右壳的侧齿均有沟棱，前、后闭肌痕均明显，外套线无湾。壳顶腔很深。

比较：本种与 *Corbicula celsusapica* Huang 比较，后者壳体更高，呈高狭圆三角形，壳高大于壳长，前、后端近于等高，壳顶区更宽大，膨胀，圆筒状。两者明显不同。本种与 *Corbicula obrutschewi* Sturany 比较，后者前边宽圆，后边狭圆，略向后下方伸长，有明显的后腹角。本种壳顶更宽大、膨胀。后壳顶脊圆凸，其上壳面凹陷较深。两者有所区别。本种高三角形轮廓，小而高突的壳顶，明显的胎壳。高三角形的铰板，与本属其他种有很大区别。

（一六）环棱螺属 *Bellamya*

1. 方形环棱螺 *Bellamya quadrata*

方形环棱螺 *Bellamya quadrata*（Benson），1961（彩版Ⅳ：14～17）

1943 *Viviparus quadratus*，阎敦建，第284页。

1961 *Bellamya quadrata*，王淑梅，第87页，彩版2，图5、6。

产地、时代：江苏宜兴，全新世。

田螺科 Viviparidae

螺壳中大，具5.5个螺环。螺塔较高，胎壳圆突。螺环面稍凹或平，壳面具5条明显的旋脊及少许旋纹，旋脊、旋纹与生长线相交。缝合线略深。壳口近圆形，内唇略翻转，外唇较薄。脐孔小，较深①。

注释：本种生活于淡水河流、湖泊中，在第四纪至现代都有广泛分布，江苏新沂上更新世地层中常见。

2. 田螺型环棱螺 *Bellamya viviparoides*

田螺型环棱螺 *Bellamya viviparoides*（Hsu）1936，彩版18～21。

1936 *Bathinia viviparoides*，许杰，第32页，彩版2，图19。

卵形，壳体中大，壳质中等厚。由3～4个螺环组成，胎壳圆突。螺环下部钝角状，螺环面具3条明显的旋棱和细旋纹，生长线与旋棱、旋纹相交。缝合线较深。壳口卵圆形，内唇略翻转，外唇较薄。脐孔小，呈缝状②。

注释：本种生活于淡水河流、湖泊中，在第四纪至现代都有广泛分布，江苏句容上更新世下

---

① Yan D J. Revive and Summary of Tertiary and Quaternary non-Marine Mollusks of China. *Proc Acad Nat Sci Philad*, Philad, 1943, 95: 267 – 307. 王淑梅：《华北几个地点的更新世淡水软体动物》，《古生物学报》1961年第9卷第1期，第80～89页。
② 许杰：《下蜀层之腹足类化石》，《中国古生物志（乙种）》1936年第6卷第3期，第32～33页。

蜀组地层中常见。

致谢：标本保存在中国科学院南京地质古生物研究所。图片系陈周庆先生摄制，特此致谢！

第三节　篮蚬与环棱螺研究 *

　　江苏省境内河流、湖泊、池塘、沟渠、水库很发育，其沿岸的第四纪地层也很发育，出露良好，层序清楚，软体动物丰富①，是研究软体动物重要地区之一。早在 1875～1886 年外国学者 Heude② 调查采集了南京及其邻近地区的软体动物，初步报道了珠蚌超科（Unionacea）140种，篮蚬超科（Corbiculicea）50 种，发表了彩色图谱，并有简单描述，为研究江苏境内的软体动物打下了基础。20 世纪 30 年代，许杰③对下蜀层的腹足类做过报道。20 世纪 50 年代至今，周明镇、刘月英、黄宝玉、蓝琇、陈其羽、潘华璋及其他学者都对本区古今软体动物做过研究报道④。2003～2005 年夏，黄宝玉、蔡华伟、田名利等对宜兴、金坛、江阴地区和太湖及其沿岸第四纪地层进行了野外地质调查，并采集了大量的软体动物标本。在此，作者仅探讨产于西溪和骆驼墩的篮蚬（*Corbicula*）和环棱螺（*Bellamya*），其他珠蚌超科和田螺科（Viviparidae）将另文报道。

　　西溪位于江苏省宜兴市芳庄镇溪东村，骆驼墩位于江苏省宜兴市新街镇塘南村。本区地处太湖西部宁镇山脉地带，该山脉位于长江下游江苏省境内，濒长江南岸，属低山、丘陵，以河、湖相发育为特征，地势平坦，海拔 0～10 米左右，主要为一级阶地及河漫滩组成。

　　下部沉积层为砂砾层，中、上部为全新统的砂质亚黏土夹淤泥或黏土质粉砂⑤。该地层中产大量的软体动物双壳类（Bivalvia）的篮蚬（*Corbicula*）和腹足类（Gastropoda）的环棱螺（*Bel-*

＊　本节由黄宝玉、朱祥根、蔡华伟、田名利执笔。原以《江苏省宜兴西溪、骆驼墩篮蚬与环棱螺研究》刊载于《海洋科学》2007 年第 31 卷第 9 期，依据材料以宜兴西溪遗址为主。第一作者黄宝玉，福建闽清人，女，中国科学院南京地质古生物研究所研究员，从事欧亚古今软体动物研究。特将原文收入本报告，以志纪念。

①　蔡华伟、黄宝玉、李玉成等：《从软体动物分布谈淮河及长江下游第四纪地层和古地理》，《地质学杂志》2002 年第 26 卷第 4期，第 253～259 页。黄宝玉、朱祥根、蔡华伟等：《江苏宜兴县骆驼墩、西溪遗址全新世软体动物》，《海洋科学》2005 年第29 卷第 8 期，第 84～94 页。

②　Heude R P. Conchyliologia fluvialile de la provine de Nanking et de la China Central. *Fasel 10 Paris*. Paris: Librairie F. Savy, 1875 –1886. 1 – 120.

③　许杰：《下蜀层之腹足类化石》，《中国古生物志（乙种）》1936 年第 6 卷第 3 期，第 32～33 页。

④　周明镇：《安徽五河县戚嘴第四纪淡水斧足类化石》，《古生物学报》1955 年第 3 卷第 1 期，第 73～82 页。刘月英、张文珍、王跃先：《太湖及其周围水域的双壳类》，《动物学报》1980 年第 26 卷第 4 期，第 365～369 页。Huang B Y, Lan X. Quaternary lamillibranch fauna province in East China and their characteristica. *Quaternary Geology and Environment of China*. Beijing: China Ocean Press, 1982. 101 – 104. Huang B Y, Yuan P X. Quaternary lamellibranchiate palaeogeography research, Jiangsu. *Stratigraphy and correlation of Quaternary sediment of Asia and Pacific region 2*. Vladivostok: Vladivoslok Press, 1988. 70 – 71. Huang B Y. Bivalves from Jiangsu region. IN. Jiangsu Province and their environmental significance. *Biota and Palaeoenvironment in Northem Jiangsu, China since 1000a BP*. Beijing; New York: Science Press, 2000. 76 – 82. 陈其羽、吴天惠：《长江下游（南京至江阴江段）软体动物的初步调查》，《贝类学论文集（1）》，科学出版社，1983 年，第 103～114 页。Pan H Z. Holocene gastropods from Jiangsu region. IN. Jiangsu Province and their environmental significance. *Biota and Palaeoenvironment in Northern Jiangsu, China since 1000a BP*. Beijing; New York: Science Press, 2000. 66 – 75, 93 – 99.

⑤　江苏省地质矿产局：《宁镇山脉地质志》，江苏科学技术出版社，1989 年，第 1～6、170～181 页。

lamya)，共生的有珠蚌（*Unio*）、楔蚌（*Cuneopsis*）、丽蚌（*Lamprotula*）、曲蚌（*Arconaia*）、矛蚌（*Lanceolaria*）、裂脊蚌（*Schistodesmus*）、帆蚌（*Hyriopsis*）及田螺（*Viviparus*）。此外还有植物、孢粉、昆虫等。

一、篮蚬、环棱螺的类群

（一）类群面貌

篮蚬：宜兴篮蚬 *Corbicula yixingensis* Huang et Cai，2005（彩版Ⅴ：1～4）；河篮蚬 *C. fluminea* Müller，1774（彩版Ⅴ：5、6）；拉氏篮蚬 *C. largillierti* Heude，1886（彩版Ⅴ：7、8）；高顶篮蚬 *C. celsusapica* Huang，1976（彩版Ⅴ：9、10）；塔卡篮蚬 *C. takasaga* Nomura，1933（彩版Ⅴ：11、12）；奥氏篮蚬 *C. obrutschewi* Sturany，1901（彩版Ⅵ：1、2）；篮蚬（未定种1）*C.* sp. 1；篮蚬（未定种2）*C.* sp. 2。

环棱螺：田螺型环棱螺 *B. viviparoides*（Hsu）1936（彩版Ⅵ：3～6）；方形环棱螺 *Bellamya quadrata*（Benson）1961（彩版Ⅵ：图7～10）。

（二）组合特征

本区篮蚬、环棱螺可分成4个组合类群：

（1）*Corbicula fluminea – Corbicula largillierti* 组合。这个组合类群地质历程长，适应性强，个体数量多，代表古老的类群；*C. fluminea* 化石最早发现于青海柴达木盆地第三系、台湾中西部的上新统苗栗组；*C. largillierti* 首见于内蒙古乌兰察布市四子王旗第三系上部，而后发现于陕西大荔下更新统，以及山西垣曲的下更新统、太谷盘道下更新统太谷组和丁村中更新统丁村组[1]。

（2）*Corbicula obrutschewi – Corbicula takasaga* 组合。早在1901年，Sturany[2]于河北张家口南岔道村附近下更新统发现 *C. obrutschwi*；1933年，Nomura[3]在台湾新竹上新统苗栗组中发现 *C. takasaga*，为上新统－下更新统的类群。有趣的是，中上更新统未发现本组合代表，可是到全新世时，宜兴的西溪、骆驼墩又出现本组合的代表。

（3）*Corbicula celsusapica – Corbicula yixingensis* 组合。本类群壳体厚而膨凸，轮廓呈高圆三角形，壳高大于壳长，壳顶宽大而高耸，铰板宽，壳顶腔深。*C. celsusapica* 曾发现于浙江湖州的上更新统，*C. yixingensis* 发现于全新统[4]，为长江下游江苏及浙江新生代晚期的特有种。

（4）*Bellamya quadrata – Bellamya viviparoides* 组合。*B. quadrata* 发现于江苏新沂上更新统，

---

① 顾知微、黄宝玉、陈楚震等：《中国的瓣鳃类化石》，科学出版社，1976年，第289～416页。黄宝玉、郭书元：《瓣鳃类》，《山西中南部晚新生代地层和古生物群》，科学出版社，1991年，第71～98页。周明镇：《软体动物化石》，《山西襄汾县丁村旧石器时代遗址发掘报告》，科学出版社，1958年，第81～96页。

② Sturany R W. A Obrutachew's mollusken aus beute aus Hochasien Denteseh K K. Akad. *Wissenseh Wien*, *Math Natur*, 1901, 70: 28－42.

③ Nomura S. Catalogue of the tertiary and quaternary mollusea from the island of Taiwan in the institute of geology and pa.eonlology. *Rept Tohoku Imp Univ*, ser 2, 1933, 16(1): 1－106.

④ Huang B Y, Yuan P X. Quaternary lamellibranchiate palaeogeography research, Jiangsu. *Stratigraphy and correlation of Quaternary sediment of Asia and Pacific region 2*. Vladivostok: Vladivoslok Press, 1988. 70－71. 江苏省地质矿产局：《宁镇山脉地质志》，江苏科学技术出版社，1989年，第1～6、170～181页。

B. viviparoides 发现于江苏句容上更新统下蜀组[①]。本组合在江苏宜兴、金坛全新世地层中极其丰富，与 *Corbicula takasaga*，*C. largillierti*，*Bellamya quadrate*，*B. viviparoides* 等组成贝壳层。

二、生态环境、分布及数量

（一）生态环境

篮蚬生长在河流、湖泊、池塘、水库、三角洲及江河入海口的淡水、半咸水中，水深 1～20 米，水质清浊不拘，pH 值为 7.5～8.2，水流缓慢或急；底质为泥沙、泥沙质黏土或黏土质粉砂均能生活。不同种类栖息的水深有很大区别，20 世纪 80 年代黄宝玉和张立[②]对云南滇池（又称昆明湖）、洱海、抚仙湖、茈碧湖等的软体动物种群、生态环境、地理分布进行了详细的调查，并采集标本。其采集方法除用彼得生底样采集器定点采集外，还用底拖网在湖内不同地段采集，并观察记录采集点和下网地段的水深、水质、透明度、底质性质、地质、水草分布和环境要素；采集到的软体动物有双壳类珠蚌科（Unionidae）、无齿蚌亚科（Anodontinae）的属种，还有大量的蚬科（Corbiculidae）标本。由此而知，*Cobicula fluminea*（Müller）在水深、水浅的水域均能生活。滇池为浅水湖，最大深度仅 6 米，在滇池海埂水深 2.5 米处 *C. flummea* 非常多，而且壳体较大，呈圆三角形，壳高与壳长近乎相等，壳面深褐色或深黄绿色。洱海为中深湖泊，最大深度为 20 米，其南部仅 6 米，*C. fluminea* 在 1～3 米处最多，在 10 米处还有，但较少。抚仙湖为深水湖，其最深为 155 米，湖边较陡，*C. flaminea* 很少。

Bellamya quadrata（Benson）大多在湖底匍匐生活，一般在水深 1～6 米处较多，稍深处也有，但都不超过 10 米。在滇池 1～3 米处 *B. quadrata*（Benson）最多，湖心处也有见及。在洱海栖息范围广，东岸的海印、康廊、双廊水深 3 米以上较多，西岸自岸边至 6 米处也有[③]。抚仙湖较少。

（二）分布

1. 垂直分布

垂直分布是指地质时期的分布，*Corbiula fluminea*，*C. largillierti*，*C. obrutschewi*，*C. takasaga* 发现于下更新统；*C. yixingensis* 只在宜兴全新统发现；*C. celsusapica*，*Bellamga quadrata*，*B. viviparoides* 分布于上更新统。

2. 横向分布

横向分布指的是地理分布，*C. fluminea* 在中国东北、华北、西北、华南各地河流、湖泊、江

① 黄宝玉、朱祥根、蔡华伟等：《江苏宜兴县骆驼墩、西溪遗址全新世软体动物》，《海洋科学》2005 年第 29 卷第 8 期，第 84～94 页。

② 刘月英、张文珍、王跃先等：《中国经济动物志：淡水软体动物》，科学出版社，1979 年，第 68～132 页。黄宝玉、张立：《云南洱海、茈碧湖淡水瓣鳃类》，《中国科学院南京地理研究所集刊（2）》，科学出版社，1984 年，第 36～46 页。黄宝玉、张立：《云南滇池淡水鳃类动物群》，《贝类学论文集（第二辑）》，科学出版社，1986 年，第 171 页。黄宝玉、张立：《软体动物》，《云南断陷湖泊环境与沉积》，科学出版社，1989 年，第 51～54 页。黄宝玉、王惠基、张立：《云南昆明参一井第三纪晚期—第四纪软体动物的研究》，《贝类学论文集（第二辑）》，科学出版社，1986 年，第 128～135 页。黄宝玉、张立：《云南滇池和洱海蚌类（Unionids）分布与环境》，《贝类学论文集（第三辑）》，科学出版社，1990 年，第 69～75 页。黄宝玉、张立：《瓣鳃类》，《云南断陷湖泊环境与沉积》，科学出版社，1989 年，第 235～240、401～403 页。

③ 张立：《云南洱海湖晚全新世腹足类的平面分布和垂直分布》，《贝类学论文集（第一辑）》，科学出版社，1983 年，第 191～196 页。张立：《腹足类》，《云南断陷湖泊环境与沉积》，科学出版社，1989 年，第 232～235 页。

河入海的河口处均有发现，如福建闽江马尾交汇处等；此外，在日本、朝鲜、东南亚、俄罗斯及东欧也有分布，是广布种。*C. largillierti* 主要分布于中国长江以南的太湖、洞庭湖、鄱阳湖以及与其相通的河流内，现生种为中国长江以南的特有种，化石种为中国长江以北特有种。

（三）　数　量

西溪、骆驼墩遗址的 *Corbicula* 属计有 6 种，其中 2 个未定种可能是新种，尚待进一步研究。*Bellamya* 属只有 2 种，虽然属种类型不多，可是个体数量极多。彼此聚集，重叠成层（图一八一）。

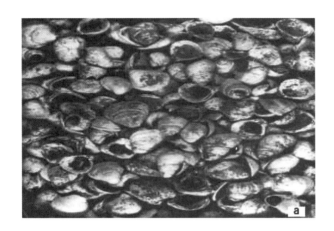

图一八一　骆驼墩遗址 *Corbicula* 与西溪遗址 *Bellamya* 聚集图
a. 骆驼墩 *Corbicula*　　b. 西溪 *Bellamya*

在北纬 31°26′，东经 119°35′的西溪村开采坑内呈现 3 层贝壳层（图一八二），最厚约 60 厘米，最薄仅 10 厘米。

图一八二　西溪遗址 *Corbicula* 与 *Bellamya* 成层图

顶部的贝壳层距地表约 60～90 厘米，在这三层贝壳层之间，夹有黄褐色黏土层。贝壳层中以 *Corbicula* 为主，其数量超过总数量的 95%，甚至可达 99%。根据初步统计，*C. largillierti* 最多，约占 30%；其次为 *C. fluminea*，占 20%；再次为 *C. takasaga* 与 *C. ohrutschewi*，各占 15%；*C. celsusapica*，

C. yixingensis 和 *C.* sp. 1 三者总数约占 15%；*Bellamya quadrata* 和 *B. viviparoides* 占 5%。西溪和骆驼墩 *Corbicula* 与 *Bellamya* 丰度见表五。

表五   西溪和骆驼墩 *Coricula* 与 *Bellamya* 的数量示意

种类名称	丰 度	
	西 溪	骆驼墩
Corbicula flnminea Müller	＋＋	＋＋
Corbicula largillierti Heude	＋＋＋	＋＋
Corbicula takasaga Nomura	＋＋	
Corbicula obrutschewi Sturany	＋＋	＋＋
Corbicula celsusapica Huang	＋	
Corbicula yixingensis Huang et Cai	＋	
Corbicula sp. 1 *et* sp. 2	＋＋	＋＋
Bellamya quadrata（Benson）	＋	＋＋＋
Bellamya viviparoides（Hsu）	＋	＋＋＋

注：＋稀少；＋＋较丰富；＋＋＋极丰富

三、结语

（1）西溪与骆驼墩地理位置相差不大，自然区划上属同一区，均为内陆淡水湖泊，为北纬 34°83′，东经 119°47′。但西溪湖盆较大较深，骆驼墩较小而浅，二者的生态环境略有差别。因此所产的 *Corbicula* 和 *Bellamya* 种类数量、组合特征略有不同。西溪 *Corbicula* 种类和个体数量多于骆驼墩，而骆驼墩 *Bellamya* 个体数量多于西溪，这说明西溪的湖盆生态环境适合 *Corbicula* 生活，骆驼墩的生态环境更适合 *Bellamya* 生存繁衍，但在全新世早期，这两个水域曾有过联系沟通，以后成为分割的湖盆。距今 7000 年以来，该湖盆进一步缩小、干涸，当时水域地带现已成陆地。

（2）*Corbicula fluminea* 地质历程长，从第三纪至现代均有，在中国各地淡水、略咸的水域均能生活，日本、朝鲜东南和俄罗斯均有，是适应性很强的广布优势种。*C. largillierti* 的化石仅分布于中国东北的第三系、华北的更新统、宜兴的全新统。现生种在长江下游以南太湖、鄱阳湖、洞庭湖及其相通的河流均有，是中国的特有种。*C. takasaga*、*C. obrutschewi* 出现于第三纪的晚期至第四纪早期，而后于全新世中、晚期又有存在，在现今湖泊、河流中尚未发现。*C. celsusapica* 和 *C. yixingensis* 在西溪的全新世虽有见及，但个体数量很少，是稀有种。*Bellamya quadrata* 从第四纪晚期至现在均有，是中国优势种。

（3）*Corbicula largillierti* 在第三纪晚期起源于中国内蒙古，早更新世时向西部的陕西、山西迁移，到全新世时在宜兴大量发育。*C. fluminea* 第三纪时起源于中国西部的柴达木盆地，第四纪向东迁移，经山西、河南直到宜兴，全新世时期极其繁盛。这说明上述二种在宜兴繁盛繁衍后，向长江以南的河流湖泊迁移、扩展，如 *C. fluminea* 还向东南亚迁移、散布，曾发现于东南亚、日本、朝鲜。东欧的 *C. fluminea* 现生种，可能源自中国。

（4）从西溪挖掘的三层贝壳层（见图一八二）可以推断：全新世时该湖盆经过湖泊盛期→干涸期→再盛期→再衰退干涸→再次盛期，这说明全新世中、晚期本湖盆有三次盛期、两次干涸的交替过程。

（5）根据 *Corbicula* 与 *Bellamya* 类群面貌、组合特征、地质历程、纵横向分布及化石埋存状态，以及对 *C. yixingensis*、*C. largillierti* 和 *B. quadrata* 贝壳的[14]C 同位素测定，其时代距今约为 7000 ~ 6000 年，应归为全新世中、晚期。

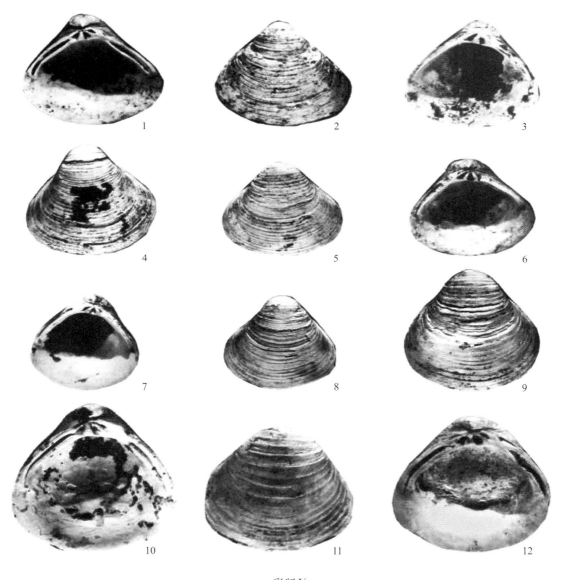

彩版 V

1 ~ 4. 宜兴篮蚬 *Corbicula yixingensis* Huang et Cai：1. 右壳内视，2. 右壳，均×1.5；3. 右壳内视．4. 右壳，均×1.5。5、6. 河篮蚬 *Corbicula fluminea* Müller：5. 右壳，6. 右壳内视，均×1.5。7、8. 拉氏篮蚬 *Corbicula largillierti* Heude：7. 右壳内视，8. 右壳，均×1.5。9、10. 高顶篮蚬 *Corbicula celsusapica* Huang：9. 右壳，10. 右壳内视，均×3。11、12. 塔卡篮蚬 *Corbicula takasaga* Nomura：11. 右壳，12. 右壳内视，均×3。

彩版Ⅵ

1、2. 奥氏篮蚬 *Corbicula obrutschewi* Sturany：1. 右壳，2. 右壳内视，均×1.5。3～6. 田螺型环棱螺 *Bellamya vivipa-roides*（Hsu）：3. 口视，4. 背视，均×1.5；5. 口视，6. 背视，均×2.5。7～10. 方形环棱螺 *Bellamya quadrata*（Benson）：7. 口视，8. 背视，均×1.5；9. 背视，10. 口视，均×2。

彩版说明：标本均采自江苏省宜兴西溪、骆驼墩，保存在中国科学院南京地质古生物研究所标本馆。

第四节　地层孢粉研究 *

　　新石器时代遗址地层蕴含了丰富的人地相互作用和复杂关系的信息，是全新世环境变化研究中重要的研究材料之一①。孢粉分析作为研究过去环境与人类活动的重要科学手段，已经在长江三角洲地区史前环境考古研究中得到了广泛应用。诸多研究结果②表明，对该地区孢粉的研究可以很

＊　本节由南京大学地理与海洋科学学院汪程鹏、马春梅执笔。

①　朱诚、郑朝贵、马春梅等：《对长江三角洲和宁绍平原一万年来高海面问题的新认识》，《科学通报》2003 年第 23 期，第 2428～2438 页。朱诚、郑朝贵、马春梅等：《长江三峡库区中坝遗址地层古洪水沉积判别研究》，《科学通报》2005 年第 20 期，第 58～68 页。

②　马春梅、田名利：《江苏溧阳神墩遗址地层的孢粉记录研究》，《微体古生物学报》2010 年第 27 卷第 1 期，第 67～76 页。萧家仪、吕海波、丁金龙等：《江苏绰墩遗址马家浜文化期的孢粉组合和环境意义》，《微体古生物学报》2006 年第 3 期，第 303～308 页。Zong Y, Chen Z, Innes J B, et al. Fire and flood management of coastal swamp enabled first rice paddy cultivation in east China. *Nature*, 2007, 449 (7161): 459 – 462. Zhao C, Mo D, Yuxiang J, et al. A 7000 – year record of environmental change: Evolution of Holocene environment and human activities in the Hangjiahu Plain, the lower Yangtze, China. *Geoarchaeology*, 2023, 38 (3): 335 – 350. Zhang Y, Ye W, Ma C, et al. Middle to late Holocene changes in climate, hydrology, vegetation and culture on the Hangjiahu Plain, southeast China. *Journal of Paleolimnology*, 2020, 64: 211 – 223.

好地揭示人类活动与自然环境之间的相互作用过程和机制。环太湖地区平原广阔，河湖众多，适合史前人群生存。史前人群定居的时间跨度主要在 7 ka ~ 3 ka BP.，并形成了马家浜文化→崧泽文化→良渚文化→钱山漾文化/广富林文化→马桥文化较为完备的发展序列。在太湖西部平原区以马家浜文化时期（7 ka ~ 5.8 ka BP.）遗址最具代表性，多分布在茅山山脉、宜溧山地、天目山脉等低山丘陵向太湖平原逐渐过渡的地区（图一八三），其文化遗存以平底釜为主要特征，明显区别于以圜底釜为主要特征的太湖东部文化遗存[1]。

前人已针对太湖西部地区开展过一定的环境演变与环境考古的研究工作。马春梅等[2]研究了溧阳神墩遗址地层的孢粉记录，认为神墩遗址约 7 ka BP. 以前周围主要生长常绿和落叶阔叶混交林，马家浜早晚期间植被变化指示出暖湿—凉干—暖湿的气候条件；舒军武等[3]认为 8 ~ 3.9ka BP.，该区域植被为亚热带常绿阔叶林，标志着大暖期鼎盛阶段的暖湿气候；邓泽宇等[4]分析证明了骆驼墩遗址外围植被在 7.5 ka BP. 时受到人为干扰，在 6.5 ka BP. 时被大肆破坏，持续的森林砍伐使得原生常绿和落叶阔叶混交林在 4.8 ka BP. 被完全清除；羊向东等[5]同样认为在固城湖区域内 7 ka ~ 6.4 ka BP. 间栽培作物的花粉就已介入，自然植被也受到影响；但陈炜等[6]虽然也认为约 9 ka BP. 时，长江中下游地区出现了以青冈和栎树为主的常绿和落叶阔叶混交林，但直到 3 ka BP. 之后，陆地草本和蕨类、藻类等植物才取代了阔叶林，表现出人类对植被变化产生的重大影响。前人研究表明，太湖西部乃至长江下游区域自然区和遗址区植被演化存在差异性，但其起始时间、作用方式、影响程度等科学问题仍不清楚，有待更深入的研究。

西溪遗址是太湖西部地区马家浜时期的代表性遗址之一，2003 年 5 至 7 月和 2003 年 9 月至 2004 年 1 月，南京博物院考古研究所等单位对该遗址进行了两次发掘，发掘总面积 1068.6 平方米[7]。主要遗存年代为距今 7000 ~ 5800 年，属于马家浜文化时期。已有文献从遗址发掘情况[8]、动物考古与生业情况[9]和贝丘遗址遥感考古[10]等方面入手研究西溪遗址，但涉及遗址及区域环境演变，特别是植被变化情况方面的研究缺乏，对于西溪先民生存环境的理解仍然模糊。

① 林留根、郭伟民、王巍等：《骆驼墩文化遗存与太湖西部史前文化（上）》，《东南文化》2011 年第 6 期，第 6 ~ 15 页。
② 马春梅、田名利：《江苏溧阳神墩遗址地层的孢粉记录研究》，《微体古生物学报》2010 年第 27 卷第 1 期，第 67 ~ 76 页。
③ 舒军武、王伟铭、陈炜：《太湖平原西北部全新世以来植被与环境变化》，《微体古生物学报》2007 年第 2 期，第 210 ~ 221 页。
④ Deng Z, Ma C, Wu L, et al. Asynchronous destruction of marsh and forest in Neolithic age: An example from Luotuodun site, Lower Yangtze. *Frontiers in Earth Science*, 2023, 11: 1143231.
⑤ 羊向东、王苏民、童国榜：《江苏固城湖区一万多年来的孢粉植物群及古季风气候变迁》，《植物学报》1996 年第 7 期：第 576 ~ 581 页。
⑥ Chen W, Song B, Shu J W, et al. Vegetation history with implication of climate changes and human impacts over the last 9000 years in the Lake Nanyi area, Anhui Province, East China. *Palaeoworld*, 2021, 30(3): 583 – 592.
⑦ 田名利、谈国华、徐建清等：《江苏宜兴西溪遗址发掘纪要》，《东南文化》2009 年第 5 期，第 59 ~ 62 页。
⑧ 田名利、谈国华、徐建清等：《江苏宜兴西溪遗址发掘纪要》，《东南文化》2009 年第 5 期，第 59 ~ 62 页。徐建清：《宜兴西溪遗址试掘简报》，《东南文化》2002 年第 11 期，第 6 ~ 10 页。
⑨ 黄宝玉、朱祥根、蔡华伟等：《江苏宜兴骆驼墩、西溪遗址全新世软体动物》，《海洋科学》2005 年第 29 卷第 8 期，第 86 ~ 96 页。宋艳波：《马家浜文化早期的生业经济研究——以动物考古学为视角》，《东南文化》2017 年第 5 期，第 72 ~ 77 页。宋艳波：《马家浜文化中晚期的生业经济研究——以动物考古学为视角》，《东南文化》2019 年第 5 期，第 47 ~ 55 页。宋艳波、田名利：《江苏宜兴西溪新石器时代遗址脊椎动物研究报告》，《海岱考古（第九辑）》，科学出版社，2016 年，第 335 ~ 357 页。
⑩ 田庆久：《江苏西溪贝丘遗址的高光谱遥感考古研究》，《遥感信息》2007 年第 1 期，第 22 ~ 25、104 页。

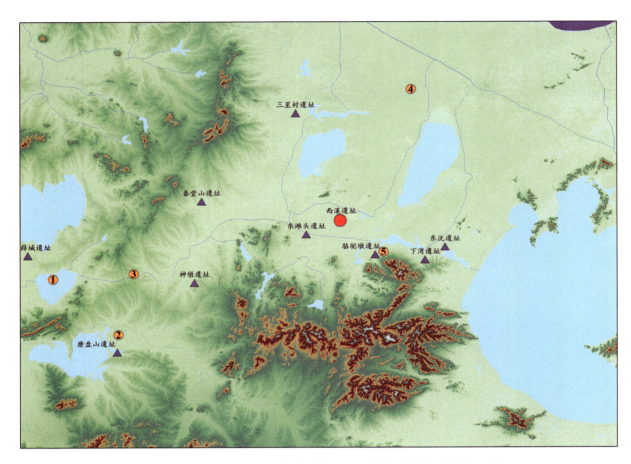

图一八三   太湖西部地区马家浜时期遗址和开展孢粉研究的钻孔/剖面
①：固城湖 GS–1 钻孔[③]；②：南漪湖 NYH1[④]；③：高淳剖面[⑤]；④：卜弋桥 ZK01[⑥]；⑤：骆驼墩 LTD–12[⑦]

本文通过对太湖西部代表性的马家浜时期遗址——西溪遗址的 20 个地层孢粉样品进行分析，结合考古断代和 AMS [14]C 测年数据，讨论西溪遗址植被景观、生存环境及人类活动情况，厘清以西溪遗址为代表的太湖西部地区马家浜时期遗址的环境特征。

一、研究区概况

西溪遗址位于江苏宜兴芳庄镇溪东行政村西村自然村（北纬 31°26′44.7″，东经 119°35′8.15″）（图一八三），处于宜溧低山丘陵和茅山山脉丘陵向太湖平原逐渐过渡临近太湖的平原地带，属于北亚热带季风性湿润气候，四季分明，雨热同期，水热条件好。年平均降水量 1159.2 毫米，汛期

---

① 羊向东、王苏民、童国榜：《江苏固城湖区一万多年来的孢粉植物群及古季风气候变迁》，《植物学报》1996 年第 7 期，第 576 ~ 581 页。

② Chen W, Song B, Shu J W, et al. Vegetation history with implication of climate changes and human impacts over the last 9000 years in the Lake Nanyi area, Anhui Province, East China. *Palaeoworld*, 2021, 30(3): 583 – 592.

③ Yao F, Ma C, Zhu C, et al. Holocene climate change in the western part of Taihu Lake region, East China. *Palaeogeography, Palaeoclimatology, Palaeoecology*, 2017, 485: 963 – 973.

④ 舒军武、王伟铭、陈炜：《太湖平原西北部全新世以来植被与环境变化》，《微体古生物学报》2007 年第 2 期，第 210 ~ 221 页。

⑤ Lu F, Ma C, Zhu C, et al. Variability of East Asian summer monsoon precipitation during the Holocene and possible forcing mechanisms. *Climate Dynamics*, 2019, 52: 969 – 989.

从 5 月延伸至 9 月且集中了全年 60% 的降水量，6 月平均降雨量最大。研究区冬季的主导风向为西北风，夏季主要以湿润的东南季风为主，基本不受来自印度洋的西南季风影响。研究区年无霜期约 230 天，高温期为 6～9 月，气候以四季变化分明为主要特征，冬、夏季节延续时间长，春、秋季短。年日照时数平均为 1855 小时，年平均气温 17.1℃。

研究区南部被皖南山地丘陵、黄山、天目山等山区的森林所覆盖，北部的茅山地表同样是茂密的林木，以原生天然林为主，属于北亚热带常绿阔叶林。其他区域的地带性植被中原生植被所占比例较小，多为农作物或人造林，其中西部地表以面积广阔的湖泊和耕地为主。

二、材料与方法

（一）地层与采样

2003 年考古发掘过程中，在考古队协助下，对 T2221 等四方南壁西侧剖面（图一八四）采取 17 个土样，个别土样采自本探方北壁西侧（图一八五）和东壁北侧（图一八六）探方统一地层。通过考古断代和 AMS^{14}C 测年数据（表六、七），可以划分第⑪、⑩层为生土、次生土层；第⑨层至⑦层为马家浜早期，距今约 7000～6400 年；第⑥a 层至 F1 为马家浜晚期，距今约 6400～5800 年；第①层为耕土层。地层划分和描述如下：

第①层为耕土层，深灰色土，土质疏松。F1、F3 红烧土堆积开始出露，距今为 5800 年。

第②层可分为②a、②b、②c、②d 等亚层，其中②b 层及以下均为马家浜时期堆积。②b 层为蚬蚌螺蛳壳类堆积层，夹有少量黑褐色泥土和较为破碎的陶片；②c 层为黄土，质地疏松；②d 层为蚬蚌螺蛳壳类堆积层。距今约 6000～5800 年。

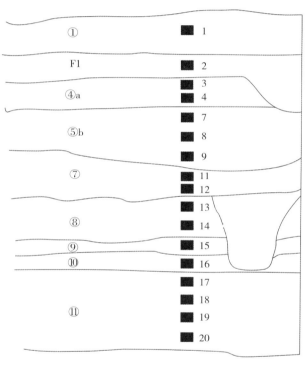

图一八四　西溪遗址 T2221 等四方南壁西侧剖面采样位置示意图

第③层为蚬蚌螺蛳壳类堆积层，距今约 6000 年。

第④层分为④a、④b 等亚层，其中④a 层为黄灰色土，土质较硬，夹有少量的红烧土颗粒；④b 层为蚬蚌螺蛳壳堆积层，堆积紧密，夹有少量泥土和红烧土颗粒。距今约 6200～6000 年。

第⑤层分为⑤a、⑤b、⑤c 等亚层，其中⑤a 层为蚬蚌螺蛳壳堆积层，局部堆积形成一层蚬蚌螺蛳壳一层泥土的夹层，堆积相对较为疏松。距今约 6200～6000 年。⑤b 层为黄灰色土，夹有少量的红烧土颗粒，土质较硬。距今约 6200 年。

第⑥层为蚬蚌螺蛳壳堆积层，堆积较为疏松，局部堆积形成一层蚬壳一层泥土的夹层。距今约 6400～6200 年。

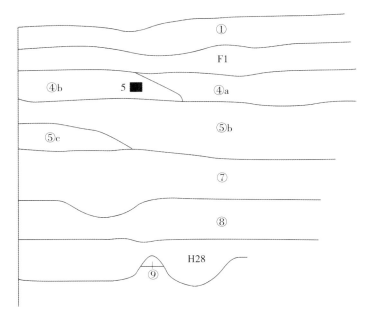

图一八五　西溪遗址 T2221 等四方北壁西侧剖面采样位置示意图

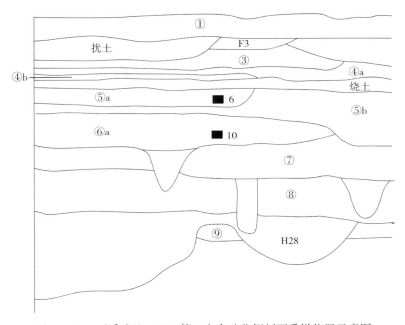

图一八六　西溪遗址 T2221 等四方东壁北侧剖面采样位置示意图

　　第⑦层为灰土层，夹有少量的红烧土颗粒，砂性强，较疏松，遍布发掘区。距今约 6700~6400 年。

　　第⑧层为灰黄色土，夹有少量红烧土颗粒，砂性大，土质稍松，堆积较广。距今约 6700~6400 年。

　　第⑨层为花白色土，夹有少量的铁、锰结核。土质较为致密，砂性强，土质较纯净，仅有零星陶片出土，接近次生土。距今约 7000~6700 年。

　　第⑩层、⑪层为灰褐色生土，土质致密坚硬，纯净无出土物。距今约 7000 年。

表六　　　　　　　　　　　　　　　　孢粉分析样品编号

序号	样品编号	质量（克）	备注
1	T2221 等四方①：1	30	
2	T2221 等四方①层下 F1：1	30	
3	T2221 等四方④a：1	30	
4	T2221 等四方④a：2	30	
5	T2221 等四方④b：1	30	
6	T2221 等四方⑤a：1	30	螺蛳壳层中夹土
7	T2221 等四方⑤b：1	30	
8	T2221 等四方⑤b：2	30	
9	T2221 等四方⑤b：3	30	
10	T2221 等四方⑥a：1	30	螺蛳壳层中夹土
11	T2221 等四方⑦：1	30	
12	T2221 等四方⑦：2	30	
13	T2221 等四方⑧：1	30	
14	T2221 等四方⑧：2	30	
15	T2221 等四方⑨：1	40	
16	T2221 等四方⑩：1	40	
17	T2221 等四方⑪：1	30	
18	T2221 等四方⑪：2	30	
19	T2221 等四方⑪：3	30	
20	T2221 等四方⑪：4	30	

表七　　　　　　　　　　　　　西溪遗址 AMS ^{14}C 测年数据

实验室编号	样品	地层位置	^{14}C 年代（BP）	树轮校正后年代（BC）	
				1σ（68.2%）	2σ（95.4%）
BA05806	木炭	T3220 ④层	4970±40	3795 BC（68.2%）3700 BC	3940 BC（7.8%）3870 BC 3810 BC（87.6%）3650 BC
BA05807	木炭	T2217 ⑧层	5920±40	4850 BC（13.8%）4820 BC 4810 BC（29.1%）4770 BC 4760 BC（25.3%）4720 BC	4910 BC（6.5%）4870 BC 4860 BC（88.9%）4710 BC
BA05808	木炭	F1	4850±40	3700 BC（54.4%）3630 BC 3560 BC（13.8%）3530 BC	3710 BC（68.3%）3620 BC 3590 BC（27.1%）3520 BC

（二）实验方法

孢粉的鉴定和统计均完成于南京大学地理与海洋科学学院孢粉鉴定室，使用 10×40 倍的蔡司（ZEISS）光学显微镜鉴定。孢粉鉴定到科或属，禾本科统计标准以 38 微米为界限，粒径 >38 微米的禾本科一般被认为是来自人工种植的农作物[①]。孢粉鉴定主要参考《中国第四纪孢粉图鉴》《中国植物花粉形态》《中国热带亚热带被子植物花粉形态》《中国常见的湿生维管束植物孢粉形态》以及保存在南京大学地理与海洋科学学院孢粉鉴定室的现代样片。藻类统计与孢粉鉴定同时进行。

孢粉图谱由 Tilia 2.0.4 软件完成，孢粉总数为陆生高等植物总数，以此为基数计算百分含量。水生植物、蕨类和藻类百分含量基于陆生植物总数 + 水生植物和蕨类进行计算。主成分分析（PCA）通过 Canoco 4.5 软件完成。

三、结果与分析

西溪遗址地层孢粉含量及浓度都较高，其所含植物种属也比较丰富，孢粉鉴定结果分属于 50（科）属，孢粉类型包括：裸子植物主要是 *Pinus*（松属）和 Cupressaceae（柏科）；被子乔木和灌木有 *Cyclobalanopsis*（青冈属）、*Quercus*（栎属）、*Ulmus*（榆属）、*Juglans*（胡桃属）、*Pterocarya*（枫杨属）、*Liquidambar*（枫香属）和 Rosaceae（蔷薇科）等；草本植物有 Fabaceae（豆科）、*Humulus*（葎草属）、Poaceae（禾本科）、Cruciferae（十字花科）、Ranunculaceae（毛莨科）、Chenopodiaceae（藜科）、*Taraxacum*（蒲公英属）、Cyperaceae（莎草科）和 *Typha*（香蒲属）等；蕨类植物有 Gleicheniaceae（里白科）、Monoletes（单缝孢）和 Triletes（三缝孢）等；以及 *Concentricystes*（环纹藻属）等藻类植物。

（一）孢粉组合特征

根据剖面中孢粉鉴定的数量变化和环境指示意义进行初步分组排序（乔灌木组、陆生草本植物组、湿水生草本植物组和蕨类植物组），做出该遗址地层的孢粉百分比图谱（图一八七）和孢粉浓度图谱（图一八八）。由孢粉图谱可以看出：

（1）带 1（生土层，⑪、⑩层，样品 20～16）：乔灌木花粉略少于陆生草本植物，乔灌木花粉平均百分含量为 45.6%，是乔灌木植物含量最高的带，主要为枫杨（26.1%）和柏（10.4%）等科（属）植物的花粉，此带枫杨含量略低于其他带，但柏科、檵木含量最高。陆生草本植物花粉占 54.4%，毛莨（32.9%）、豆科（11%）和葎草（5.9%）占主导地位。湿水生草本植物孢粉和蕨类植物孢子含量极低。

（2）带 2（马家浜早期文化层，⑨～⑦层，样品 15～11）：乔灌木花粉少于陆生草本植物，乔灌木花粉平均百分含量为 35.9%，主要为枫杨（29.5%）和少量蔷薇（1.7%）、青冈（1.4%）和松属（1.2%）等科（属）的植物花粉，此带枫杨含量较高。陆生草本植物花粉占 64.1%，毛

---

① 王学丽、李月丛、许清海等：《安阳地区不同农业单元表土花粉组合及空间分异》，《科学通报》2010 年第 55 卷第 19 期，第 1914～1923 页。

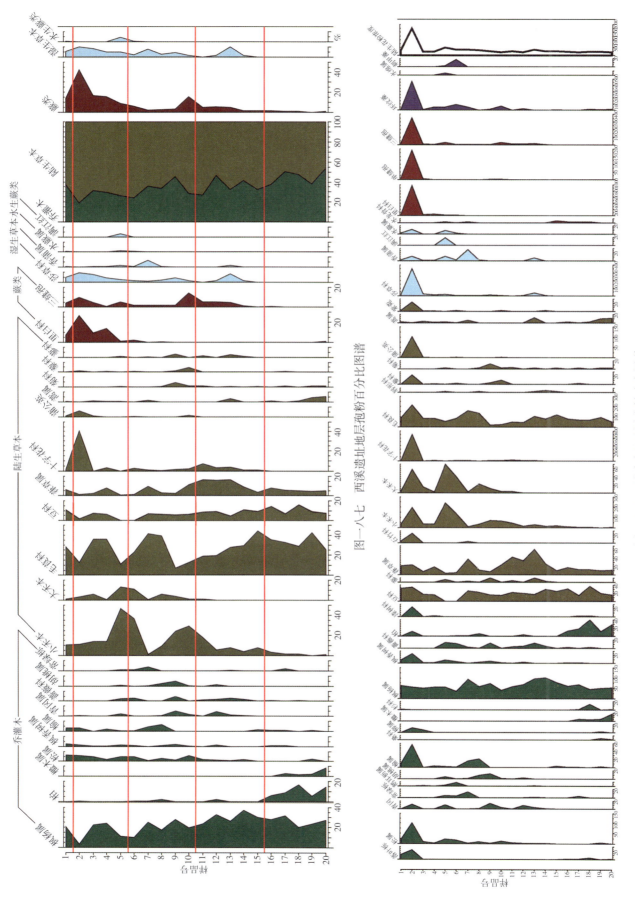

图一八七 西溪遗址地层孢粉百分比图谱

图一八八 西溪遗址地层孢粉浓度图谱

茛（27.2%）、莋草（12.9%）、禾本科（9.2%）和豆科（8.4%）占主导地位，禾本科含量明显高于上一阶段但仍然较低，且以小禾本为主。湿水生草本植物孢粉和蕨类植物孢子含量有所升高，但仍处于较低值，以莎草和三缝孢为主，还有少量环纹藻等藻类植物。

（3）带3（马家浜晚期文化层，⑥、⑤层，样品10～6）：乔灌木花粉少于陆生草本植物，乔灌木花粉平均百分含量为33.4%，主要为枫杨（19.9%）和少量松属（3.2%）、榆属（2.6%）、胡桃（1.6%）、蔷薇（1.5%）和青冈（1.4%）等科（属）的植物花粉。陆生草本植物花粉占66.6%，毛茛（22.1%）、禾本科（14.4%）、莋草（5.5%）和豆科（5.3%）占主导地位，禾本科含量升高，但其他各草本植物花粉含量少于上一阶段。湿水生草本植物孢粉和蕨类植物孢子含量大幅升高，以三缝孢、莎草和香蒲为主，并且有大量环纹藻等藻类植物。

（4）带4（马家浜晚期文化层，④～②层，样品5～2）：乔灌木花粉远少于陆生草本植物，乔灌木花粉平均百分含量为26.5%，为全带中最低，其中主要为枫杨（14.8%）和松属（4.3%）等科（属）的植物花粉，其余种属含量均极低。陆生草本植物花粉占73.5%，禾本科（29.4%）、毛茛（23%）、十字花科（10.4%）、豆科（3.7%）和莋草（2.9%）为主要种类，其中禾本科含量达到峰值，毛茛含量依然占优，十字花科含量（尤其在样品2中）陡然升高。湿水生草本植物孢粉和蕨类植物孢子含量也上升至峰值，以里白、三缝孢和莎草为主，环纹藻等藻类植物依然保持较高含量。

（5）带5（表土层，①层，样品1）：陆生草本植物含量有所降低但依然高于乔灌木，乔灌木花粉百分含量为37.8%，主要为枫杨（20.5%）和松属（6.6%）等科（属）的植物花粉。陆生草本植物花粉占62.2%，毛茛（28.5%）、禾本科（11.9%）和豆科（10.6%）占主导地位。湿水生草本植物孢粉和蕨类植物孢子含量也大幅减少，以里白、莎草和三缝孢为主，仅有少量环纹藻等藻类植物。

（二）孢粉主成分分析

主成分分析（Principal Component Analysis，简称PCA）作为一种典型的数据统计方法，主要通过正交变换将一组可能存在相关性的变量转换为一组线性不相关的变量，转换后的彼此不相关的变量即为主成分。本文基于平均含量最高的12种植物种属进行的PCA分析，在反映孢粉组合特征的同时可以反映主要植被变化（图一八九）。

分析结果表明，四个主成分分别解释了植被群变化的48.65%、16.65%、13.64%和8.23%，累积解释变量达到87.16%。第一主轴解释变量达到48.65%，故着重探讨第一主轴的指示意义。

位于第一主轴正向的乔灌木植物科属有松属和榆属，草本植物有禾本科（大禾本与小禾本）和十字花科以及蕨类植物里白和三缝孢。位于第一主轴负轴的乔灌木植物科属有柏、枫杨和豆科，草本植物有毛茛和莋草。总体来讲，第一主轴正向主要是指示人类活动的伴人花粉，不仅有指示栽培作物的大禾本（Cereal）和指示田间杂草的小禾本[Poaceae（<38微米）]，还有指示人类活动的十字花科花粉和偏湿地环境的蕨类植物。负向主要分布着原生乔灌木，因此第一主成分可解释为人类活动强度，且正轴指示人为干扰，负轴指示非人为因素。

将PCA1（第一主轴）得分与遗址地层乔灌木/陆生草本孢粉作对比（图一九〇）可以发现：

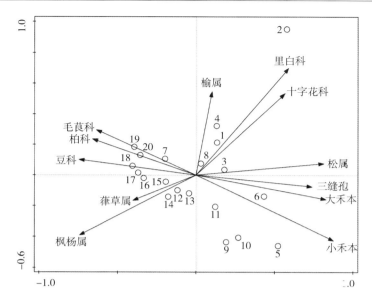

图一八九 西溪遗址地层孢粉属种主成分分析结果

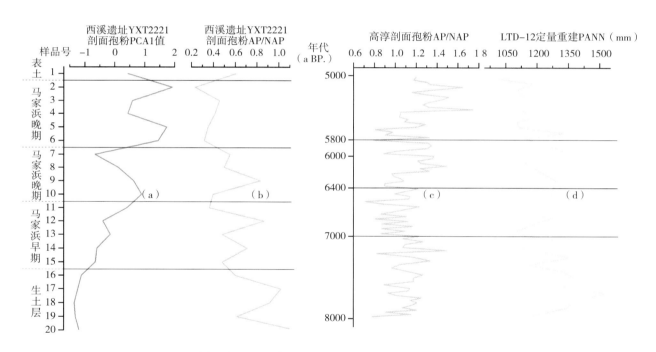

图一九〇 西溪遗址地层孢粉记录与其他记录对比

（a）西溪遗址地层孢粉 PCA1 值；（b）西溪遗址地层孢粉乔灌木与陆生草本孢粉比值；（c）高淳剖面乔灌木与陆生草本孢粉比值[1]；（d）LTD-12 钻孔年降水量重建结果[2]

在西溪遗址兴起之前，地区人类活动强度很低，乔灌木植被保持着较高水平；在马家浜早期，人类活动强度有着明显加强趋势，与此同时乔灌木/陆生草本略有降低；在马家浜晚期，尤其是对应

① Yao F, Ma C, Zhu C, et al. Holocene climate change in the western part of Taihu Lake region, East China. *Palaeogeography, Palaeoclimatology, Palaeoecology*, 2017, 485: 963 - 973.

② Lu F, Ma C, Zhu C, et al. Variability of East Asian summer monsoon precipitation during the Holocene and possible forcing mechanisms. *Climate Dynamics*, 2019, 52: 969 - 989.

着⑤a 文化层的时期以来，人类活动强度达到高峰，乔灌木/陆生草本也降至最低值。综上所述，将 PCA 分析结合孢粉组分含量变化可以揭示西溪遗址兴起前到逐步兴起、发展的时期内，人类活动对植被景观的改造，尤其是对乔灌木植被的利用、破坏程度的增强。

四、讨论与结论

（一）西溪遗址的植被历史和人类活动

西溪遗址地层孢粉分析结果，揭示了遗址区自马家浜文化兴起前至马家浜文化晚期的植被历史。生土层中的孢粉显示，植被类型为常绿和落叶阔叶混交林，枫杨、柏、榉木等科（属）植被含量较高，草本以毛茛、豆科、莎草为主，这与附近高淳剖面自然沉积的孢粉分析同期结果相匹配①［图一九〇（c）和图一九一］，指示着暖湿的气候环境。自西溪遗址兴起后，植被环境中乔灌木组分整体显著下降，这与自然沉积中记录的植被变化不同，高淳剖面孢粉分析显示了同期稳定且较高的乔灌木花粉含量占比，并在马家浜文化晚期末段甚至有所上升。

结合地层孢粉主成分分析结果和以禾本科为代表的陆生草本含量变化，我们可以推测，在马家浜文化发展期，西溪遗址区域的人类活动对植被景观有显著的改造，尤其是对乔灌木植被的利用、破坏程度呈现逐步增强的迹象，这与骆驼墩外围孢粉记录②的情况相一致，并且这种人为干扰很可能是以增强农业活动为目的的。

（二）西溪遗址的环境变化与文化发展

西溪遗址的地层孢粉不仅记录了以禾本科为主的陆生草本植物含量持续上升，也明显表现出马家浜文化晚期里白等蕨类、莎草和香蒲等湿生草本以及环纹藻等藻类植物含量达到峰值，后者指示湖沼发育的环境，适合农业发展。这种情况在太湖西部和西北部地区同时期的神墩遗址③、骆驼墩遗址④、杨家遗址⑤等遗址均有体现。

参考骆驼墩遗址区外围的 LTD－12 钻孔利用孢粉进行年降水量重建的结果⑥［图一九〇（d）］，太湖西部地区的记录显示，7 ka～6 ka BP. 降水量低于 8 ka～7 ka BP. 的降水量，但整体降水量变化不大，仅 6.5 ka～6.2 ka BP. 间降水量略高于其他阶段。结合地层孢粉揭示的人类活动自马家浜文化早期以来对植被群落分布产生的影响，造成了遗址区植被覆盖度降低，植被景观更加开放，区域内丰富的降水量，促成了更加湿润的湖沼水环境。在这种环境变化背景中，西溪先民处于湿润和临水的生活环境，其生业模式相应发生转变，不仅更倾向于利用水生资源，并很可能促进了农业活动的发展。

① 田名利、谈国华、徐建清等：《江苏宜兴西溪遗址发掘纪要》，《东南文化》2009 年第 5 期，第 59～62 页。
② Deng Z, Ma C, Wu L, et al. Asynchronous destruction of marsh and forest in Neolithic age: An example from Luotuodun site, Lower Yangtze. Frontiers in Earth Science, 2023, 11: 1143231.
③ 马春梅、田名利：《江苏溧阳神墩遗址地层的孢粉记录研究》，《微体古生物学报》2010 年第 27 卷第 1 期，第 67～76 页。
④ Deng Z, Ma C, Wu L, et al. Asynchronous destruction of marsh and forest in Neolithic age: An example from Luotuodun site, Lower Yangtze. Frontiers in Earth Science, 2023, 11: 1143231.
⑤ 邱振威、刘宝山、李一全等：《江苏无锡杨家遗址植物遗存分析》，《中国科学：地球科学》2016 年第 46 卷第 8 期，第 1051～1064 页。
⑥ 宋艳波：《马家浜文化早期的生业经济研究——以动物考古学为视角》，《东南文化》2017 年第 5 期，第 72～77 页。

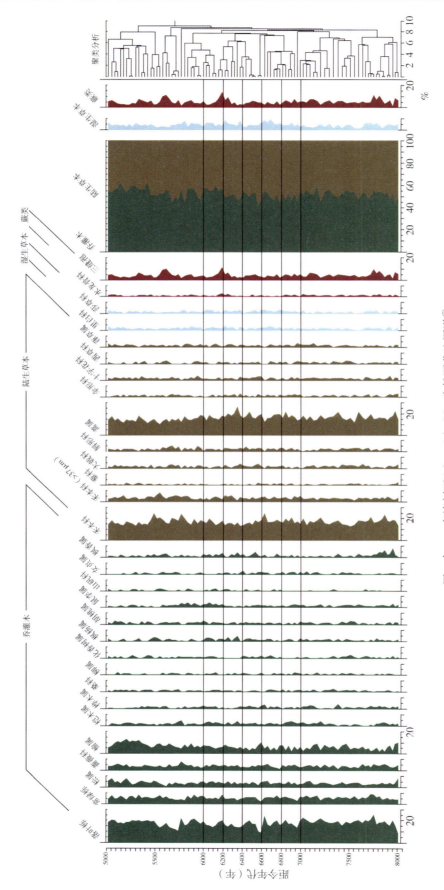

图一九一　高淳剖面 8 ka ~ 5 ka BP. 孢粉百分比图谱①

①　Yao F，Ma C，Zhu C，et al. Holocene climate change in the western part of Taihu Lake region，East China. *Palaeogeography，Palaeoclimatology，Palaeoecology*，2017，485：963 – 973.

　　值得注意的是，随着针对太湖西部马家浜时期遗址考古研究的深入，尤其是近年来东滩头遗址、秦堂山遗址、东汇遗址和下湾遗址的进一步发掘，可以发现无论是从聚落位置，还是地层沉积情况，都与水文环境密切相关。首先，太湖西部遗址呈现出沿脊溪河（古中江）分布的特点，这与朱诚等[①]提出的"古中江流域文化"相印证；其次，无论是从孢粉组合中湿水生孢粉含量的变化，或是多个遗址地层中出现的蚬蚌螺蛳壳堆积，还是如东滩头遗址瓮棺葬区（生活区边缘）地层中存在河滩、沼泽等水体环境下形成的沉积等多角度分析，遗址区水文环境的变化及其带来的影响都是显著且深刻的。

---

① 朱诚、姚付龙、贺云翱等：《芜申运河所经古中江流域环境考古研究》，南京大学出版社，2022年，第376页。

第八章　西溪遗址马家浜时期遗存的初步认识

　　西溪遗址发掘区域除主发掘区外，发掘探方（探沟）分布较散，各探方（探沟）地层的深度、厚度、堆积状况都不完全一致，且地层、灰坑、灰沟、房址、墓葬、祭祀遗存之间有着比较复杂的叠压和打破关系。现将发掘区域堆积单位的层位关系列举如下：

　　1. T2217 等四方、T2219 等四方、T2221 等四方、T2417 等四方、T2419 等四方层位关系：

　　（→ 表示打破，— 表示叠压；以下均同）

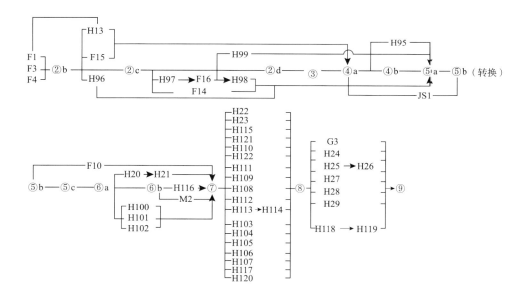

　　2. T2819、T2919 层位关系：

$$F2 — ② — ③ — ④ — ⑤ — ⑥ — F5 → ⑦ → H9 → ⑧ — H10 → ⑨$$

　　3. T3928、T4028 层位关系：

4. T3628 等方层位关系：

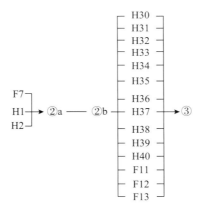

5. T3220 等方层位关系：

②a —— F8 —— ②b —— F6 —— ③ —— ④ —— H14 →[F9]→ H16 → ⑤ —[H15 / H17]— ⑥ —[H18 / H19]→ ⑦

6. T1632 层位关系：

② ——— G1 ———→ ③ ——— ④

7. T2014、T2114、T2214 等方层位关系：

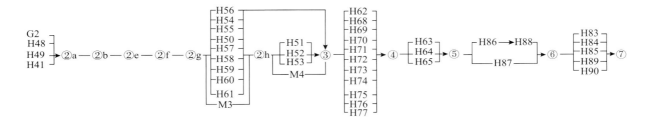

8. T2111 层位关系：

③ —— H78 —→ ④ —[H80 / H81]→ ⑤ —[M6 / H79]→ ⑥a —— ⑥b —— ⑦

9. TG1 方层位关系：

② — ③ — ④ — ⑤

　　根据以上各发掘区域相对复杂的层位早晚关系和丰富的出土器物种类、组合和型式，可将具有典型分期意义的器物列如图一九二至图一九六和表八。

　　根据表八所列出的各段器物型式组合的变化，结合各器物型式出土的层位关系，可将马家浜时期遗存分为 6 个时段，灰坑、房址等遗迹根据其出土的具有分期意义的遗物或层位关系进行分期，无分期意义的遗迹单位，其分期一律归入叠压在其上的地层，由此将本次发掘的各主要单位分期情况列入表九。

	鼎						
E	F	Ga	Gb	Gc	Ha	Hb	
T2819⑤:1			I式 T2217等四方⑥a:9				
	I式 T2221等四方④a:8	I式 T2419等四方⑤a:2	II式 T2419等四方⑤a:2	I式 T2419等四方⑥a:8			
F8:16		II式 F14:16	III式 F1:20	II式 F1:16	F16:18	T2919③:3	

		Aa	Ab	Ba	Bb	Bc	C
早期	一段		I式 TG1⑤:3	I式 T2217等四方⑧:7	I式 H24:2	T2217等四方⑧:12	I式 H122:1
早期	二段	I式 H20:2		II式 H17:9	II式 H104:1	T2919⑦:2	
晚期	一段	II式 T3220等方④:13	II式 T3220等方④:3	III式 H100:11			
晚期	二段	II式		III式 T2221等四方④a:9			II式 T2221等四方⑤b:□
晚期	三段	III式 T2919④:2		IV式 T2221等四方④a:24			
晚期	四段			IV式 F1:42			

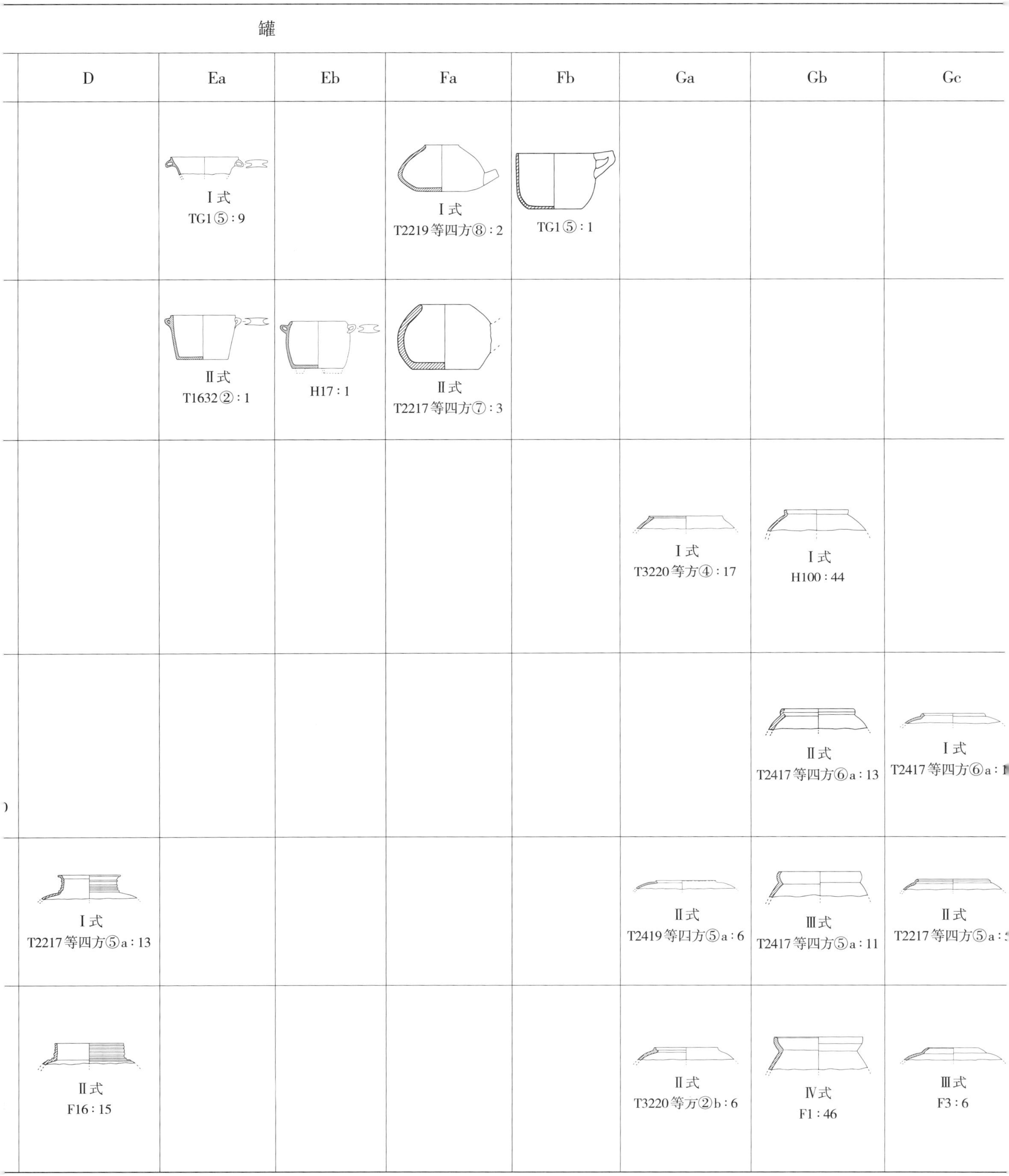

罐

D	Ea	Eb	Fa	Fb	Ga	Gb	Gc
	Ⅰ式 TG1⑤:9		Ⅰ式 T2219等四方⑧:2	Ⅰ式 TG1⑤:1			
	Ⅱ式 T1632②:1	H17:1	Ⅱ式 T2217等四方⑦:3				
					Ⅰ式 T3220等方④:17	Ⅰ式 H100:44	
						Ⅱ式 T2417等四方⑥a:13	Ⅰ式 T2417等四方⑥a:1
Ⅰ式 T2217等四方⑤a:13					Ⅱ式 T2419等四方⑤a:6	Ⅲ式 T2417等四方⑤a:11	Ⅱ式 T2217等四方⑤a:5
Ⅱ式 F16:15					Ⅱ式 T3220等方②b:6	Ⅳ式 F1:46	Ⅲ式 F3:6

图一九三　陶器分型分式图（二）

D	Ea	Eb	A	B	Ca	Cb	D
I 式 H88：3							
			H100：16	I 式 T2219等四方⑦D15：1 II 式 T3220等方④：2	F11：2	H50：1	H14：11
			T2221等四方⑤b：11	II 式 T2221等四方⑤b：9			
		T2419等四方⑤a：15	T2219等四方⑤a：6				
II 式 F1：40	F8②：17						

图一九二　陶器分型分式图（一）

		Aa	Ab	B	Ca	Cb	Cc	Cd
							釜	
早期	一段	I式 H88：2	I式 T3220等方⑥：7	H26：2	I式 G3：2	I式 T2419等四方⑧：11	I式 T3220等方⑥：11	
	二段	II式 H23：1	II式 H16：26		II式 T2217等四方⑦：8	II式 T2419等四方⑦：3	II式 H20：5	H16：1
晚期	一段	III式 H100：37	III式 H100：25				III式 H14：3 IV式 H100：32	
	二段							
	三段	IV式 T2217等四方⑤a：8	IV式 T2919④：5					
	四段	V式 F1：17-1						

		小罐	豆			盆
Ha	Hb	A	A	Ba	Bb	Aa
I式 H9:2	I式 H10:2		I式 T2419等四方⑧:7	I式 T3220等方⑥:8	T3220等方⑥:5	I式 T2219等四方⑧:12
I式 T2217等四方⑦:6	I式 H77:1	I式 H16:2		II式 H16:12	T2111⑤:6	
II式 T2217等四方⑥b:6	I式 T3220等方④:20	II式 H100:20	II式 T3220等方④:5 II式 H100:63	III式 H100:27		
II式 T2217等四方⑥a:5	I式 T2217等四方⑥a:15		III式 T3220等方③:12			
III式 T2417等四方⑤a:10	II式 T2217等四方⑤a:17		III式 T2219等四方④a:11			II式 T2219等四方④a:13
III式 F15②:22	II式 T2217等四方②c:11	III式 T3628等方②b:8	IV式 T2919②:1	IV式 F8:20		III式 F1:37

缸		甑		
A	B	A	Ba	Bb
F11：1		I式 H100：15	H100：22	
T2221等四方⑥a：4				
	F6：1			I式 T2219等四方④a：3
F1：43	F15②：1	II式 F1：18		II式 F8：9

		蒸箅	炉箅	器盖		把手	
				A	F	A	B
早期	一段			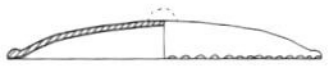 I式 T2221等四方⑧：4		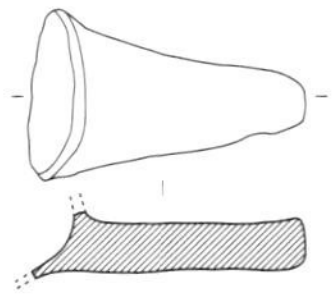 I式 T2217等四方⑧：15	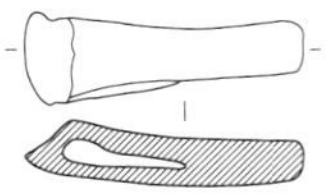 I式 T2217等四方⑧：14
	二段	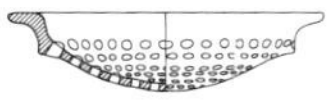 I式 H16：5		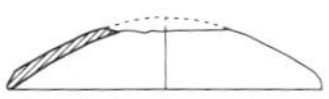 II式 T2919⑦：4	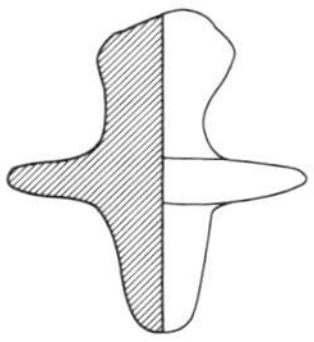 H22	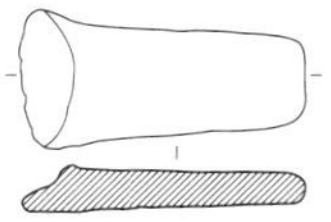 I式 T2219等四方⑦：9	
晚期	一段	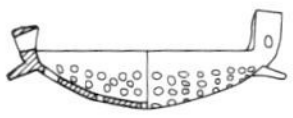 II式 H100：13	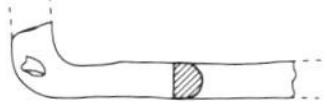 H14：6	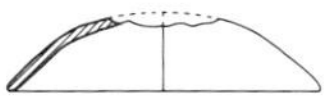 III式 H100：66			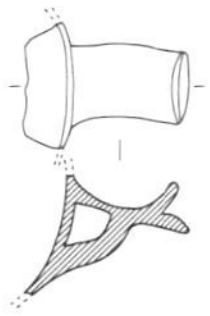 II式 H100：43
	二段			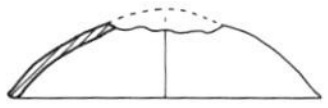 III式 T2217等四方⑥a：13		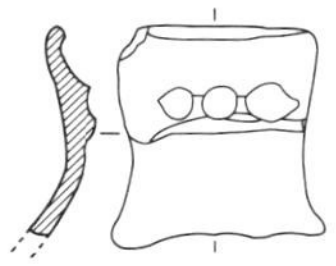 II式 T2419等四方⑥a：7	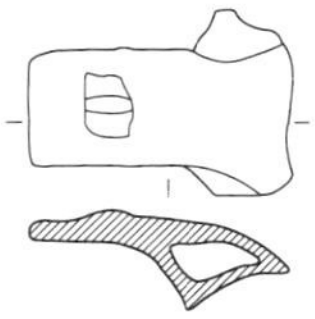 III式 T2217等四方⑥a：7
	三段		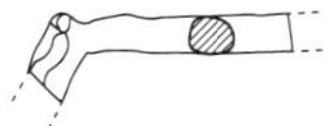 T2219等四方⑤a：7				
	四段		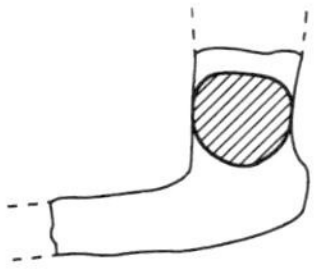 T2217等四方②c：6	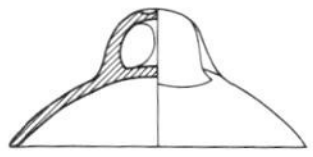 III式 F1：1			

图一九五　陶器分型分式图（四）

		钵			盘	管状盉	
		A	B	Ca		A	B
早期	一段	I 式 T2219等四方⑧：3	I 式 T2219等四方⑧：1				
	二段	II 式 H106：1	II 式 H114：1		I 式 H114：2	H20：6	
晚期	一段			I 式 H14：9			I 式 T3220等方④：4
	二段						II 式 H102：8
	三段						
	四段			II 式 T2217等四方②b：6	II 式 T3628等方②b：12		

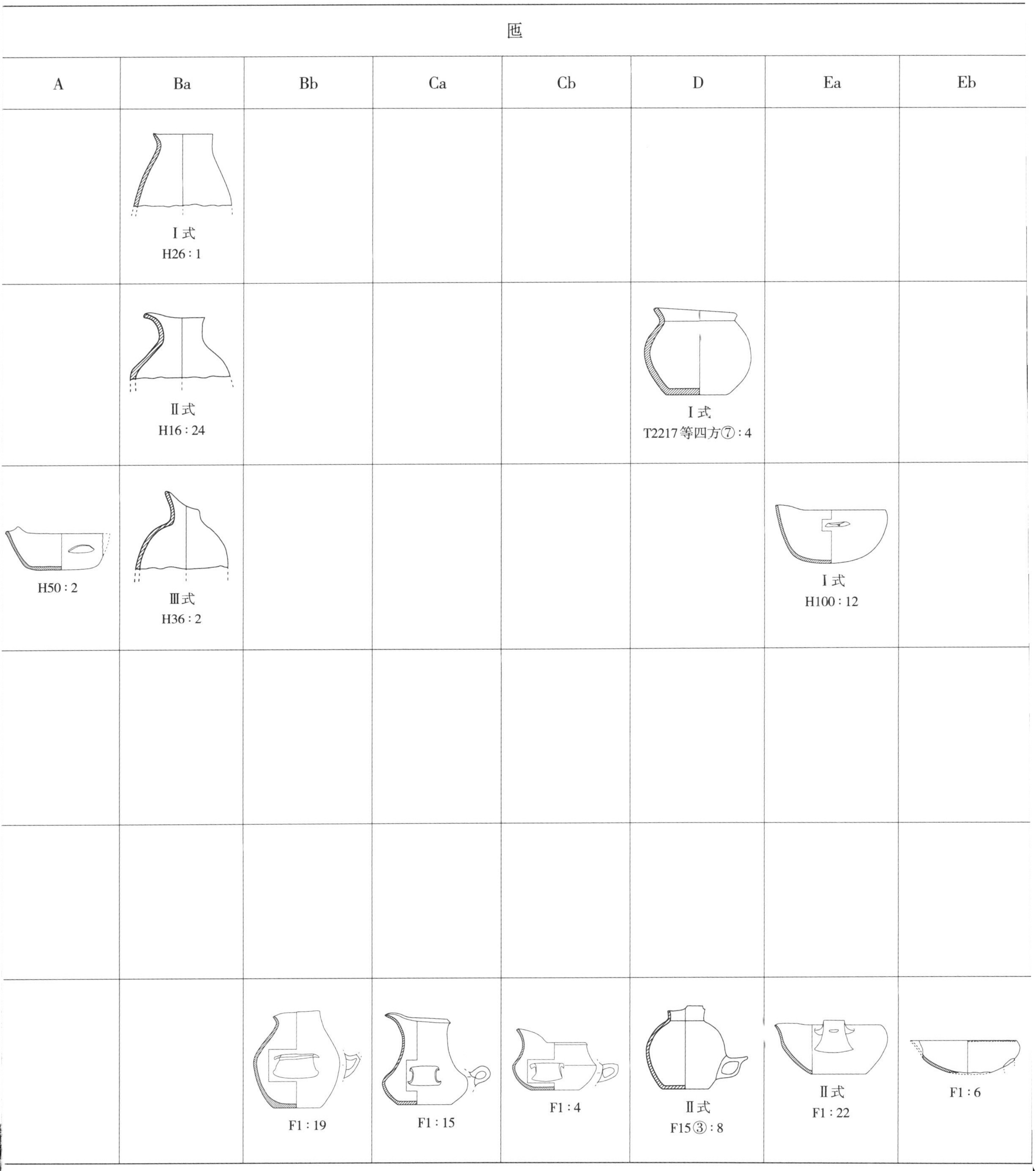

匜

A	Ba	Bb	Ca	Cb	D	Ea	Eb
	Ⅰ式 H26：1						
	Ⅱ式 H16：24				Ⅰ式 T2217等四方⑦：4		
H50：2	Ⅲ式 H36：2					Ⅰ式 H100：12	
		F1：19	F1：15	F1：4	Ⅱ式 F15③：8	Ⅱ式 F1：22	F1：6

图一九四　陶器分型分式图（三）

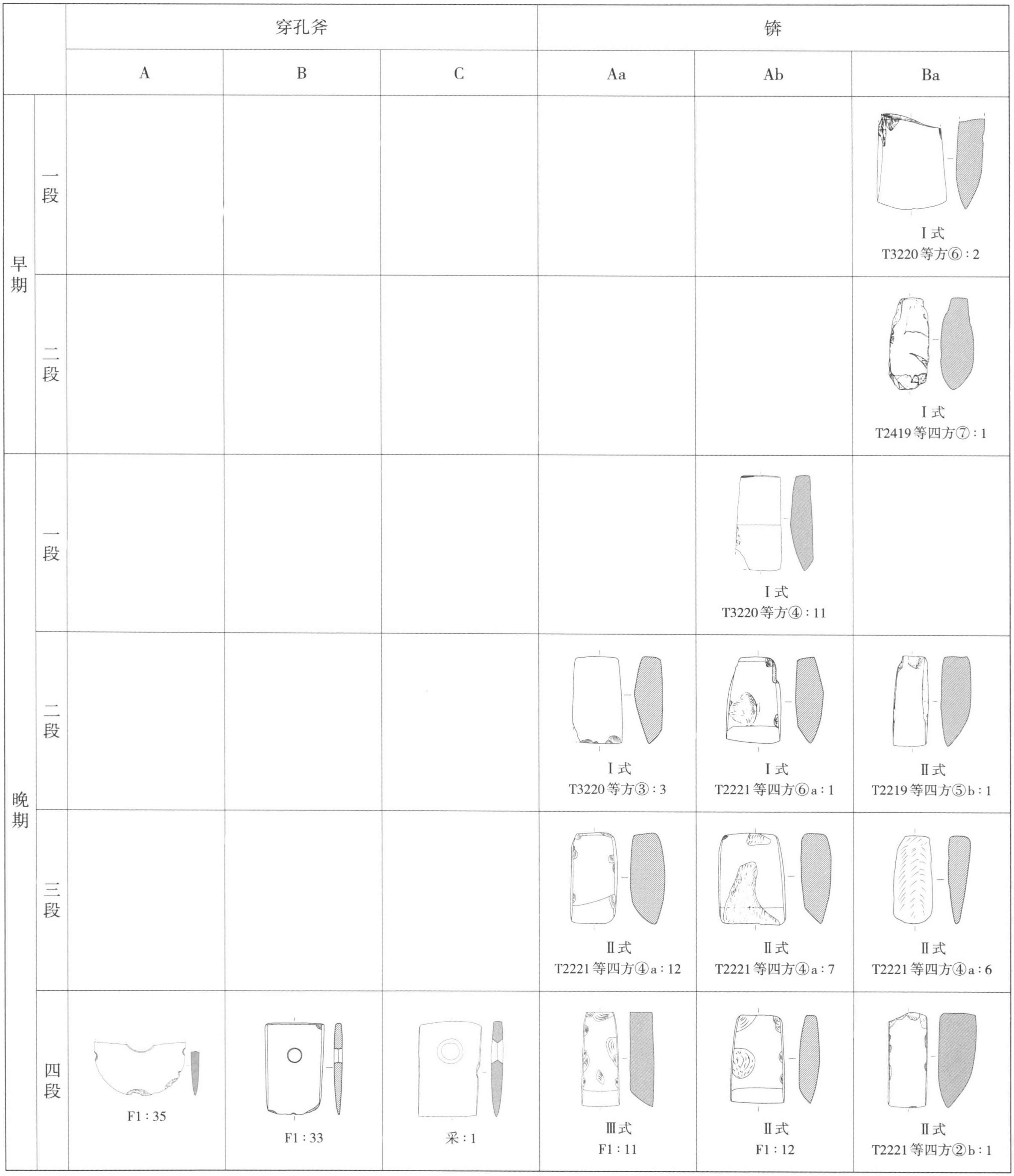

		穿孔斧			锛		
		A	B	C	Aa	Ab	Ba
早期	一段						I式 T3220等方⑥:2
	二段						I式 T2419等四方⑦:1
晚期	一段				I式 T3220等方④:11		
	二段				I式 T3220等方③:3	I式 T2221等四方⑥a:1	II式 T2219等四方⑤b:1
	三段				II式 T2221等四方④a:12	II式 T2221等四方④a:7	II式 T2221等四方④a:6
	四段	F1:35	F1:33	采:1	III式 F1:11	II式 F1:12	II式 T2221等四方②b:1

图一九六　石器分型分式图

表八　西溪遗址出土器物型式表

陶器

期	段	釜 Aa	Ab	B	Ca	Cb	Cc	Cd	D	Ea	Eb	鼎 A	B	Ca	Cb	D	E	F	Ga	Gb	Gc	Ha	Hb
早期	一段	I	I	√	I	I	I		I														
早期	二段	II	II	√	II	II	II	√															
晚期	一段	III	III				III / IV					√	I / II	√	√	√							
晚期	二段	III	III									√	II			√	√			I			
晚期	三段	IV	IV								√	√						√	I	II	I		
晚期	四段	V							II	√							√		II	III	II	√	√

期	段	鼎足 A	B	C	D	Ea	Eb	F	G	罐 Aa	Ab	Ba	Bb	Bc	C	D	Ea	Eb	Fa	Fb	Ga	Gb	Gc	Ha	Hb
早期	一段										I	I	I	√	I		I		I	√				I	I
早期	二段											II	II	√			II	√	II					I	I
晚期	一段	√	√	√						I	II	III			II						I	I		II	
晚期	二段	√	√	√	√					II		III										II	I	II	
晚期	三段	√	√	√	√	√	√	√	√	II		III / IV				I						III	II	III	II
晚期	四段	√	√	√	√	√	√	√	√	III		IV				II					II	IV	III	III	II

续表八

左半部

期	段	小罐 A	小罐 Ba	小罐 Bb	三足罐 A	三足罐 B	三足罐 C	豆 A	豆 Ba	豆 Bb	豆圈足 Aa	豆圈足 Ab	豆圈足 B	盆 Aa	盆 Ab	盆 Ac	盆 Ba	盆 Bb	钵 A	钵 B	钵 Ca	钵 Cb	三足钵 A	三足钵 B	盘
早期	一段	I						I	I	✓	I		✓	I					I	I					
早期	二段	II					✓	II III	II	✓	I		✓				✓		II	II					
晚期	一段		✓		✓			III	III		I	✓	✓		✓	✓					I				I
晚期	二段							III			I											✓			
晚期	三段										I		✓	II									✓		
晚期	四段	III		✓		✓		IV	IV		II		✓	III				✓			II			✓	II

右半部

期	段	盉 A	盉 B	盉嘴	匜 A	匜 Ba	匜 Bb	匜 Ca	匜 Cb	匜 D	匜 Ea	匜 Eb	缸 A	缸 B	甑 A	甑 Ba	甑 Bb	甑底	甗	蒸箅	炉箅	灶类器
早期	一段					I												✓				
早期	二段	✓		✓	✓	II				I								✓		I		✓
晚期	一段		I	✓		III					I		✓		I	✓				II	✓	✓
晚期	二段		II	✓									✓					✓	✓		✓	✓
晚期	三段			✓					✓					✓			I				✓	✓
晚期	四段			✓			✓	✓		II	I II	✓	✓	✓	II		II				✓	✓

续表八

期	段	杯 A	杯 B	圈足小杯 A	圈足小杯 B	盅 A	盅 B	器座	支座 Aa	支座 Ab	支座 B	圈形器	敞口器	小三足器	袋足器	器盖 A	器盖 Ba	器盖 Bb	器盖 C	器盖 D	器盖 E	器盖 F
早期	一段	√		√						√		√		√		I	√			√		
早期	二段		√		√			√					√	√		II		√	√	√	√	√
晚期	一段											√				III				√		
晚期	二段														√	III						
晚期	三段								√						√	III						
晚期	四段		√			√	√	√	√		√				√	II III						

期	段	网坠 A	网坠 B	纺轮 A	纺轮 B	纺轮 C	纺轮 D	圆饼	拍	环 Aa	环 Ab	环 B	陶塑动物	球	枕状红烧土	盖纽	把手 A	把手 B	把手 C	把手 D	牛鼻形器耳
早期	一段	√							√								I	I			√
早期	二段	√	√	√		√		√	√		√		√				I	I	√		√
晚期	一段	√		√	√					√			√						√		
晚期	二段	√					I			√			√				II	II			
晚期	三段	√				√	II							√		√		III			
晚期	四段	√		√			II					√		√	√	√				√	

续表八

石玉器

期	段	穿孔石斧 A	穿孔石斧 B	穿孔石斧 C	石斧	石锛 Aa	石锛 Ab	石锛 Ba	石锛 Bb	石凿	石纺轮 A	石纺轮 B	石靴状器	砍砸石器	石砧	残石器	玉管	玉坯料
早期	一段				√			I										
早期	二段							I	√									√
晚期	一段						I						√					
晚期	二段					I	I	II	√		√							
晚期	三段		√		√	II	II	II			√							
晚期	四段	√	√	√	√	II III	II	II		√	√	√	√	√	√	√	√	

骨角器

期	段	骨镞 Aa	骨镞 Ab	骨镞 Ac	骨镞 Ad	骨镞 Ba	骨镞 Bb	骨镞 Bc	骨角锥	骨针	骨管	骨镖	鹿角靴形器	穿孔骨片	骨坠饰	圆柱状角器	骨角料
早期	一段						√	√									
早期	二段			√				√	√	√		√	I				
晚期	一段	√		√			√	√	√	√	√		II	√	√		
晚期	二段				√		√	√	√	√							√
晚期	三段					√	√	√	√	√	√	√				√	√
晚期	四段		√					√	√	√	√	√					√

表九　西溪遗址各期段全部单位分期表

期	段	T2219等四方、T2419等四方、T2417等四方、T2221等四方	T3220等方	T2918、T2919	T2014、T2114、T2214	T2111	TG1	T1632	T3928、T4028	T3628等方
早期	一段	⑨、⑧层，⑧层下打破⑨层的 G3、H24、H25、H26、H27、H28、H29、H118、H119，打破⑧层的H122	⑦、⑥层，⑥层下打破⑦层的H18、H19	⑨、⑧层，⑧层下打破⑨层的H10	⑦、⑥、⑤、④、⑥层下打破⑦层 H83、H84、H85、H89、H90、⑤层下打破⑥层的H86、H87、H88、④层下打破⑤层的H63、H64、H65	⑦、⑥b、⑥a			⑤、④层下打破⑤层的H11、H12	
早期	二段	⑦层、⑦层下打破⑧层的 H22、H23、H108、H109、H110、H111、H112、H113、H114、H115、H103、H104、H105、H106、H107、H117、H120，打破⑦层的H20、H21	⑤层、⑤层下打破⑥层的H15、H17、打破⑤层的H16	⑦	③层、③层下打破④层的 H62、H68、H69、H70、H74、H71、H72、H73、H76、H77、H75	⑤、④层、⑤层下打破⑥a层的H79、④层下打破⑤层的H80、H81	④	③、②层，②层下打破③层的G1	③层、③层下打破④层的H3、H4、H5、H6、H7	③
晚期	一段	⑥b层、H116、H100、H101、F10	④层、④层下H14、F9	⑥层、⑥层下F5	②f、②g、②h层、②h层下打破③层的H51、H52、H53、②g层下打破③层的H50、H54、H55、H56、H57、H58、H59、H60、H61					②b层下打破③层的 H30、H31、H32、H33、H34、H35、H36、H37、H38、H39、H40、F11、F12、F13
晚期	二段	⑥a、⑤c、⑤b层、⑥a层下H102	③	⑤	②e、②d					
晚期	三段	⑤a、④b、④a、③层、H13、H98	F6	④	②c、②b		③			
晚期	四段	②d、②c、②b层、F1、F3、F4、F14、F15、F16、H96、H97、H99	②b、②a层、②a层下F8	③、②层、②层上F2	②a层，打破②a层的G2、H41、H48、H49	③层、③层下H78	②		②	②a、②b层，打破②a层的H1、H2、F7

根据表八、表九表示，马家浜时期层位叠压打破的早晚序列和器物演化的早晚序列是完全一致的。根据器物演化关系和层位叠压打破关系，遗迹以及整个发掘区的堆积情况，可将马家浜时期遗存分为以一、二段为代表的早期和以三、四、五、六段为代表的晚期。

西溪遗址早晚时段	西溪遗址发展期段		文化及相对年代	文化绝对年代
一段	早期	一段	骆驼墩文化	7000~6400 年
二段		二段		
三段	晚期	一段	马家浜文化	6400~5800 年
四段		二段		
五段		三段		
六段		四段		

（一）早期

早期各类遗存与堆积单位如地层、灰坑、灰沟和相关建筑遗存等，主要堆积以泥土和自然、人工遗物等构成，堆积中基本罕见蚬蚌螺蛳壳类遗存。主发掘区⑨层面、⑧层面发现的建筑遗存形态可能为高出地面的立柱架梁、铺板盖屋的干栏式建筑。它们同较多的倾倒生活垃圾的灰坑、灰沟等，共同组成了一幅地势低平、水网稠密地区古代先民的生活场景。另外，经采集或筛选发现的种类繁多的鹿、獐、貉、猪、猪獾、狗、兔子、牛、龟、鳖、鼋、鱼、鸟类、啮齿类动物等遗存和炭化稻米（H108、H122 等）及红烧土块中夹带的水稻谷壳印痕等对研究当时的生存环境、稻作农业、食物结构、生计方式都有极其重要的意义。早期遗存 T2217 等四方⑧层木炭标本经北京大学加速器质谱与第四纪年代测定实验室测定并树轮校正后年代为 4860 BC（88.9%）4710 BC。早期遗存绝对年代推测约在距今 7000~6400 年，相当于通常认定的马家浜早期。

出土遗物以陶器为主，骨角器次之，石器较少。以主发掘区为例，陶器中以夹细蚌末陶占绝对多数，达到总数的 99.88%，零星个别的夹砂陶和泥质陶仅占 0.12%。夹蚌陶中以夹蚌红衣陶（44.36%）和夹蚌红陶（36.36%）为主，其次为夹蚌黑衣陶（7.4%）、褐陶（6.76%）、褐衣陶（4.64%）、黑陶（0.34%）、灰陶（0.02%）等。陶胎相对较为一致，细蚌屑的含量极高，胎质较为疏松，器表多细孔隙，火候相对较低。器表多施各色陶衣，以减少吸水率，提高陶器的使用效率。平底器占绝大多数，也有极少量圈足器和小三足器，不见圜底器。纹饰简单，大多为素面，仅有少量锯齿纹、镂孔、刻划纹、凸棱、弦纹、堆贴等装饰。器类组合有釜、罐、豆、盆、钵、盘、盉、匜、甗、蒸箅、灶类器、杯、圈足小杯、器盖、器座、支座、小三足器、拍、纺轮、网坠、环、陶塑等，陶器多手制，制作不够精致。陶器的实用性较强，多把手和器耳等。平底釜是最重要的炊器，数量也最多。直口斜腹筒形平底釜口沿下常有四个对称錾，因器形大小不同腰檐宽窄不等，有的腰檐外缘有锯齿纹装饰或形成多角状。罐形釜腰檐较窄，有的腰檐上凸出一个尖角，上有齿形凹缺，也有腰檐凸出加宽形成对称錾，整体略有波状起伏。宽沿敛口盆形釜沿面平直或外弧，有两个对称錾，多素面，似无腰檐。陶釜腰檐以上多施红衣，少量施黑衣。玉石器有石锛、石斧、玉坯料，骨角器中有鹿角靴形器、骨坠饰、穿孔骨片、骨镖、骨镞、骨锥、骨针等。

　　根据层位叠压打破关系和器物演化序列分为两段，陶系中呈现出夹蚌红衣陶减少，黑衣和褐衣增多的趋势。早期一段有 AaⅠ式、AbⅠ式、B 型、CaⅠ式、CbⅠ式、CcⅠ式、DⅠ式釜，AbⅠ式、BaⅠ式、BbⅠ式、Bc 型、CⅠ式、EaⅠ式、FaⅠ式、Fb 型、HaⅠ式、HbⅠ式罐、AⅠ式、BaⅠ式、Bb 型豆，AaⅠ式、B 型豆圈足，AaⅠ式盆，AⅠ式、BⅠ式钵，BaⅠ式匜，甑底，AⅠ式、Ba 型、D 型器盖，Ab 型支座，Ab 型陶环，小三足器，C 型纺轮，圈形器，拍，圆饼，AⅠ式、BⅠ式、C 型把手，牛鼻形器耳；石斧，BaⅠ式石锛；Bb、Bc 型骨镞、Ⅰ式鹿角靴形器等。早期二段有 AaⅡ式、AbⅡ式、B 型、CaⅡ式、CbⅡ式、CcⅡ式、Cd 型釜，AaⅠ式、BaⅡ式、BbⅡ式、Bc 型、EaⅡ式、Eb 型、FaⅡ式、HaⅠ式、HbⅠ式罐，AⅠ式小罐，C 型三足罐，BaⅡ式、Bb 型豆，AaⅠ式、B 型豆圈足，Ba 型盆，AⅡ式、BⅡ式钵，BⅠ式盘，A 型盉，BaⅡ式、DⅠ式匜，甑底，Ⅰ式蒸箅，灶类器，A 型杯，A、B 型圈足小杯，器座，敞口器，小三足器，AⅡ式和 Bb、C、D、E、F 型器盖，A、B 型网坠、A、B 型纺轮，陶拍，陶塑动物，BⅠ式把手；BaⅠ式、Bb 型石锛，玉坯料等，Bc 型骨镞，骨角锥，骨针，骨镖，Ⅱ式鹿角靴形器，穿孔骨片，骨坠饰等。

　　（二）晚期

　　晚期各类遗存与堆积中均和蚬蚌螺蛳壳类遗物有着极其密切的关系，文化层中发现了大面积堆积、深厚的蚬蚌螺蛳类遗存，在 2 万多平方米的范围内，平均堆积厚度达 0.5 米，最厚处超过 1.4 米（彩版八二、八三）。其形成方式往往是成堆堆积、成层分布，堆积中夹有少量泥土和较为破碎的陶片，层与层之间往往间以泥土、草木灰、炭屑等。经中国科学院南京地质古生物研究所软体动物专家初步鉴定，以蚬科为主，约占个体总数的 98.5%；环棱螺只占 1%，另丽蚌、楔蚌、曲蚌、珠蚌、帆蚌等约占 0.5%。反映了本地区古代环境发生了巨大而深刻的变化，古人的生产生活方式也随之大幅度改变，人类在大量食用消费蚬蚌螺蛳的同时，不但继续将它们作为可利用资源砸碎后掺入陶土中以烧造陶器，还将它们堆垫在生活区，不断抬高居住区的居住高度，有的直接在上面建造红烧土地面建筑，或铺垫在房址的周围，以满足防水防潮防湿的生活需求。建筑形态逐渐演变为红烧土地面建筑。晚期遗存 T3220 等方④层和 F1 木炭标本经北京大学加速器质谱与第四纪年代测定实验室测定并树轮校正后年代为 3810 BC（87.6%）3650 BC 和 3710 BC（68.3%）3620 BC，晚期遗存绝对年代推测约在距今 6400～5800 年，相当于通常认定的马家浜晚期和向崧泽文化的过渡时期。

　　出土器物以陶器为主，骨角器次之，石器数量明显增多，个别玉器。以主发掘区为例，陶器中夹蚌陶数量有所减少，达 78.58%，所夹蚌屑较粗，有的在器表清晰可见，出现泥质陶（18.7%）、夹砂陶（2.65%）和极少量夹炭陶（0.07%），泥质陶和夹砂陶有逐渐增多的趋势。夹蚌陶中红陶（40.95%）、褐陶（22.04%）、红衣陶（9.79%）较多，黑衣陶（2.84%）、褐衣陶（1.69%）、黑陶（1.22%）、灰陶（0.04%）较少。泥质陶中红衣陶（10.02%）和红陶（5%）较多，灰陶、褐陶、褐衣陶、黑衣陶、黑陶较少。夹砂陶中，红陶较多（1.88%），褐陶、红衣陶、黑陶、黑衣陶、灰陶、褐衣陶、白陶较少。夹炭陶中红陶、红衣陶、褐陶、褐衣陶均极少。平底器继续存在，但数量已大为减少，与大量出现的三足器、圜底器、圈足器共存。陶器烧制火候普遍升高，胎质相对较硬。器类有鼎、釜、豆、罐、小罐、三足罐、盆、钵、三足钵、盘、盉、匜、缸、甗、甑、蒸箅、炉箅、灶类器、杯、盅、支座、器座、圈形器、袋足器、器盖、枕状红烧土、环、陶塑、陶球、网坠、纺轮等，纹饰有所增加，主要有捺窝、锯齿纹、附加堆贴、镂孔、凸棱、条形凹槽、弦纹、刻划纹等。多鋬、把手、泥贴、器耳等附件，鋬背部多有指捺装饰。鼎的数量大量出现和增加，占据绝对主导地位。新见炉箅、三足钵、大口夹砂厚胎缸、沿面内凹的罐、甗、袋足器（可能为异形鬶）等多种新器形。石器增加很多，有穿孔斧、斧、锛、凿、纺轮、靴状器、砍砸器、砧、残石器等；出现个别玉管；骨角器有骨镞、骨锥、骨针、骨簪、骨镖、鹿角靴形器、穿孔骨片、骨坠饰、圆柱状角器、骨角料等。

根据层位叠压打破关系和器物演化序列，晚期分为四段。晚期一段中夹蚌陶占 82.6%，泥质陶占 16.05%，夹砂陶占 1.35%；出土器物包括 A 型、BⅠ式、BⅡ式、Ca 型、Cb 型、D 型鼎，A、B、C 型鼎足，AaⅢ、AbⅢ、CcⅢ、CcⅣ式釜，AaⅡ、AbⅡ、BaⅢ、GaⅠ、GbⅠ、HaⅡ、HbⅠ式罐，AⅡ式小罐，A 型三足罐，AⅡ、AⅢ、BⅢ式豆，AaⅠ式、B 型豆圈足，Ab、Ac 型盆，CaⅠ式、Cb 型钵，BⅠ式盉，A 型、BaⅢ式、EaⅠ式匜，A 型缸，AⅠ式、Ba 型甑，Ⅱ式蒸箅、炉箅，灶类器，AⅢ式、D 型器盖，A 型网坠，A 型纺轮，Aa 型环，BⅡ式、C 型把手；AbⅠ式石锛，石靴状器；Bb、Bc 型骨镞，骨角锥，骨针，骨簪等。晚期二段中夹蚌陶占 81.85%，泥质陶占 16.49%，夹砂陶占 1.65%，夹炭陶占 0.02%；出土器物包括 A 型、BⅡ式、E 型、GbⅠ式鼎，A、B、C、D 型鼎足，AaⅢ、AbⅢ式釜，AaⅡ、BaⅢ、CⅡ、GbⅡ、GcⅠ、HaⅡ、HbⅠ式罐，Ba 型小罐，AⅢ式豆，AⅠ式、Ab 型豆圈足，A 型三足钵，BⅡ式盉，盉嘴，A 型缸，炉箅，灶类器，圈形器，袋足器，AⅢ式器盖，A 型网坠，DⅠ式纺轮，陶塑动物，AⅡ、BⅡ式把手；AaⅠ式、AbⅠ式、BaⅡ式、Bb 型石锛，A 型石纺轮；Ac、Bc 型骨镞，骨角锥，骨针，骨角料等。晚期三段中夹蚌陶占 76%，泥质陶占 19.55%，夹砂陶占 4.32%，夹炭陶占 0.13%；出土器物包括 A 型、F 型、GaⅠ式、GbⅡ式、GcⅠ式鼎，A、B、C、D、Ea、Eb、G 型鼎足，AaⅣ式、AbⅣ式、Eb 型釜，AaⅢ、BaⅢ、BaⅣ、DⅠ、GaⅡ、GbⅢ、GcⅡ、HaⅢ、HbⅡ式罐，AⅢ式豆，AⅠ式、B 型豆圈足，Ⅱ式盆，盉嘴，B 型缸，BbⅠ式甑，甑底，甗，炉箅，灶类器，袋足器，AⅢ式器盖，A 型网坠，DⅡ式纺轮，Aa 型环，陶塑动物；AaⅡ、AbⅡ、BaⅡ式石锛，石斧，A 型石纺轮；Aa、Ad、Ba、Bb、Bc 型骨镞，骨角锥，骨针，骨簪，骨镖，骨角料等。晚期四段中夹蚌陶占 74.32%，泥质陶占 23.17%，夹砂陶占 2.37%，夹炭陶占 0.13%；出土器物包括 E 型、GaⅡ式、GbⅢ式、GcⅡ式、Ha 型、Hb 型鼎，A、B、C、D、Ea、Eb、F、G 型鼎足，AaⅤ式、DⅡ式、Ea 型釜，BaⅣ、DⅡ、GaⅡ、GbⅣ、GcⅢ、HaⅢ、HbⅡ式罐，AⅢ式、Bb 型小罐，B 型三足罐，AⅣ、BaⅣ式豆，AaⅡ式、B 型豆圈足，AaⅢ式盆，Bb 型盆，CaⅡ式钵，B 型三足钵，Ⅱ式盘，盉嘴，Bb 型、Ca 型、Cb 型、DⅡ式、EaⅠ式、EaⅡ式、Eb 型匜，A、B 型缸，AⅡ、BbⅡ式甑，炉箅，灶类器，B 型杯，A、B 型盅，器座，Aa、Ab、B 型支座，袋足器，AⅡ、AⅢ式器盖，A 型网坠，A 型、C 型、DⅡ式纺轮，B 型环，陶球，枕状红烧土，盖纽，D 型把手；A、B、C 型穿孔石斧，AaⅡ、AaⅢ、AbⅡ、BaⅡ式石锛，石凿，石斧，A、B 型石纺轮，石靴状器，砍砸石器，石砧，残石器；玉管；Ab、Ac、Bb、Bc 型骨镞，骨角锥，骨针，骨簪，骨镖，圆柱状角器，骨角料等。以陶鼎为中心，晚期四段大体可分为晚期早段（一、二段）和晚期晚段（三、四段）。晚期早段以敛口钵形鼎、侈口罐形鼎为主，还有少量的筒腹平底鼎、微侈口带折棱平底鼎、大口深弧腹平底鼎等；鼎足多长梯形带捺窝和纵向泥条堆贴。晚期晚段以束颈折腹盆形、罐形、壶形鼎为主，还有少量垂腹平底鼎和盘形圜底鼎；鼎足多为宽窄不等的长条形，带一道或多道瓦沟状凹槽。

（三）小结

根据以上西溪遗址早、晚遗存显示出来的文化特征和整体面貌，一方面可以看到早期、晚期发生了根本而显著的变化。早期阶段的各类堆积单位以泥土和自然、人工遗物等构成，建筑遗存形态可能为高出地面的立柱架梁、铺板盖屋的干栏式建筑。出土遗物以陶器为主，骨角器次之，石器较少。以平底器为主，也有少量圈足器和个别小三足器，不见圜底器。纹饰简单。器物组合以平底釜为中心，器类还有豆、罐、盆、钵、盘、盉、匜、杯、甑、蒸箅、灶类器、器盖、器座、支座等。这类遗存面貌与宜兴骆驼墩一期和二期遗存[①]、东汊[②]、下湾早期[③]、溧阳神墩早期[④]、东滩头瓮棺葬为代表的早期[⑤]、秦堂山早期[⑥]、金坛三星村打破生土层灰坑等遗存[⑦]、丹阳凤凰山[⑧]、浙江吴家埠[⑨]、邱城[⑩]等较为接近，证明了以平底腰檐釜为重要特征的骆驼墩文化[⑪]在环太湖西部的茅山山脉、宜溧山地、天目山脉等低山丘陵向太湖平原逐渐过渡的太湖西部地区普遍存在。各个遗址具体文化面貌还表现出一定的个性和差异性。晚期阶段各类遗存与堆积中均和蚬蚌螺蛳壳类遗物有着极其密切的关系，建筑形态逐渐演变为红烧土地面建筑。出土器物以陶器为主，骨角器次之，石器数量明显增多。陶器中夹蚌陶数量有所减少，泥质陶和夹砂陶有逐渐增多的趋势。三足器大量出现，圜底器、圈足器都有增加。平底器继续存在，数量已大为减少，特别是平底釜，有些形制已经消失，延续使用的数量也极少，功能退化弱化转化。纹饰有所增加，錾背部多有指捺装饰为显著特点。器物组合以鼎为中心，鼎、釜共存，鼎多釜少、鼎增釜减并被逐渐取代的趋势明显。如晚期一段出土物比较丰富的典型单位 H100，初步辨识有鼎、釜、豆、罐、盉、钵、缸、蒸箅、炉箅、器盖等（附表 4-2），初步统计釜片占 1.81%，鼎片（含鼎足）占 18.93%，仅鼎足数量就占 9.86%。晚期组合中还有豆、罐、盆、钵、盘、盉、匜、杯、甑、盅、蒸箅、灶类器、器盖、器座、支座等，新见大口夹砂厚胎缸、沿面内凹的罐、三足钵、甗、袋足器（异型鬶）、炉箅等多种新器形。石器增加很多，新见穿孔石斧、石靴状器和个别玉管等。反映了该区域古代环境发生了巨大而深刻的变化，加之外来文化和文化因素的持续影响，以及内部文化生长机制的增强，古人的生产生活方式、文化面貌也随之大幅度改变。整体面貌呈现典型性、阶段性、继承性、突破性、创新性、融合性、多样性、复杂性以及向崧泽文化的过渡性，对重新认识马家

① 南京博物院、宜兴市文物管理委员会：《江苏宜兴骆驼墩遗址发掘报告》，《东南文化》2009 年第 5 期。
② 李一全、邵栋：《江苏宜兴东汊遗址的发掘及初步收获》，《骆驼墩文化——太湖西部文明之源》，江苏人民出版社，2022 年
③ 闫龙、张雪菲：《宜兴下湾遗址发掘》，《江苏考古（2016—2017）》，南京出版社，2018 年 12 月第 1 版。
④ 南京博物院、常州博物馆、溧阳市文化广电体育局：《溧阳神墩》，文物出版社，2016 年。
⑤ 贺亚柄、周鑫、史骏等：《江苏溧阳东滩头新石器时代遗址发掘收获》，《中国文物报》2022 年 2 月 11 日第 8 版。
⑥ 史骏、甘恢元、周鑫：《溧阳秦堂山遗址发掘》，《江苏考古（2016—2017）》，南京出版社，2018 年。
⑦ 江苏省三星村联合考古队：《江苏金坛三星村新石器时代遗址》，《文物》2004 年第 2 期。
⑧ 凤凰山考古队：《江苏丹阳凤凰山遗址发掘报告》，《东南文化》1990 年第 1、2 期。
⑨ 浙江省文物考古研究所：《余杭吴家埠新石器时代遗址》，《浙江省文物考古研究所学刊（建所十周年纪念 1980—1990）》，科学出版社，1993 年。
⑩ 浙江省文物管理委员会：《浙江省吴兴县邱城遗址 1957 年发掘报告初稿》，《浙江省文物考古研究所学刊》第七辑，杭州出版社，2005 年。
⑪ 林留根：《骆驼墩文化初论》，《东南文化》2009 年第 5 期。李一全、邵栋：《江苏宜兴东汊遗址的发掘及初步收获》，《骆驼墩文化——太湖西部文明之源》，江苏人民出版社，2022 年。

浜文化的分期、分区、类型和文化面貌等有重要的意义①。

　　同时，也可以看出西溪遗址早期、晚期遗存在层位关系和文化发展的时间序列上是一脉相承、连续进行的，而且文化传统根深蒂固。如夹蚌陶长期存在，在陶系中占据主要地位。除釜和鼎外，基本组合豆、罐、盆、钵、盘、盉、匜、杯、甑、蒸箅、灶类器、器盖、器座、支座等保持相对稳定。直口斜腹筒形平底釜（Aa、Ab 型）长期存在，侈口罐形平底釜（Cc 型）继续演化，甚至还新出现了三足平底鼎、敛口平底腰檐釜、大口深腹小平底缸以及折腹鼎与筒形平底釜配套组合使用的状况。扁侧羊角状接近鱼鳍形足及多种折腹鼎的出现标志着向崧泽文化的过渡或转化。它们代表了环太湖西部甚至整个太湖流域连续发展、突破创新的典型的考古学文化（系统），并为太湖流域统一性日益加强的崧泽文化和良渚文化形成奠定了坚实的基础，在中国新石器时代的文明化进程中扮演了非常重要和独特的角色。

---

① 田名利：《略论环太湖西部马家浜文化的变迁兼谈马家浜文化的分期、分区和类型》，《东南文化》2010 年第 6 期。

附表一

西溪遗址灰坑登记表

编号	位置	层位关系	现状	坑口形状	结构与尺寸	填土	包含物（未注明者皆陶质）	年代	所属期段
H1	T3629 中部偏东	开口于①层下，打破②a层	完整	近椭圆形	斜壁，圜底，长径 0.94，短径 0.49，深 0.42 米	大小不一的红烧土块，大块长 0.08～0.3 厘米，土质较硬	数片夹砂红陶片	新石器时代马家浜时期	晚期四段
H2	T3629 西南部，T3628 北隔梁下	开口于①层下，打破②a层	完整	不规则形	近直壁，平底，长 1.9，宽 1.03，深 0.1～0.54 米	大小不一的红烧土块，大块长 0.08～0.25 厘米，土质较硬	细碎夹砂红陶片	新石器时代马家浜时期	晚期四段
H3	T4028 东北部	开口于③层下，打破④层	完整	不规则形	斜壁，平底，长 0.96，宽 1.34，深 0.11 米	灰绿色土，较纯净，土质松软	偶见陶片	新石器时代马家浜时期	早期二段
H4	T4028 中部偏北	开口于③层下，打破④层	完整	不规则形	直壁，平底，长 1.85，宽 0.8，深 0.26 米	灰绿色土，土质松软	釜腰檐、器盖、罐腹片、牛鼻耳等	新石器时代马家浜时期	早期二段
H5	T3928 西北角，延伸至探方外	开口于③层下，打破④层	残	不规则形	斜壁，圜底，长 1.47，宽 1.05，深 0.3 米	灰绿色土，土质松软	釜、罐等	新石器时代马家浜时期	早期二段
H6	T3928 中部偏西	开口于③层下，打破④层	完整	近椭圆形	斜壁，圜底，长径 1.16，短径 0.52，深 0.2 米	大小不一的红烧土块，土质较硬		新石器时代马家浜时期	早期二段
H7	T3928 东南部	开口于③层下，打破④层	完整	近圆角方形	直壁，斜平底，长 0.8，宽 0.67，深 0.15～0.3 米	螺壳坑		新石器时代马家浜时期	早期二段
H8	T3220 东北部及北扩方内	开口于①层下，打破②b层	残	清理部分呈不规则形	斜壁，底凹凸不平，长 7.65，宽 3.14，深 0.76 米	灰褐色土夹红烧土，土质较硬	盆、豆、罐、盘、钵、瓿、壶、鬲、圈足等	春秋	商周

续附表一

编号	位置	层位关系	现状	坑口形状	结构与尺寸	填土	包含物（未注明者皆陶质）	年代	所属期段
H9	T2919 东北角，延伸至东、北隔梁内	开口于⑦层下，打破⑧层	残	现清理部分呈不规则形	斜壁、平底，清理部分长 1.1，深 0.74 米	填土可分两层：①层灰黑色土，土质松软，厚 0.36 米；②层灰褐色土夹少量红烧土颗粒，土质疏松，厚 0.38 米	釜、罐、钵和骨镞等	新石器时代马家浜时期	早期一段
H10	T2919 东南角，延伸至东隔梁及探方外	开口于⑧层下，打破⑨层	残	不规则形	斜壁、圜底，长 2.5，宽 0.95，深 0.25 米	大小不一的红烧土块及红烧土粒并夹有少量的土，土质较硬	釜、鳌等	新石器时代马家浜时期	早期一段
H11	T3928 西北角，延伸至探方外	开口于④层下，打破⑤层	残	不规则形	斜壁、圜底，长 2.1，宽 1.33，深 0.45 米	深灰色土夹大量红烧土块，土质松软	釜、罐等	新石器时代马家浜时期	早期一段
H12	T4028 西部偏南	开口于④层下，打破⑤层	完整	近长条状的不规则形	斜壁、平底，长 3，宽 1.35，深 0.3 米	灰黑色土，土质较硬	釜、盆、豆、盂等	新石器时代马家浜时期	早期二段
H13	T2221 东南部，延伸至探方外	开口于①层下，被 F1 叠压，打破④a	残	近圆形	斜壁，底不平，直径 1.1，深 0.3 米	黄褐色土，较纯净，土质较硬	鼎、豆、罐、残石斧等	新石器时代马家浜时期	晚期三段
H14	T3120 东部，T3220 西部	开口于④层下，打破⑤层及 H16	完整	不规则形	斜壁，底部不平，长 4.4，宽 2.96，深 1.2 米	可分两层：①层为蚬蚌螺蛳夹少量泥土和陶片，厚 1.08 米，出土有大量灰坎；②层黑色土，较纯净，土质疏松，厚 0.12 米	鼎、釜、豆、钵、盆、罐、炉箅等	新石器时代马家浜时期	晚期一段

续附表一

编号	位置	层位关系	现状	坑口形状	结构与尺寸	填土	包含物（未注明者皆陶质）	年代	所属期段
H15	T3220西南部	开口于⑤层下，被④层下H14局部打破，打破⑥层	完整	近椭圆形	四壁不够规则，底不甚平，长径2，短径1.3，深0.94米	灰黑色土，土质松软	鼎、釜、豆、盉、罐、钵等	新石器时代马家浜时期	早期二段
H16	T3220等方西部，西部延伸至探方外	开口于④层下，被H14打破，打破⑤层	残，进入方外	不规则形	斜壁，平底，长5.86、宽2.7、深0.86米	填土可分两层：①层灰黑色土，夹有一定数量的红烧土块和红烧土颗粒、石块、动物骨骼等，土质疏松，厚0.6米，出土相当数量的陶片；②层黄灰色土，比较纯净，基本不见出土物，土质疏松，厚0.26米	釜、罐、豆、盉、甑、鼎、支座等	新石器时代马家浜时期	早期二段
H17	T3220东北角，延伸至探方外部	开口于⑤层下，被一柱洞打破，打破⑥层	残，进入方外	清理部分近半椭圆形	壁较直，台阶状底，长径4.1，短径3.54，深0.6米	坑内填充物为大量红烧土块和红烧土夹有少量灰烬及泥土混合，土质较硬	釜、罐、豆、盉、钵、甑、器盖等	新石器时代马家浜时期	早期二段
H18	T3220东部	开口于⑥层下，打破⑦层	残	不规则形	斜壁，圆底，长2.16、宽1.2、深0.32米	较多的红烧土块及烧土粒，有少量草木灰，土质较硬	釜、豆、罐等	新石器时代马家浜时期	早期二段
H19	T3121西部，延伸至探方外	开口于⑥层下，打破⑦层	残	圆形	斜壁，圆底，直径1.12，深0.35米	灰黄色土夹杂较多的红烧土块，土质松软	釜、罐、鳖等	新石器时代马家浜时期	早期一段
H20	位于T2221等四方南部、T2219等四方北部	开口于⑥a层下，打破H21和⑦层	完整	不规则形	斜壁，平底。坑底部有6个小坑，长5.5、宽4.2、深0.24~0.74米	灰黑色土，土质松软	釜、豆、罐、盆、盉、网坠等	新石器时代马家浜时期	早期二段

续附表一

编号	位置	层位关系	现状	坑口形状	结构与尺寸	填土	包含物（未注明者皆陶质）	年代	所属期段
H21	T2221等四方西南部	开口于⑥a层下，打破⑦层，东部被H20打破	完整	椭圆形	直壁、平底，长径1.32，短径1.1，深0.78米	灰黑色土，含有红烧土及大量炭灰，土质松软	釜、罐等	新石器时代马家浜时期	早期二段
H22	T2221等四方东北部	开口于⑦层下，打破⑧层	完整	椭圆形	斜壁、平底，长径2.18，短径2，深0.62米	可分两层，①层灰黑色土，含有炭灰，土质松软，厚0.22米；②层灰黄色土，含有红烧土颗粒，土质松软，厚0.4米	器盖、罐、釜等	新石器时代马家浜时期	早期二段
H23	位于T2221等四方东部，延伸至探方外	开口于⑦层下，打破⑧层	残	半椭圆形	斜壁、平底，残长径1.05、短径1.65，深0.4米	灰黑色土夹黄土、含炭灰、土质松软	釜、罐等	新石器时代马家浜时期	早期二段
H24	T2221等四方东北部	开口于⑧层下，打破⑨层	完整	不规则形	坑壁不很规整，坑底有起伏，长3.05、宽2.8，深0.16~1.24米	偏上部多填成片的红烧土块，近底部凹坑处为含有较多红烧土块的黄花杂土，土质较硬	釜、牛鼻耳、石斧等，残	新石器时代马家浜时期	早期一段
H25	T2221等四方东南部	开口于⑧层下，打破⑨层及H26	残	不规则形	坑壁不很规整，坑底有起伏，长3.68、宽2.62，深0.3~0.7米	大小不一的红烧土块，土质较硬	釜、圈足器等	新石器时代马家浜时期	早期一段
H26	T2221等四方中部	开口于⑧层下，被H25打破，打破⑨层	完整	椭圆形	近直壁、平底，残长径1.14、短径0.9，深0.28米	黄灰色土夹红烧土颗粒，土质稍软	釜、匜等	新石器时代马家浜时期	早期一段

续附表一

编号	位置	层位关系	现状	坑口形状	结构与尺寸	填土	包含物（未注明者皆陶质）	年代	所属期段
H27	T2221 等四方西南部，延伸至探方外	开口于⑧层下，打破⑨层	残	不规则形	坑壁不很规整，坑底有起伏，长1.86、宽1.3、深0.52米	黄灰色土，较纯，土质松软	釜、盆等	新石器时代 马家浜时期	早期一段
H28	T2221 等四方北部，延伸至探方外	开口于⑧层下，打破⑨层	残	不规则形	坑壁不很规整，坑底略有起伏，长9、宽3.75、深0.58米	黄灰色土，较纯，土质松软	釜、盆、盆等	新石器时代 马家浜时期	早期一段
H29	T2221 等四方西北部，延伸至探方外	开口于⑧层下，打破⑨层	残	圆形	斜壁，底不平，直径1.04、深0.3米	散状红烧土，夹有黄花土，土质较硬	釜等	新石器时代 马家浜时期	早期一段
H30	T3629 东部	开口于②b层下，打破③层	完整	近长条状的不规则形	斜壁，斜坡底，底有一深坑，长1.3、宽0.45、深0.24～0.5米	灰黄色土夹杂螺蚬贝壳的混合物，土质相对疏松	少量碎陶片	新石器时代 马家浜时期	晚期一段
H31	T3629 西北角	开口于②b层下，打破③层	完整	不规则形	斜壁，台阶底，长1.5、宽0.72、深0.1～0.56米	灰黄色土夹杂螺蚬贝壳的混合物，土质相对疏松	少量碎陶片	新石器时代 马家浜时期	晚期一段
H32	T3629 东南部	开口于②b层下，打破③层	完整	不规则形	直壁斜坡底，底有一深坑，长0.78、宽0.56、深0.3～0.57米	灰黄色土夹杂螺蚬贝壳的混合物，土质相对疏松	少量碎陶片	新石器时代 马家浜时期	晚期一段
H33	T3628 东北部	开口于②b层下，打破③层	完整	不规则形	直壁，斜坡底，底有一深坑，长1、宽0.62、深0.3～0.7米	灰黄色土夹杂螺蚬贝壳的混合物，土质相对疏松	少量碎陶片	新石器时代 马家浜时期	晚期一段

续附表一

编号	位置	层位关系	现状	坑口形状	结构与尺寸	填土	包含物（未注明者皆陶质）	年代	所属期段
H34	T3628 北部	开口于②b 层下，打破③层	完整	不规则形	直壁、斜坡底，底有一深坑，长 1、宽 0.6、深 0.22～0.55 米	灰黄色土夹杂螺蚬贝壳的混合物，土质相对疏松	少量碎陶片	新石器时代马家浜时期	晚期一段
H35	T3628 北部	开口于②b 层下，打破③层	完整	近长条状的不规则形	斜壁斜坡底，长 1.08、宽 0.42、深 0.3～0.42 米	灰黄色土夹杂螺蚬贝壳的混合物，土质相对疏松	少量碎陶片	新石器时代马家浜时期	晚期一段
H36	T3628 中部	开口于②b 层下，打破③层	完整	近圆形	斜壁、平底，直径 0.88、深 0.9 米	灰黄色土夹杂螺蚬贝壳的混合物，土质相对疏松	鼎等	新石器时代马家浜时期	晚期一段
H37	T3629 西南部	开口于②b 层下，打破③层	完整	不规则形	斜壁、台阶底，长 1.32、宽 0.66、深 0.6～0.72 米	灰黄色土夹杂螺蚬贝壳的混合物，土质相对疏松	少量碎陶片	新石器时代马家浜时期	晚期一段
H38	T3629 西南角	开口于②b 层下，打破③层	完整	不规则形	坑壁不很规整，起伏，长 1.34、宽 0.58、深 0.2～0.45 米	灰黄色土夹杂螺蚬贝壳的混合物，土质相对疏松	少量碎陶片	新石器时代马家浜时期	晚期一段
H39	T3628 西部	开口于②b 层下，打破③层	完整	不规则形	斜壁、斜坡底，底有一深坑，长 1.4、宽 0.6、深 0.2～0.58 米	灰黄色土夹杂螺蚬贝壳的混合物，土质相对疏松	少量碎陶片	新石器时代马家浜时期	晚期一段
H40	T3628 西部，延伸至探方外	开口于②b 层下，打破③层	完整	不规则形	斜壁、斜坡底，长 1.04、宽 0.54、深 0.5～0.65 米	灰黄色土夹杂螺蚬贝壳的混合物，土质相对疏松	少量碎陶片	新石器时代马家浜时期	晚期一段

续附表一

编号	位置	层位关系	现状	坑口形状	结构与尺寸	填土	包含物（未注明者皆陶质）	年代	所属期段
H41	T2114 西南部	开口于①层下，打破②a层		近椭圆形	斜壁、圆底，长径0.84、短径0.44、深0.16米	黄灰色土夹杂螺蛳贝壳的混合物	个别陶片	新石器时代马家浜时期	晚期四段
H48	T2014 西南角	开口于①层下，打破②a层	完整	近椭圆形	斜壁圆底，长径1、短径0.74、深0.56米	黄灰色土夹红烧土块，土质较硬	零星碎陶片	新石器时代马家浜时期	晚期四段
H49	T2014 南扩方西南角	开口于①层下，打破②a层	完整	近椭圆形	斜壁、圆底，长径0.76、短径0.46、深0.36米	黄灰色土夹红烧土颗粒，土质稍硬	鼎、豆等	新石器时代马家浜时期	晚期四段
H50	T2014 东部	开口于②g层下，打破③层	完整	近椭圆形	斜壁、圆底，长径0.98、短径0.8、深0.76米	填充物为大量螺蛳壳夹少量灰土，土质相对比较疏松	鼎、匜等	新石器时代马家浜时期	晚期一段
H51	T2214 南部	开口于②h层下，打破③层	完整	不规则形	斜壁、圆底，长2、宽1.6、深0.68米	灰黑色土夹螺蚌蚬壳，土质疏松	网坠等	新石器时代马家浜时期	晚期一段
H52	T2114 东南部，延伸至探方外	开口于②h层下，打破③层	残	不规则形	斜壁、圆底，长0.8、宽0.62、深0.22米	黑土夹螺蚌蚬壳，土质松软	鼎等	新石器时代马家浜时期	晚期一段
H53	T2114 东南部	开口于②h层下，打破③层	完整	不规则形	斜壁、圆底，长0.5、宽0.4、深0.22米	灰黑色土夹螺蚌蚬壳，土质松软	少量陶片	新石器时代马家浜时期	晚期一段
H54	T2014 南部	开口于②g层下，打破③层	完整	不规则形	斜壁、圆底，长1.02、宽0.32、深0.26米	灰黑色土，土质较硬	无包含物	新石器时代马家浜时期	晚期一段

续附表一

编号	位置	层位关系	现状	坑口形状	结构与尺寸	填土	包含物（未注明者皆陶质）	年代	所属期段
H55	T2014中部	开口于②g层下，打破③层	完整	近椭圆形	斜壁、圜底，长径0.62，短径0.38，深0.25米	灰黑色土夹螺蚌蚬壳，土质松软	无包含物	新石器时代马家浜时期	晚期一段
H56	T2014西部偏南	开口于②g层下，打破③层	完整	不规则形	斜壁、平底，长0.4，宽0.36，深0.5米	灰黑色土夹螺蚌蚬壳，土质松软	少量碎陶片	新石器时代马家浜时期	晚期一段
H57	T2014北部	开口于②g层下，打破③层	完整	近椭圆形	斜壁、平底，长0.76，宽0.63，深0.54米	灰黑色土夹螺蚌蚬壳，土质松软	零星碎陶片	新石器时代马家浜时期	晚期一段
H58	T2014西北部	开口于②g层下，打破③层	完整	圆形	斜壁、平底，直径0.4，深0.3米	灰黑色土夹螺蚌蚬壳，土质松软	零星碎陶片	新石器时代马家浜时期	晚期一段
H59	T2014西北部，延伸至探方外	开口于②g层下，打破③层	残	不规则形	斜壁、圜底，长0.36，宽0.34，深0.48米	可分两层，①层螺壳蚬壳密集，黄灰色土较少；②层螺蚌蚬壳较少，黄灰色土偏多	零星陶片	新石器时代马家浜时期	晚期一段
H60	T2014西部，延伸至探方外	开口于②g层下，打破③层	残	半圆形	斜壁、平底，直径0.55，深0.57米	可分两层，①层螺壳蚬壳密集，黄灰色土较少；②层螺蚌蚬壳较少，黄灰色土偏多	零星碎陶片	新石器时代马家浜时期	晚期一段
H61	T2014西北部，延伸至北隔梁内	开口于②g层下，打破③层	残	半圆形	斜壁、圜底，直径0.25，深0.16米	可分两层，①层螺壳蚬壳较少，黄灰色土较多；②层螺蚌蚬壳较少，黄灰色土偏多	无包含物	新石器时代马家浜时期	晚期一段

续附表一

编号	位置	层位关系	现状	坑口形状	结构与尺寸	填土	包含物（未注明者皆陶质）	年代	所属期段
H62	T2214西北部，延伸至西北隔梁内	开口于③层下，打破④层	残	近椭圆形	斜壁，平底，长径0.62、短径0.41，深0.33米	填土较疏松，夹红烧土块	釜、罐、鏊、牛鼻耳等	新石器时代马家浜时期	早期二段
H63	T2014东部偏南	开口于④层下，打破⑤层	完整	近圆形	斜壁，圜底，直径0.48，深0.56米	黑色土，较疏松	零星碎陶片	新石器时代马家浜时期	早期一段
H64	T2014东北角	开口于④层下，打破⑤层	完整	圆形	斜壁，圜底，直径0.4，深0.65米	黑色土，较疏松	零星碎陶片	新石器时代马家浜时期	早期一段
H65	T2014东北部	开口于④层下，打破⑤层	完整	不规则形	斜壁，平底，长1.28、宽0.8，深0.38米	可分两层：①层黄土，厚0.17米；②层黑色土，夹有炭粒，厚0.21米	②层有零星碎陶片	新石器时代马家浜时期	早期一段
H68	T2114东部偏南	开口于③层下，打破④层	完整	近椭圆形	斜壁，斜坡底，长径1.12、短径0.56，深0.18米	黑褐色土，较疏松	零星碎陶片	新石器时代马家浜时期	早期二段
H69	T2114东部	开口于③层下，打破④层	完整	近椭圆形	斜壁，圜底，长径0.5、短径0.3、深0.14米	深灰色土，较疏松	零星碎陶片	新石器时代马家浜时期	早期二段
H70	T2114东北部	开口于③层下，打破④层	完整	近椭圆形	斜壁，圜底，长径0.43、短径0.3、深0.37米	黑褐色土，较疏松	零星碎陶片	新石器时代马家浜时期	早期二段
H71	T2114西北部	开口于③层下，打破④层	完整	圆形	斜壁，圜底，直径0.32，深0.2米	黑褐色土，较疏松	零星碎陶片	新石器时代马家浜时期	早期二段
H72	T2114东北部	开口于③层下，打破④层	完整	近椭圆形	斜壁，圜底，长径0.6、短径0.48，深0.13米	黄土，较疏松	豆等	新石器时代马家浜时期	早期二段

续附表一

编号	位置	层位关系	现状	坑口形状	结构与尺寸	填土	包含物（未注明者皆陶质）	年代	所属期段
H73	T2114北部，延伸至北隔梁下	开口于③层下，打破④层	残	半圆形	斜壁、圆底，直径0.66、深0.16米	黄土，较疏松	零星碎陶片	新石器时代马家浜时期	早期二段
H74	T2114东部偏北	开口于③层下，打破④层	残	半圆形	斜壁、圆底，直径0.46、深0.12米	黄土，较疏松	鏊等	新石器时代马家浜时期	早期二段
H75	T2114东北部，延伸至北隔梁下	开口于③层下，打破④层	残	不规则形	斜壁、圆底，长0.56、宽0.26、深0.11米	黑褐色土，较疏松	豆等	新石器时代马家浜时期	早期二段
H76	T2114南部，延伸至探方外	开口于③层下，打破④层	残	椭圆形	斜壁、平底，长径0.6、短径0.4、深0.3米	黄土，较疏松	零星碎陶片和动物骨骼等	新石器时代马家浜时期	早期二段
H77	T2114东南角，延伸至探方外	开口于③层下，打破④层	残	清理部分占四分之一	斜壁、平底，直径0.76、深0.3米	黄土，较疏松	零星碎陶片和少量兽骨、鱼骨等	新石器时代马家浜时期	早期二段
H78	T2111西北部，延伸至探方外	开口于③层下，打破④层	残	不规则形	斜壁、平底，长0.84、宽0.55、深0.3米	大量红烧土块及零星蚬蚌壳	零星碎陶片	新石器时代马家浜时期	晚期四段
H79	T2111西北部	开口于⑤层下，打破⑥a层	完整	近圆角方形	斜壁，底部不太平整，长0.9、宽0.86、深0.1米	浅褐色土，土质较硬	坑内埋葬一狗骨架，呈蜷曲状，另有零星碎陶片	新石器时代马家浜时期	早期二段
H80	T2111东北部，延伸至北隔梁下	开口于④层下，打破⑤层	残	半圆形	弧壁、圆底，直径1、深0.6米	黄褐色土，土质较硬	夹杂少量鱼骨等	新石器时代马家浜时期	早期二段

续附表一

编号	位置	层位关系	现状	坑口形状	结构与尺寸	填土	包含物（未注明者皆陶质）	年代	所属期段
H81	T2111 西北部，延伸至西北隔梁下	开口于④层下，打破⑤层	残	半圆形	斜壁、平底，直径0.8，深0.5米	黄褐色土，夹少量蚬蚌壳等，土质较硬	零星碎陶片和动物骨骼	新石器时代马家浜时期	早期二段
H83	T2014 中部	开口于⑥层下，打破⑦层	完整	圆形	斜壁、圆底，直径0.44，深0.16米	黑褐色土，土质松软	无包含物	新石器时代马家浜时期	早期一段
H84	T2014 西部偏南	开口于⑥层下，打破⑦层	完整	圆形	斜壁、圆底，直径0.72，深0.08米	黑褐色土，土质松软	无包含物	新石器时代马家浜时期	早期一段
H85	T2014 西部	开口于⑥层下，打破⑦层	完整	圆形	斜壁、圆底，直径0.4，深0.1米	青褐色土，土质松软	无包含物	新石器时代马家浜时期	早期一段
H86	T2214 东北部	开口于⑤层下，打破⑥层及H88	完整	近长条状的不规则形	斜壁、平底，长1.12，宽0.44，深0.32米	灰黑色土，土质松软	零星碎陶片	新石器时代马家浜时期	早期一段
H87	T2214 东部，延伸至东隔梁下	开口于⑤层下，打破⑥层	残	不规则形	壁不规整、圆底，长0.78，宽0.68，最深0.76米	黄黑色土，夹红烧土颗粒	零星碎陶片	新石器时代马家浜时期	早期一段
H88	T2214 东北部，延伸至东隔梁下	开口于⑤层下，被H86打破	残	近椭圆形	斜壁、圆底，长径0.92，短径0.58，深0.6米	黄黑色土，夹红烧土颗粒	釜、拍等	新石器时代马家浜时期	早期一段
H89	T2014 西北部	开口于⑥层下，打破⑦层	完整	不规则形	斜壁、圆底，长0.9，宽0.62，深0.3米	黄黑色土	牛鼻耳、平底器等	新石器时代马家浜时期	早期一段
H90	T2014 西北部，延伸至西探方外	开口于⑥层下，打破⑦层	残	半圆形	斜壁、圆底，直径0.86，深0.18米	土色发黑，夹有炭粒	零星碎陶片	新石器时代马家浜时期	早期一段

续附表一

编号	位置	层位关系	现状	坑口形状	结构与尺寸	填土	包含物（未注明者皆陶质）	年代	所属期段
H91	T2219 等四方南部	开口于①层下，打破②b层	完整	圆形	斜壁、圆底，直径1.42，深0.3米	黑灰色土，夹少量红烧土块，土质较硬	鼎、盉、罐、缸等	新石器时代马家浜时期	晚期四段
H92	T2219 等四方西南部	开口于①层下，打破②b层	完整	近椭圆圆形	斜壁、台阶底，长径1.85、短径1.6，深0.48米	大小不一的红烧土块，土质较硬	鼎、罐、缸等	新石器时代良渚时期	良渚文化
H93	T2217 等四方西北角，延伸至探方外	开口于①层下，打破②b层	残	不规则形	斜壁、底不平，长1.64、宽1.76，深0.35米	灰黑色土，土质疏松	鼎足等	新石器时代良渚时期	良渚文化
H94	T2419 等四方东北部，延伸至东隔梁下	开口于①层下，打破F15	残	不规则形	斜壁、圆底，长2.28、宽2.2，深0.5米	黑灰色土夹红烧土颗粒	豆、钵、罐、鼎等	春秋	商周
H95	T2419 等四方东部	开口于④a层下，打破⑤a层	完整	近圆角长方形	直壁、平底，长1.26、宽0.84，深0.24米	青灰色土夹杂黄斑土、蚌壳，红烧土块	鼎、釜、豆等	新石器时代马家浜时期	晚期三段
H96	T2219 等四方东部偏北	开口于②b层下，打破⑤a层	完整	近长条状的不规则形	斜壁、平底，长1.4、宽0.46，深0.18米	大小不一的红烧土块，土质较硬	釜、炉箅、缸等	新石器时代马家浜时期	晚期四段
H97	T2217 等四方西南部	开口于②c层下，打破F16	完整	圆角长方形	直壁、平底，长2.53、宽1.22，深0.5米	蚬壳夹泥土，土质较疏松	鼎、豆、罐、缸、盖、炉箅、枕状红烧土等	新石器时代马家浜时期	晚期四段
H98	T2217 等四方南部，延伸至探方外	开口于F16下，打破⑤a层	残	不规则形	斜壁、底凹凸不平，长2.2、宽1.6，深0.25米	黄灰色土，土质较疏松	鼎、豆、罐、缸、炉箅、盆等	新石器时代马家浜时期	晚期三段

续附表一

编号	位置	层位关系	现状	坑口形状	结构与尺寸	填土	包含物（未注明者皆陶质）	年代	所属期段
H99	T2217 等四方东部，T2417 等四方西部	开口于 F16 下，打破⑤a 层	完整	近椭圆弧状	壁一侧较直，一侧平缓，底不平整，长 5.42、宽 3.68、深 0.72 米	灰黄色土，较纯净，土质较疏松	无包含物	新石器时代马家浜时期	晚期四段
H100	T2417 等四方东部，延伸至东隔梁下	开口于⑥a 层下，打破⑦层	残	不规则形	壁和底均不够规整，坑底有一道南北向土梁，长 6.36、宽 6.1、深 0.2～0.8 米	蚬螺蚌壳夹杂少量黑土，土质松软	鼎、釜、罐、豆、盉、钵、缸、炉箅、器盖、灶、蒸箅等	新石器时代马家浜时期	晚期一段
H101	T2417 等四方西南部	开口于⑥a 层下，打破⑦层	完整	不规则形	斜壁，台阶状平底，长 1.96、宽 1.12、深 0.3 米	黑土夹少量蚌及蚬壳	鼎、豆、盆、罐、炉箅等	新石器时代马家浜时期	晚期一段
H102	T2219 等四方西南角，延伸至探方外	开口于⑥a 层下，打破⑦层	残	不规则形	斜壁，台阶状平底，长 1.87、宽 1.48、深 0.3 ～ 0.44 米	黑色炭灰，蚬壳及烧骨	鼎、豆、钵、盆、罐、匜、炉算、网坠、鳌等	新石器时代马家浜时期	晚期二段
H103	T2219 等四方西南部，延伸至探方外	开口于⑦层下，打破⑧层，且被 H102 打破	残	不规则形	斜壁、平底，长 1.16 米、宽 1.14、深 0.1 米	灰黑色土，土质疏松	釜、匜、圈足等	新石器时代马家浜时期	早期二段
H104	T2219 等四方南部，延伸至探方外	开口于⑦层下，打破⑧层	残	近椭圆形	斜壁，平底，长径 1.55、短径 1.6、深 0.5 米	灰黑色土，夹有骨头、石块等，土质疏松	釜、罐、器盖、鳌、牛鼻耳等	新石器时代马家浜时期	早期二段

续附表一

编号	位置	层位关系	现状	坑口形状	结构与尺寸	填土	包含物（未注明者皆陶质）	年代	所属期段
H105	T2219等四方东南部	开口于⑦层下，打破⑧层	完整	圆形	直壁、平底，直径0.8，深0.35米	填土可分两层：①层灰黑色土，含有较多炭灰颗粒，陶片较多，厚0.26米；②层黑色色灰颗粒土，较纯，细腻，土质松软，含有石块及骨头，厚0.09米	釜、豆等	新石器时代马家浜时期	早期二段
H106	T2219等四方西南部	开口于⑦层下，打破⑧层	完整	近圆形	斜壁、平底，直径1.58，深0.28米	可分两层：①层黑色粉质土，土质松软，陶片较多，厚0.28米；②层黑色颗粒土，含蚬鲜壳较多，并含有石块、骨头，土质较硬，厚0.28米	釜、罐、钵等，匜	新石器时代马家浜时期	早期二段
H107	T2219等四方中部	开口于⑦层下，打破⑧层	完整	圆角长方形	直壁、平底，长1.37、宽0.82、深0.34米	灰黑色土	豆、釜、盆、三足器等	新石器时代马家浜时期	早期二段
H108	T2217等四方东部，延伸至东隔梁内	开口于⑦层下，打破⑧层	残	近半圆形	斜壁、近平底，直径约2.52，深0.34米	深灰色土，土质较疏松	豆、釜、钵、罐、器盖等，整理筛选水洗过程中发现数十粒炭化稻米	新石器时代马家浜时期	早期二段
H109	T2217等四方中部偏东	开口于⑦层下，打破⑧层	完整	近圆形	直壁、平底，直径约1.4，深1米	灰褐色土，较纯净，土质较软	无包含物	新石器时代马家浜时期	早期二段

续附表一

编号	位置	层位关系	现状	坑口形状	结构与尺寸	填土	包含物 （未注明者皆陶质）	年代	所属 期段
H110	T2217等四方西北部	开口于⑦层下，打破⑧层	完整	不规则圆形	斜壁、平底，口径0.8~0.84、深0.34米	灰黑色土较纯净，土质较疏松	无包含物	新石器时代马家浜时期	早期二段
H111	T2217等四方西部	开口于⑦层下，打破⑧层	完整	不规则形	斜壁、平底，长1.1、宽0.7、深0.27米	灰黑色土，较疏松	釜、平底器等	新石器时代马家浜时期	早期二段
H112	T2217等四方西南部，延伸至探方外	开口于⑦层下，打破⑧层	残	圆角长方形	斜壁、平底，残长0.8、宽1.1、深0.26米	深灰色土，含砂性强，土质较疏松	釜、豆、盉、盖、器等	新石器时代马家浜时期	早期二段
H113	T2217等四方东南部，延伸至探方外	开口于⑦层下，打破⑧层及H114	残	不规则形	斜壁、圆底，长1.8、宽0.78、深0.3米	深灰色土，含砂性强，土质较疏松	釜、豆、罐等	新石器时代马家浜时期	早期二段
H114	T2217等四方南部，延伸至探方外	开口于⑦层下，打破⑧层，被H113打破	残	不规则形	斜壁、平底，长3.28、宽1.3、深0.7米	灰黑色土，较疏松	釜、钵、三足器、盉、盆等	新石器时代马家浜时期	早期二段
H115	T2419等四方北部	开口于⑦层下，打破⑧层	完整	椭圆形	斜壁、平底，长径1.9、短径3.04、深0.4米	灰色土夹红烧土块、石块和动物骨骼等	釜、豆等	新石器时代马家浜时期	早期二段
H116	T2419等四方西南部，延伸至探方外	开口于⑥b层下，打破⑦层	残	清理部分呈不规则弧形	斜壁、平底，长3.6、宽0.1、深0.78米	黑褐色土夹零星红烧土颗粒	无包含物	新石器时代马家浜时期	晚期一段
H117	T2219等四方东南部，延伸至东隔梁内	开口于⑦层下，打破⑧层	残	清理部分呈不规则弧形	直壁、平底，长1.36、宽0.2、深0.46米	灰黑色土	无包含物	新石器时代马家浜时期	早期二段

续附表一

编号	位置	层位关系	现状	坑口形状	结构与尺寸	填土	包含物（未注明者皆陶质）	年代	所属期段
H118	T2219 等四方东南角，延伸至东隔梁及探方外	开口于⑧层下，打破⑨层及 H119	残	不规则形	斜壁，平底，长 1.04，宽 0.5，深 0.36 米	灰黑色土，夹有木炭	豆等	新石器时代马家浜时期	早期一段
H119	T2219 等四方东南角，延伸至探方外	开口于⑧层下，打破⑨层，东部被 H118 打破	残	清理部分半椭圆形	斜壁，平底，长径 1.4，短径 0.5，深 0.3 米	黄灰色土	无包含物	新石器时代马家浜时期	早期一段
H120	T2219 等四方西部，延伸至探方外	开口于⑦层下，打破⑧层	残	清理部分半椭圆形	斜壁，平底，长径 1.7，短径 1.4，深 0.8 米	灰黑色土	无包含物	新石器时代马家浜时期	早期二段
H121	T2217 等四方东北角，延伸至探东、北隔梁下	开口于⑦层下，打破⑧层	残	不规则弧形	斜壁，圆底，长 1.34，宽 0.46，深 0.7 米	深灰褐色土，疏松	釜、罐、器盖等	新石器时代马家浜时期	早期二段
H122	T2217 等四方西北部，延伸至探方外	开口于⑧层下，打破⑧层	残	清理部分圆弧形	斜壁，平底，长 2.2，宽 0.75，深 0.8 米	灰黑色土，含灰烬较多，土质较松	釜、钵、盆、盉、器盖等，筛选水洗过程中发现数十粒灰化稻米	新石器时代马家浜时期	早期一段

注：H42～H47，H66，H67，H82 跳号。

附表二

西溪遗址灰沟、祭祀遗迹登记表

编号	位置	层位关系	现状	坑口形状	结构与尺寸	填土	包含物（未注明者皆陶质）	年代	所属期段
G1	T1632西部，南、北、西均延伸至探方外	开口于②层下，打破③层	残	近长条状	长条形，斜壁，长4、宽1.5、深0.68米	灰黑色土，夹杂腐朽蚌壳，土质松软	釜、豆、盃、器盖、罐、拍等	新石器时代马家浜时期	早期二段
C2	T2114、T2214北部	开口于①层下，打破②a层	完整	西北—东南向不太规则的长条状	长条形，长6.1、宽0.2~0.42、深0.36米	填灰褐色土，夹有红烧土块和颗粒以及少量蚬壳，土质相对较松	出物物有鼎足、豆、罐、玉管等	新石器时代马家浜时期	晚期四段
G3	T2219等四方，T2419等四方中部	开口于⑧层下，打破⑨层	残，西部进入方外	近长条状的不规则形	斜壁，底较平，长13.5、宽0.8~2.5、深0.32米	填灰黑色土，土质松软	出土陶片及动物骨头。器形有釜、豆、盃、拍等	新石器时代马家浜时期	早期一段
JS1	T2221等四方的中部	开口于④a层下，⑤b层表	主要包括一片约0.66米×0.34米范围的红烧土	无		无	上有1件倒扣的豆圈足，烧土西侧有一堆兽骨及鱼骨，在兽骨的西北和东南有1件骨镞和7件陶网坠	新石器时代马家浜时期	晚期三段

附表三

3－1　西溪遗址地层出土陶片统计表

主发掘区②b、②c、③、④a、⑤a、⑤b、⑥a、⑥b、⑦、⑧、⑨层出土陶片统计表

陶色＼探方	夹蚌							泥质							夹砂								夹炭				合计
	红陶	褐陶	红衣陶	黑衣陶	灰陶	黑陶	褐衣陶	红陶	褐陶	红衣陶	黑衣陶	黑陶	灰陶	褐衣陶	红陶	褐陶	红衣陶	黑衣陶	黑陶	灰陶	褐衣陶	白陶	红陶	褐陶	红衣陶	褐衣陶	
T2217等四方	3401	2106	812	160	6	57	254	272	47	714	31	29	86	20	36				1			15					8041
T2417等四方	1415	836	277	34				8	30	204	35	4	11	13	9	13											2807
T2219等四方	1676	290	1945	531		80	317	72	71	267	19	18	17	20	35	20	4	5	3								5033
T2419等四方	2049	561	2422	387	2	54	141	380		239			7	73	207	41	7	4			6		4	1	5		6862
T2221等四方	1533	424	308	46		39		80		206	8		72		19		16			5	1	9	1			1	2911
合计	10074	4217	5764	1158	8	230	712	812	148	1630	93	51	193	113	306	57	27	9	4	5	7	24	5	1	5	1	25654
百分比%	39.27	16.44	22.47	4.51	0.03	0.90	2.78	3.17	0.58	6.35	0.36	0.20	0.75	0.44	1.19	0.22	0.11	0.04	0.02	0.02	0.03	0.09	0.02	<0.01	0.02	<0.01	100
合计	22163							3040							439								12				
百分比%	86.39							11.85							1.71								0.05				

3-2　主发掘区②a层出土陶片统计表

数量 陶色陶质 \ 探方	夹蚌				泥质				夹砂				合计
	红陶	褐陶	红衣陶	灰陶	红陶	灰陶	黑陶	红衣陶	红陶	褐陶	黑陶	白陶	
T2217等四方					70	26	12	12	271	75	3	1	470
T2417等四方	655	117	61	18	11	76		29	34	27			1028
合计	655	117	61	18	81	102	12	41	305	102	3	1	1498
百分比%	43.72	7.81	4.07	1.20	5.41	6.81	0.80	2.74	20.36	6.81	0.20	0.07	100
合计	851				236				411				
百分比%	56.81				15.75				27.44				

3-3　主发掘区②b层出土陶片统计表

数量 陶色陶质 \ 探方	夹蚌						泥质						夹砂				夹发		合计
	红陶	褐陶	红衣陶	黑衣陶	黑陶	褐衣陶	红陶	褐陶	红衣陶	黑衣陶	灰陶	黑陶	红陶	褐陶	白陶	黑陶	褐陶	红衣陶	
T2217等四方	288	192					87		47		42	11	13		1				681
T2417等四方	210	61	32	9			8	12	23		10		3	4					360
T2219等四方	52	50	73		12		20	2	48	4	2	4	23	3		3	1	3	310
T2419等四方	51	3	7		1	4	35		29		2	4							140
合计	601	306	112	9	13	4	150	14	147	4	56	19	39	7	1	3	1	3	1491
百分比%	40.31	20.52	7.51	0.60	0.87	0.27	10.06	0.94	9.86	0.27	3.76	1.27	2.62	0.47	0.07	0.20	0.07	0.20	100
合计	1045						392						50				4		
百分比%	70.09						26.29						3.35				0.27		

表3—4　主发掘区②c层出土陶片统计表

探方 \ 陶色（数量）	夹蚌					泥质					夹砂		合计
	红陶	褐陶	红衣陶	黑衣陶	黑陶	红陶	红衣陶	黑衣陶	灰陶	黑陶	红陶	白陶	
T2217等四方	527	615	14	7	15	135	112	3	41	10	8	13	1500
合计	527	615	14	7	15	135	112	3	41	10	8	13	1500
百分比%	35.13	41.00	0.93	0.47	1.00	9.00	7.47	0.20	2.73	0.67	0.53	0.87	100
合计	1178					301					21		
百分比%	78.53					20.07					1.40		

表3—5　主发掘区③层出土陶片统计表

探方 \ 陶色（数量）	夹蚌			泥质			夹砂		合计
	红陶	褐陶	红衣陶	红陶	红衣陶	灰陶	红陶	黑陶	
T2217等四方	58	19	4	2	4	3	1	1	92
合计	58	19	4	2	4	3	1	1	92
百分比%	63.04	20.65	4.35	2.17	4.35	3.26	1.09	1.09	100
合计	81			9			2		
百分比%	88.04			9.78			2.17		

3-6　主发掘区④a层出土陶片统计表

探方 \ 陶色	夹蚌 红陶	夹蚌 褐陶	夹蚌 红衣陶	夹蚌 黑衣陶	夹蚌 灰陶	夹蚌 褐衣陶	夹蚌 黑陶	泥质 红陶	泥质 红衣陶	泥质 黑衣陶	泥质 灰陶	泥质 黑陶	泥质 褐衣陶	夹砂 红陶	夹砂 褐陶	夹砂 白陶	夹砂 灰陶	夹砂 红衣陶	夹炭 红陶	合计
T2219等四方	305	54	37					8	18		15									447
T2419等四方	90	5				3	1	42	10			4	3	116	17					291
T2221等四方	671	211	29	8	2	9	21	59	108	6	44			17		8	5	5	1	1194
合计	1066	270	66	8	2	12	22	109	136	6	59	4	3	133	17	8	5	5	1	1932
百分比%	55.18	13.98	3.42	0.41	0.10	0.62	1.14	5.64	7.04	0.31	3.05	0.21	0.16	6.88	0.88	0.41	0.26	0.26	0.05	100

分类合计：夹蚌 合计 1446（百分比% 74.84）；泥质 合计 317（百分比% 16.41）；夹砂 合计 168（百分比% 8.70）；夹炭 合计 1（百分比% 0.05）

3-7　主发掘区⑤a层出土陶片统计表

探方 \ 陶色	夹蚌 红陶	夹蚌 褐陶	夹蚌 红衣陶	夹蚌 黑衣陶	夹蚌 黑陶	夹蚌 褐衣陶	泥质 红陶	泥质 褐陶	泥质 红衣陶	泥质 黑衣陶	泥质 黑陶	泥质 灰陶	泥质 褐衣陶	夹砂 红陶	夹砂 褐陶	夹砂 红衣陶	夹砂 黑衣陶	夹砂 白陶	夹炭 红陶	夹炭 红衣陶	合计
T2217等四方	547	325	61	25	2	10	30	28	279	11	6		18	11				1			1354
T2417等四方	502	189	143	17					87			1		4	3						946
T2219等四方	229	45	246		68		21	15	90	12				6		2	4		4	2	744
T2419等四方	129	28	36		9	13	67	14	41	12		3	7	26	9						394
合计	1407	587	486	42	79	23	118	57	497	35	6	4	25	47	12	2	4	1	4	2	3438
百分比%	40.92	17.07	14.14	1.22	2.30	0.67	3.43	1.66	14.46	1.02	0.17	0.12	0.73	1.37	0.35	0.06	0.12	0.03	0.12	0.06	100

分类合计：夹蚌 合计 2624（百分比% 76.32）；泥质 合计 742（百分比% 21.58）；夹砂 合计 66（百分比% 1.92）；夹炭 合计 6（百分比% 0.17）

3-8　主发掘区⑤b层出土陶片统计表

探方 \ 陶色陶质	夹蚌							泥质							夹砂				合计
	红陶	褐陶	红衣陶	黑衣陶	黑陶	灰陶	褐灰陶	红陶	褐陶	红衣陶	黑衣陶	灰陶	黑陶	褐衣陶	红陶	褐陶	红衣陶	褐衣陶	
T2219等四方	79		5	9		4		3		12									112
T2419等四方	61	14	4	1	1			104	23	27		2	9	6	52	13	3		320
T2221等四方	374	152	40	13	14		21	19		78	2	28			2		3	1	747
合计	514	166	49	23	15	4	21	126	23	117	2	30	9	6	54	13	6	1	1179
百分比%	43.60	14.08	4.16	1.95	1.27	0.34	1.78	10.69	1.95	9.92	0.17	2.54	0.76	0.51	4.58	1.10	0.51	0.08	100
合计	792							313							74				
百分比%	67.18							26.55							6.28				

3-9　主发掘区⑥a层出土陶片统计表

探方 \ 陶色陶质	夹蚌						泥质						夹砂				夹炭	合计
	红陶	褐陶	红衣陶	黑衣陶	黑陶	褐衣陶	红陶	褐陶	红衣陶	黑衣陶	黑陶	褐衣陶	红陶	褐陶	红衣陶	黑衣陶	褐衣陶	
T2217等四方	592	758	76	28	40	117	3	19	272	17	2	2	3					1929
T2417等四方	703	586	102	8					94	19				6				1501
T2219等四方	183		83	63			14		66			20			2	1		454
T2419等四方	380	124	17	39	7	46	32	8	67	7		17		2		4		752
T2221等四方	91	30	24	15	4	16	2		18								1	201
合计	1949	1498	302	153	51	179	51	27	517	43	2	39	10	8	2	5	1	4837
百分比%	40.29	30.97	6.24	3.16	1.05	3.70	1.05	0.56	10.69	0.89	0.04	0.81	0.21	0.17	0.04	0.10	0.02	100
合计	4132						679						25				1	
百分比%	85.42						14.04						0.52				0.02	

3－10　主发掘区⑥b层出土陶片统计表

探方 ＼ 数量·陶色	夹蚌						泥质					夹砂			合计
	红陶	褐陶	红衣陶	黑衣陶	黑陶	褐衣陶	红陶	褐陶	红衣陶	黑陶	褐衣陶	红陶	红衣陶	褐衣陶	
T2217等四方	203	76	120	43		36	15								493
T2219等四方	15	3	261	43			6	3	33			3			367
T2419等四方	313	41	176	134	3		100	24	65	1	38	11	4	6	916
总计	531	120	557	220	3	36	121	27	98	1	38	14	4	6	1776
百分比%	29.90	6.76	31.36	12.39	0.17	2.03	6.81	1.52	5.52	0.06	2.14	0.79	0.23	0.34	100
总计（分类）	1467						285					24			
百分比%（分类）	82.60						16.05					1.35			

3－11　主发掘区⑦层出土陶片统计表

探方 ＼ 数量·陶色	夹蚌						泥质		夹砂		合计
	红陶	褐陶	红衣陶	黑衣陶	黑陶	褐衣陶	灰陶	红衣陶	红衣陶	白陶	
T2217等四方	370	38	233	14		44					699
T2219等四方	312	84	450	268							1114
T2419等四方	629	95	746	124	32	251					1877
T2221等四方	92	7	49	18		40	2	2	7	1	218
合计	1403	224	1478	424	32	335	2	2	7	1	3908
百分比%	35.90	5.73	37.82	10.85	0.82	8.57	0.05	0.05	0.18	0.03	100
合计（分类）	3898						2		8		
百分比%（分类）	99.74						0.05		0.21		

3-12　主发掘区⑧层出土陶片统计表

数量 探方	夹蚌					夹砂	合计
陶色	红陶	褐陶	红衣陶	黑衣陶	褐衣陶	红衣陶	
T2217 等四方	816	83	304	43	47		1293
T2219 等四方	501	54	790	140			1485
T2419 等四方	396	251	1436	89			2172
T2221 等四方	202	24	127		38	1	392
合计	1915	412	2657	272	85	1	5342
百分比%	35.85	7.71	49.74	5.09	1.59	0.02	100
合计	5341					1	
百分比%	99.98					0.02	

3-13　主发掘区⑨层出土陶片统计表

数量 探方	夹蚌			合计
陶色	红陶	红衣陶	褐衣陶	
T2221 等四方	103	39	17	159
合计	103	39	17	159
百分比%	64.78	24.53	10.69	100
合计	159			
百分比%	100			

附表四

4－1

H100 出土陶片统计表

H100 出土陶片纹饰统计表

纹饰 \ 陶色 数量	夹蚌				泥质			夹砂	合计
	红衣陶	黑衣陶	红陶	褐陶	红衣陶	红陶	红陶		
按捺纹			121	6					127
镂孔			2	3	2				7
附加堆纹			2						2
弦纹								2	2
素面	125	44	976	525	51	3		13	1737
合计	125	44	1101	534	53	3		15	1875
百分比%	6.67	2.35	58.72	28.48	2.83	0.16		0.8	100

4 – 2　H100 出土陶片器类统计表

器类＼陶色/数量	夹蚌				泥质		夹砂	合计	百分比%
	红衣陶	黑衣陶	红陶	褐陶	红衣陶	红陶	红陶		
釜	15	11	8					34	1.81
罐	2		8	6				16	0.85
鼎（口、腹片）			82	88				170	9.07
鼎（足）	3		176	9				185	9.87
豆		2	3		18	2		28	1.49
蒸箅	9		8	4				12	0.64
器鋬		5	3	2				19	1.01
器耳		1	6	4				11	0.59
盉		2	2	2				6	0.32
钵	1							1	0.05
器盖			5	3				8	0.43
缸			1				15	16	0.85
灶			2					2	0.11
炉箅			1	3				4	0.21
其他	95	23	796	413	35	1		1363	72.69
合计	125	44	1101	534	53	3	15	1875	
百分比%	6.67	2.35	58.72	28.48	2.83	0.16	0.80		100

附　录　北京大学加速器质谱（AMS）碳 – 14 测试报告

送样单位：南京博物院考古研究所

送 样 人：田名利

送样日期：2005 年 5 月 11 日

实验室编号	样品	样品原编号	碳十四年代（BP）	树轮校正后年代（BC）	
				1σ（68.2%）	2σ（95.4%）
BA05806	木炭	T3220 等方④层	4970 ± 40	3795BC（68.2%）3700BC	3940BC（7.8%）3870BC 3810BC（87.6%）3650BC
BA05807	木炭	T2217 等四方⑧层	5920 ± 40	4850BC（13.8%）4820BC 4810BC（29.1%）4770BC 4760BC（25.3%）4720BC	4910BC（6.5%）4870BC 4860BC（88.9%）4710BC
BA05808	木炭	F1	4850 ± 40	3700BC（54.4%）3630BC 3560BC（13.8%）3530BC	3710BC（68.3%）3620BC 3590BC（27.1%）3520BC

注：所用碳十四半衰期为 5568 年，BP 为距 1950 年的年代。

树轮校正所用曲线为 IntCal04（1），所用程序为 OxCal v3.10（2）。

1. Reimer PJ, MGL Baillie, E Bard, A Bayliss, JW Beck, C Bertrand, PG Blackwell, CE Buck, G Burr, KB Cutler, PE Damon, RL Ecwards, RG Fairbanks, M Friedrich, TP Guilderson, KA Hughen, B Kromer, FG McCormac, S Manning, C Bronk Ramsey, RW Reimer, S Remmele, JR Southon, M Stuiver, S Talamo, FW Taylor, J van der Plicht, and CE Weyhenmeyer. 2004 *Radiocarbon* 46：1029 – 1058.

2. Christopher Bronk Ramsey 2005, www.rlaha.ox.ac.uk/orau/oxcal.html

北京大学　加速器质谱实验室

第四纪年代测定实验室

2005 年 11 月 30 日

英文提要

The Xixi Site is located in Xixi Natural Village of Xidong Village, Yixing City, Jiangsu Province, on the western edge of Taihu Lake, and covers an area of over 50,000 square meters. From 2002 to 2004, the Nanjing Museum and other institutions conducted test excavations and a major excavation covering a total area of 1,066.75 square meters. The major discoveries included 109 Neolithic pits, 3 ditches, 16 structures, multi-layered building remains, 4 tombs, and 1 sacrificial feature associated with the Luotuodun – Majiabang Culture in the Taihu Lake Basin.

The site remains can be divided into two developmental phases, early and late. In the early phase, the artifacts were mainly pottery, with some bone and antler tools and a smaller amount of stone tools. Most of the pottery is fine-shell tempered, characterized by loose, relatively low-fired clay. Flat-bottomed vessels dominate, with few ringed foot and small tripod vessels. Decoration is minimal, with most vessels being plain. Forms include cauldrons, jars, dou vessels, basins, bowls, plates, he vessels, yi pouring vessels, zeng steamers, stove vessels, cups, lids, stands, spindle whorls, and net weights. The flat-bottomed kettle is the most common cooking vessel. The architecture appears to be stilt houses with raised columns, beams, and floors. Numerous refuse pits and ditches provide insight into the daily life of the ancient people in this low-lying, water-rich area. The absolute dating for this phase is approximately 7,000 – 6,400 years ago.

In the later phase, the remains show a close connection to shell deposits, with building styles evolving into red-fired clay floors. Pottery remains dominant, followed by bone and antler tools, with an increase in stone tools and a few jade items. There is a reduction in shell-tempered pottery, with a growing prevalence of clay and sand-tempered ceramics. Flat-bottomed vessels continue to appear but in smaller numbers, coexisting with an incluse in tripod vessels, round-bottomed vessels, and ring-footed vessels. The clay is harder due to higher firing temperatures. Vessel types include pottery dings, cauldrons, dou vessels, jars, small jars, tripod jars, basins, bowls, tripod bowls, plates, he vessels, yi vessels, vats, yan steamers, zeng steamers, stove grates, furnace grates, cups, bowls, stands, ring-shaped vessels, footed vessels, lids, net weights, and spindle whorls, with more elaborate decorations. Accessories like handles, lugs, and finger-pressed decorations are common, with dings becoming the dominant vessel. New forms like furnace grates, tripod bowls, large coarse – tempered vats, in-turned mouth jars, yan steamers, and pouch-footed vessels emerge. The absolute dating for this phase is approximately 6,400 – 5,800 years ago.

The early phase remains closely resemble those of the Luotuodun Site in Yixing, affirming the presence of Luotuodun Culture, characterized by flat-bottomed cauldrons, in the western Taihu Lake region. The later phase shows increasing similarities to the eastern Lake Tai area, displaying features of typicality, transitional phases, continuity, breakthroughs, innovation, fusion, diversity, and complexity, marking a transition to the Songze Culture. This site holds great significance for reevaluating the periodization, regional divisions, types, and cultural characteristics of the Majiabang Culture. It laid a solid foundation for the emergence of the increasingly unified Songze and Liangzhu cultures in the Taihu Lake Basin, playing a crucial and unique role in the civilizational progress of ancient China.

编后记

　　时光飞逝，日月如梭。自从 2002 年 5 月第一次踏上宜兴西溪遗址试掘，转眼之间已经过去了 20 多个年头。按照考古工作基本要求，发掘之后就进行了简报、收获和纪要的撰写，但发掘报告由于诸多主观和客观的原因，时间上已经大大地推迟了，稍不留意，就可能被列上积压报告的名单，这是考古人应该尽量避免、不能突破的底线。所以现今呈现在诸位师友和读者面前的是一部尽力而为的考古报告，总算为中断多年的田野考古生涯画上了一个句号。

　　本书是集体劳动的成果和结晶。各章节执笔如下：第一章第一节蒋苏荣、蔡述亮负责，第一章第二节、第二章第三节徐建清负责，第三章、第八章田名利、徐建清、彭辉负责，第四章、第五章彭辉负责，第六章赵永正负责，第七章宋艳波、黄宝玉、汪程鹏、马春梅等负责。

　　对所有参与宜兴西溪遗址工作和给予支持帮助的人员致以衷心的感谢！

编　者

彩版一　西溪遗址文物保护单位碑

（西南—东北）

（西南—东北）

彩版二　西溪遗址附近自然环境

1. H105清理后全景（北—南）

2. H106清理后全景（西—东）

彩版三　灰坑H105、H106

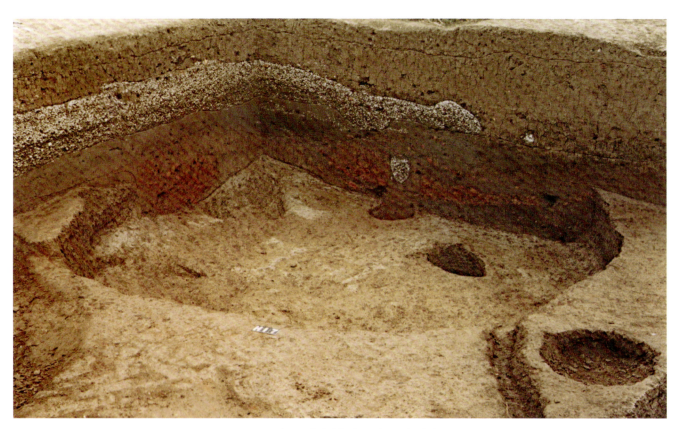

1. H17清理后全景（西南—东北）

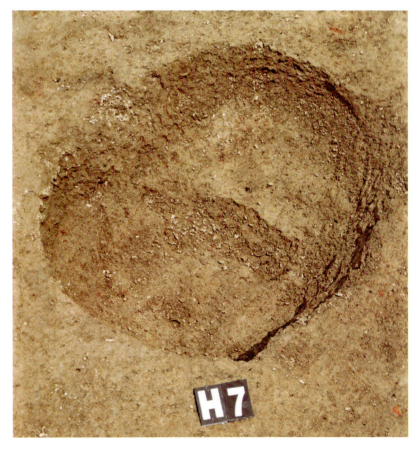

2. H7清理后全景（西—东）

彩版四　灰坑H17、H7

1. H97清理后全景（南—北）

2. H107清理后全景（西—东）

彩版五　灰坑H97、H107

1. H9清理后全景（北—南）

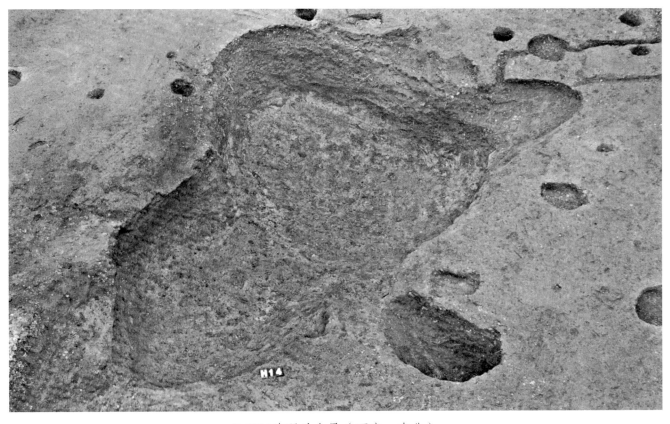

2. H14清理后全景（西南—东北）

彩版六　灰坑H9、H14

1. H20清理后全景（西—东）

2. H24清理后全景（北—南）

彩版七　灰坑H20、H24

1. H100清理后全景（东—西）

2. H101清理后全景（东—西）

彩版八　灰坑H100、H101

1. F1全景（北—南）

2. F1柱洞（北—南）

彩版九　房址F1

1. F1 红烧土堆积（南—北）

2. F1 出土石器

彩版一○　房址F1及其出土石器

1. F2局部（北—南）

2. F2红烧土堆积（东—西）

彩版一一　房址F2

1. F3和F1平面全景（东—西）

2. F3红烧土堆积（东—西）

彩版一二　房址F3

1. F5（北—南）

2. F6（西—东）

彩版一三　房址F5、F6

1. F7（南—北）

2. F9（西—东）

彩版一四　房址F7、F9

1. F10（东—西）

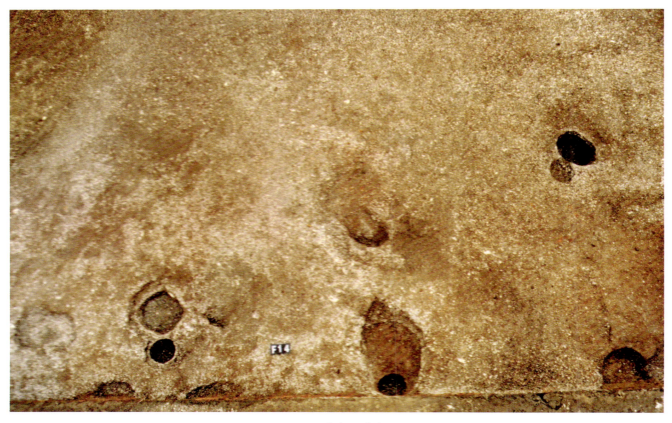

2. F14（南—北）

彩版一五　房址F10、F14

1. F11（北—南）

2. F11小平底陶缸出土情况

彩版一六　房址F11及其陶器出土情况

1. F11~F13（南—北）

2. F11~F13（北—南）

彩版一七　房址F11~F13

1. F15（东—西）

2. F15红陶器出土情况（南—北）

彩版一八　房址F15及其陶器出土情况

1. F16全景（北—南）

2. F16局部（北—南）

彩版一九　房址F16

1. T2217等四方⑦层表柱洞清理前（东—西）

2. T2217等四方⑦层表柱洞清理后（南—北）

彩版二〇　T2217等四方⑦层表柱洞

1. T2219等四方⑦层表柱洞清理后（北—南）

2. T2419等四方⑦层表柱洞清理后（北—南）

彩版二一　T2219等四方⑦层表、T2419等四方⑦层表柱洞

1. T2221等四方⑧层表柱洞清理前（南—北）

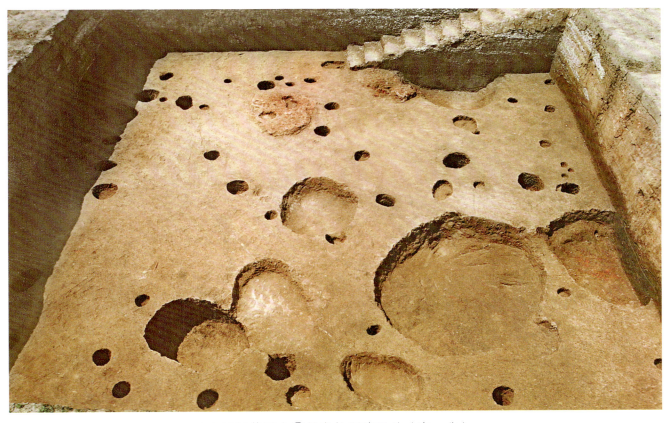

2. T2221等四方⑧层表柱洞清理后（南—北）

彩版二二　T2221等四方⑧层表柱洞

1. T2419等四方⑧层表柱洞清理后（东—西）

2. T2217等四方⑨层表柱洞清理后（面—向）

彩版二三　T2419等四方⑧层表、T2217等四方⑨层表柱洞

1. T2219等四方⑨层表柱洞清理后（西—东）

2. T2419等四方⑨层表柱洞清理后（东—西）

彩版二四　T2219等四方⑨层表、T2419等四方⑨层表柱洞

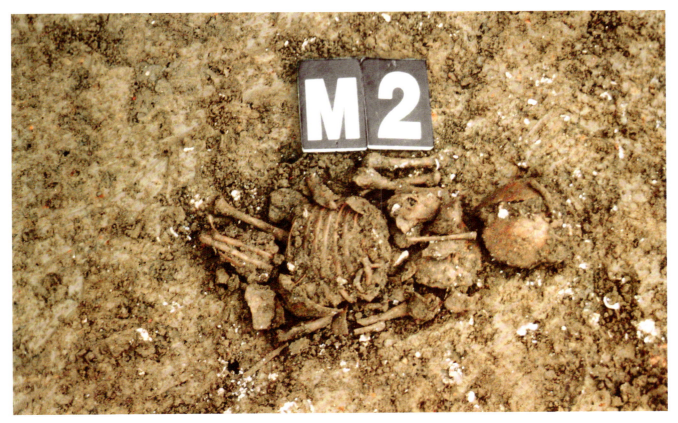

1. M2（东—西）

2. M3（东—西）

彩版二五　墓葬M2、M3

1. M4（西—东）

2. JS1（南—北）

彩版二六　墓葬M4与祭祀遗迹JS1

1. T2219等四方⑧：4

2. H88：2

3. T2111⑥a：1

4. H122：2

5. T2217等四方⑧：6

6. T2217等四方⑧：5

彩版二七　西溪遗址出土陶釜（Aa型Ⅰ式）

1. Ⅱ式（H23：1）

2. Ⅱ式（H20：3）

3. Ⅱ式（T2217等四方⑦：2）

4. Ⅱ式（T2111④：1）

5. Ⅴ式（F1：17-1）

彩版二八　西溪遗址出土陶釜（Aa型）

1. Ab型Ⅰ式（T2221等四方⑧：1）

2. Ab型Ⅱ式（T2217等四方⑦：1）

3. B型（H26：2）

4. Cc型Ⅱ式（H20：5）

5. Cd型（H16：1）

彩版二九　西溪遗址出土陶釜

1. Da型（H88：3）

2. Db型（F1：40）

3. Ea型（T2217等四方②b：3）

4. Ea型（F8：17）

5. Eb型（T2419等四方⑤a：15）

彩版三〇　西溪遗址出土陶釜

1. H100：23

2. H100：14

3. H100：16

4. H100：17

5. H100：18

6. H102：7

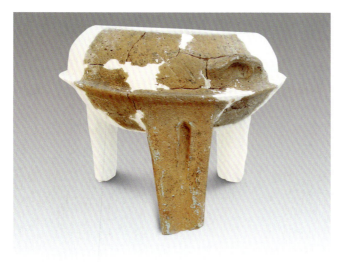

1. A型（T2221等四方⑤b：11）

2. B型Ⅰ式（T2219等四方⑦层表D15：1）

3. B型Ⅱ式（T3220等方④：2）

4. B型Ⅱ式（T2221等四方⑤b：9）

5. B型Ⅱ式（T2221等四方⑤b：15）

彩版三二　西溪遗址出土陶鼎

1. Ca型（F11：2）

2. Cb型（H50：1）

3. D型（H14：11）

4. D型（H14：1）

5. E型（T2819⑤：1）

6. E型（F8　16）

彩版三三　西溪遗址出土陶鼎

1. F型（T2221等四方④a：8）

2. Ga型Ⅰ式（T2419等四方⑤a：2）

3. Gb型Ⅲ式（F1：20）

4. Gc型Ⅱ式（F1：16）

彩版三四　西溪遗址出土陶鼎

1. Aa型Ⅰ式（H20：2）

2. Aa型Ⅲ式（T2919④：2）

3. Ab型Ⅱ式（T3220等方④：3）

4. Ba型Ⅰ式（T2217等四方⑧：7）

5. Ba型Ⅲ式（H100：11）

彩版三五　西溪遗址出土陶罐

1. Ba型Ⅲ式（T3220等方⑤层表D47：1）

2. Ba型Ⅲ式（T2221等四方④a：9）

3. Ba型Ⅳ式（F1：42）

4. C型Ⅰ式（H122：1）

5. C型Ⅱ式（T2221等四方⑤b：10）

彩版三六　西溪遗址出土陶罐

1. Ea型Ⅱ式（T1632②：1）

2. Fa型Ⅰ式（T2219等四方⑧：2）

3. Fa型Ⅱ式（T2217等四方⑦：3）

4. Fa型Ⅱ式（H16：3）

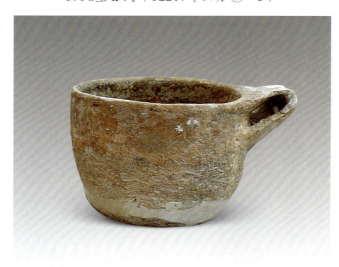

5. Fb型（TG1⑤：1）

彩版三七　西溪遗址出土陶罐

1. A型 I 式小罐（H16：2）

4. Ba型小罐（T2221等四方⑤b：12）

2. A型 II 式小罐（H100：20）

5. Bb型小罐（F1：17-3）

3. A型 III 式小罐（T3628等方②b：8）

6. 釜、甑、小罐组合（F1：17-1、17-2、17-3）

彩版三八　西溪遗址出土陶小罐

1. A 型（T3220 等方④：1）

2. B 型（F8：18）

3. C 型（H17：1）

彩版三九　西溪遗址出土陶三足罐

1. A型Ⅳ式豆（T2919②：1）

2. A型Ⅳ式豆（F7：2）

3. A型Ⅳ式豆（F15③：3）

4. A型Ⅳ式豆（F15③：9）

5. Aa型Ⅱ式喇叭形高圈足（T3628等方②b：5）

6. Aa型Ⅱ式喇叭形高圈足（F4：6）

彩版四〇　西溪遗址出土陶豆、高圈足

1. Aa型Ⅲ式（F1：37）

2. Aa型Ⅲ式（F15③：4）

3. Aa型Ⅲ式（F8：12）

4. Aa型Ⅲ式（F7：1）

5. Ab型（H100：21）

6. Ac型（H100：24）

彩版四一　西溪遗址出土陶盆（A型）

1. Ba型盆（T2417等四方⑦：1）

2. Bb型盆（F15③：1）

3. B型Ⅰ式盉（T3220等方④：4）

4. B型Ⅱ式盉（H102：8）

彩版四二　西溪遗址出土陶盆、盉

1. A型 I 式钵（T2219等四方⑧∶3）

2. A型 I 式钵（T2217等四方⑧∶8）

3. A型 II 式钵（H106∶1）

4. B型 II 式钵（H114∶1）

5. A型三足钵（T2217等四方⑥a∶3）

6. B型三足钵（F8∶10）

彩版四三　西溪遗址出土陶钵、三足钵

1. A型（H50：2）

4. Ca型（F1：15）

2. Ba型Ⅰ式（H26：1）

3. Bb型（F1：19）

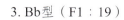

5. Cb型（F1：4）

彩版四四　西溪遗址出土陶匜

1. D型Ⅰ式（T2217等四方⑦：4）

2. D型Ⅱ式（F15③：8）

3. Ea型Ⅰ式（H100：12）

4. Ea型Ⅱ式（F1：22）

5. Ea型Ⅱ式（F15③：2）

6. Eb型（F1：6）

彩版四五　西溪遗址出土陶匜

1. A型缸（F11：1）

2. A型缸（T2221等四方⑥a：4）

3. B型缸（F15②：1）

4. 甑（T3220等方③：5）

5. Ⅰ式蒸箅（H16：5）

6. Ⅱ式蒸箅（H100：13）

彩版四六　西溪遗址出土陶缸、甑、蒸箅

1. A型Ⅰ式（H100：15）

2. A型Ⅱ式（F1：18）

3. Ba型（H100：22）

彩版四七　西溪遗址出土陶甑

1. Bb型Ⅰ式（T2219等四方④a：3）

2. Bb型Ⅱ式（F8：9）

3. Bb型Ⅱ式（F1：17-2）

彩版四八　西溪遗址出土陶甑

1. A型杯（H100：19）

2. B型杯（F8：6）

3. A型盅（F15③：6）

4. B型盅（F1：7）

5. A型器座（H20：4）

6. B型器座（H16：4）

彩版四九　西溪遗址出土陶杯、盅、器座

1. Ab型支座（T2419等四方⑧：2）

2. Ab型支座（T2217等四方②c：4）

3. Ab型支座（T2417等四方②b：1）

4. B型支座（F1：32）

5. 圈形器（T2221等四方⑨：1）

6. 圈形器（T2221等四方⑤b：6）

彩版五〇　西溪遗址出土陶支座、圈形器

1. A型Ⅲ式（F1：1）

2. Ba型（T3220等方⑥：1）

3. Bb型（T3220等方⑤：1）

4. C型（H16：6）

彩版五一　西溪遗址出土陶器盖

1. D型（T2217等四方⑧：1）　　　　2. D型（H16：7）

3. D型（H16：8）　　　　4. D型（H16：9）

5. D型（T4028④：4）　　　　6. F型（H22：1）

彩版五二　西溪遗址出土陶器盖

1. A型（H20：1） 2. A型（H100：8） 3. A型（H100：9）

4. A型（H100：10） 5. A型（T2217等四方⑥a：1） 6. A型（T2221等四方⑤b：5）

7. A型（T2221等四方⑤b：7） 8. A型（T2217等四方⑤a：1） 9. A型（T2219等四方⑥a：1）

10. A型（T3628等方②b：6） 11. A型（T3628等方②b：7） 12. B型（TG1④：3）

彩版五三　西溪遗址出土陶网坠

1. H51出土

2. JS1出土

彩版五四　西溪遗址出土陶网坠（A型）

1. T2114③ : 1
2. T2219等四方⑥b : 1
3. T2819② : 1
4. T3628等方②b : 1
5. T3628等方②b : 2
6. T3628等方②b : 3
7. F8 : 7
8. F4 : 3
9. T2217等四方②b : 2

彩版五五　西溪遗址出土陶纺轮（A型）

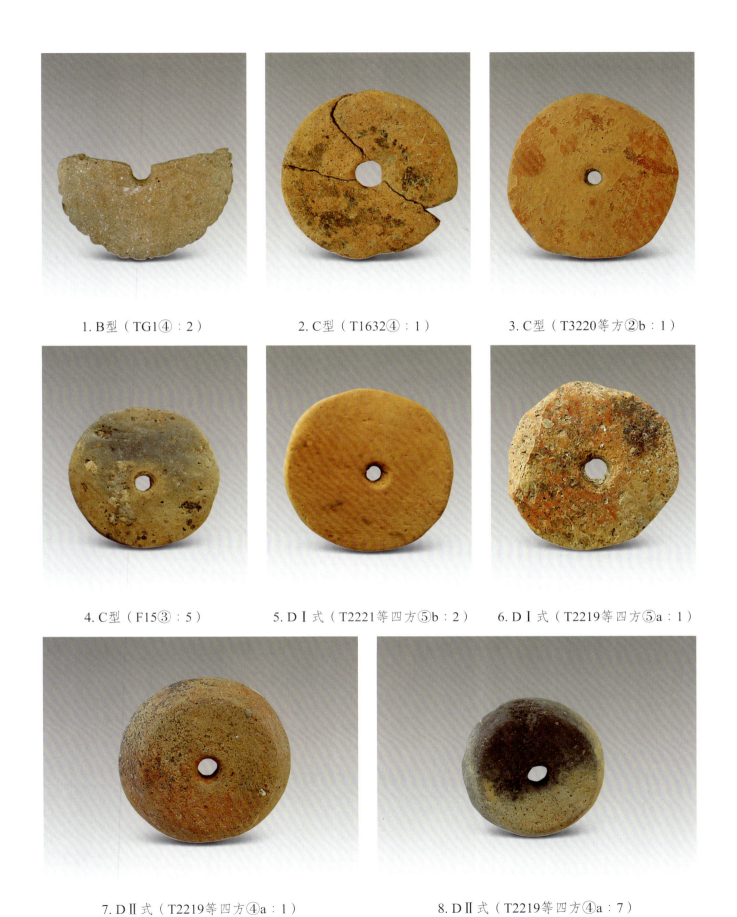

1. B型（TG1④：2）　　　　2. C型（T1632④：1）　　　　3. C型（T3220等方②b：1）

4. C型（F15③：5）　　　　5. DⅠ式（T2221等四方⑤b：2）　　　　6. DⅠ式（T2219等四方⑤a：1）

7. DⅡ式（T2219等四方④a：1）　　　　8. DⅡ式（T2219等四方④a：7）

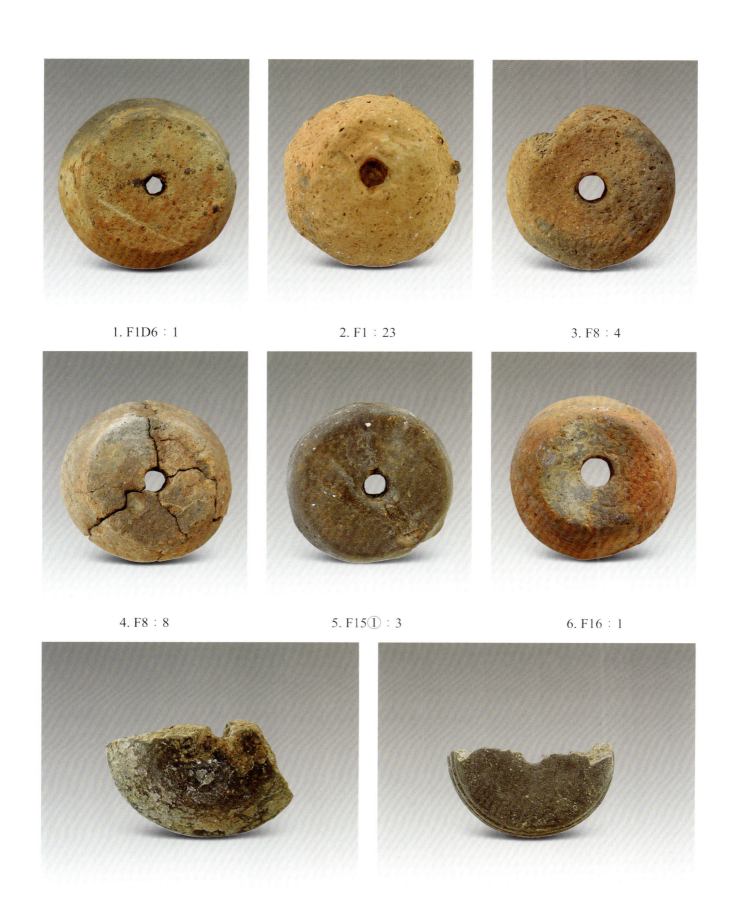

1. F1D6：1

2. F1：23

3. F8：4

4. F8：8

5. F15①：3

6. F16：1

7. T2417等四方⑤a：5

8. F4：5

彩版五七　西溪遗址出土陶纺轮（D型Ⅱ式）

1. 拍（H88：1）

2. 拍（T2419等四方⑧：1）

3. 拍（T2219等四方⑦：4）

4. 拍（G1：1）

5. Aa型环（T3220等方④：7）

6. Aa型环（T2221等四方④a：16）

7. Ab型环（T2419等四方⑧：3）

8. B型环（F15①：1）

9. B型环（F15①：2）

彩版五八　西溪遗址出土陶拍、环

1. 陶塑动物（T2221等四方④a：13）

2. 陶塑动物（T2417等四方⑥a：3）

3. 陶塑动物（T2111⑤：5）

4. 陶塑动物（T2114②e：1）

5. 枕状红烧土（H97：1）

彩版五九　西溪遗址出土陶塑动物、枕状红烧土

1. A型（F1：34）

2. B型（F1：33）

3. B型（TG1①：1）

4. B型（采：6）

5. C型（采：1）

彩版六〇　西溪遗址出土穿孔石斧

1. A型穿孔石斧（F1：35）

3. 斧（H24：1）

2. B型穿孔石斧（F14：2）

4. 斧（H13：1）

5. 斧（F15①：4）

彩版六一　西溪遗址出土穿孔石斧、斧

1. Ⅰ式（T3220等方③：3）

2. Ⅱ式（T2114②b：1）

3. Ⅱ式（T2221等四方④a：12）

4. Ⅱ式（T2219等四方④a：6）

5. Ⅱ式（F8：13）

6. Ⅱ式（F8：15）

彩版六二　西溪遗址出土石锛（Aa型）

1. Ⅱ式（T3220等方②b：2）

2. Ⅱ式（F1：10）

3. Ⅱ式（F1：21）

4. Ⅱ式（F1：26）

5. Ⅱ式（F1：27）

6. Ⅱ式（F1：28）

7. Ⅲ式（F1：11）

彩版六三　西溪遗址出土石锛（Aa型）

1. Ⅰ式（T3220等方④：11）

2. Ⅰ式（T2221等四方⑥a：1）

3. Ⅱ式（F1：12）

4. Ⅱ式（F1：13）

5. Ⅱ式（F1：25）

6. Ⅱ式（F1：30）

彩版六四　西溪遗址出土石锛（Ab型）

1. F1：31　　　　　　　2. F8：5　　　　　　　3. F8：14

4. T3628等方②b：4　　　5. T2221等四方④a：7　　　6. F1：9

7. F1：39　　　　　　　8. 采：2　　　　　　　9. 采：3

彩版六五　西溪遗址出土石锛（Ab型Ⅱ式）

1. Ba I 式（T3220等方⑥：2）

2. Ba I 式（T4028④：1）

3. Ba I 式（T2419等四方⑦：1）

4. Ba II 式（T2219等四方⑤b：1）

5. Ba II 式（T2221等四方④a：6）

6. Ba II 式（T2221等四方②b：1）

7. Bb型（T4028④：2）

8. Bb型（T3220等方③：4）

彩版六六　西溪遗址出土石锛（B型）

1.石凿（F8：1）

2.石凿（F4：1）

3.石凿（T2111②：2）

4.石凿（T2217等四方⑥a：2）

5.玉管（G2：2）

6.玉坯料（T4028③：1）

彩版六七　西溪遗址出土石凿、玉器

1. T2221等四方⑤b：1

2. T2419等四方⑤b：1

3. T2219等四方④a：9

4. F15③：7

5. F3：1

6. F8：2

7. T2221等四方④a：11

彩版六八　西溪遗址出土石纺轮（A型）

1. 靴状器（T3220等方④：6）　　2. 靴状器（T3220等方②b：3）　　3. 靴状器（F1：14）

4. 靴状器（G2：3）　　5. 砍砸器（F1：36）　　6. 砍砸器（F3：3）

7. 石砧（F1：38）　　8. 砺石（T2221等四方④a：19）　　9. 残石器（F1：41）

彩版六九　西溪遗址出土石器

1. Ab型（F16：2）　　　2. Ac型（T2419等四方⑥a：1）　　　3. Ac型（F3：2）

4. Ad型（JS1：1）　　　5. Ba型（T2217等四方⑤a：3）　　　6. Bb型（T2217等四方⑧：13）

7. Bb型（H101：1）　　　8. Bb型（H100：5）　　　9. Bb型（T3220等方④：8）

彩版七〇　西溪遗址出土骨镞

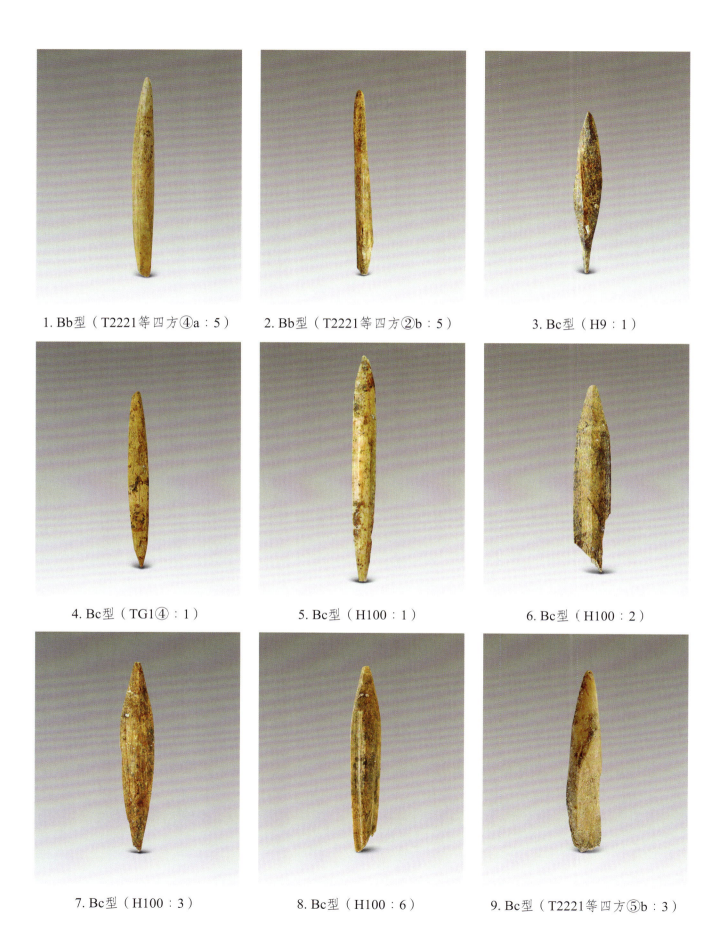

1. Bb型（T2221等四方④a：5）　　2. Bb型（T2221等四方②b：5）　　3. Bc型（H9：1）

4. Bc型（TG1④：1）　　　　5. Bc型（H100：1）　　　　6. Bc型（H100：2）

7. Bc型（H100：3）　　　　8. Bc型（H100：6）　　　　9. Bc型（T2221等四方⑤b：3）

彩版七一　西溪遗址出土骨镞（B型）

1. T2221等四方⑤b：4

2. T2419等四方⑥a：2 3. T2419等四方⑥a：3 4. T3220等方③：1 5. T2919④：1

6. T2417等四方⑤a：4

7. TG1②：1 8. F16：3 9. F16：4 10. T2217等四方②c：1

彩版七二　西溪遗址出土骨镞（Bc型）

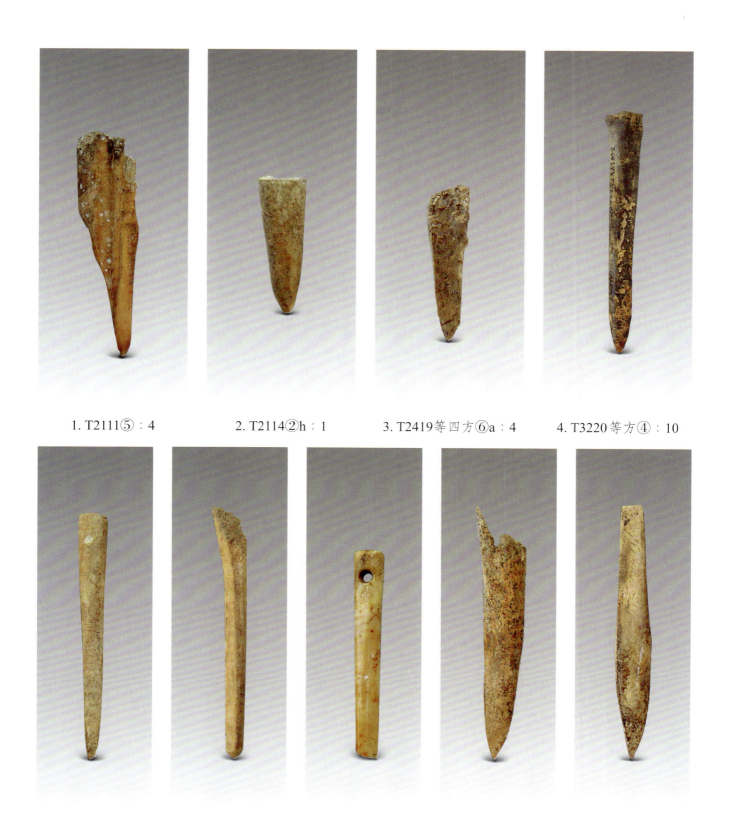

1. T2111⑤：4 2. T2114②h：1 3. T2419等四方⑥a：4 4. T3220等方④：10

5.T2219等四方⑥a：2 6.T2219等四方④a：2 7.T2219等四方④a：4 8.T3220等方③：2 9.T2221等四方④a：4

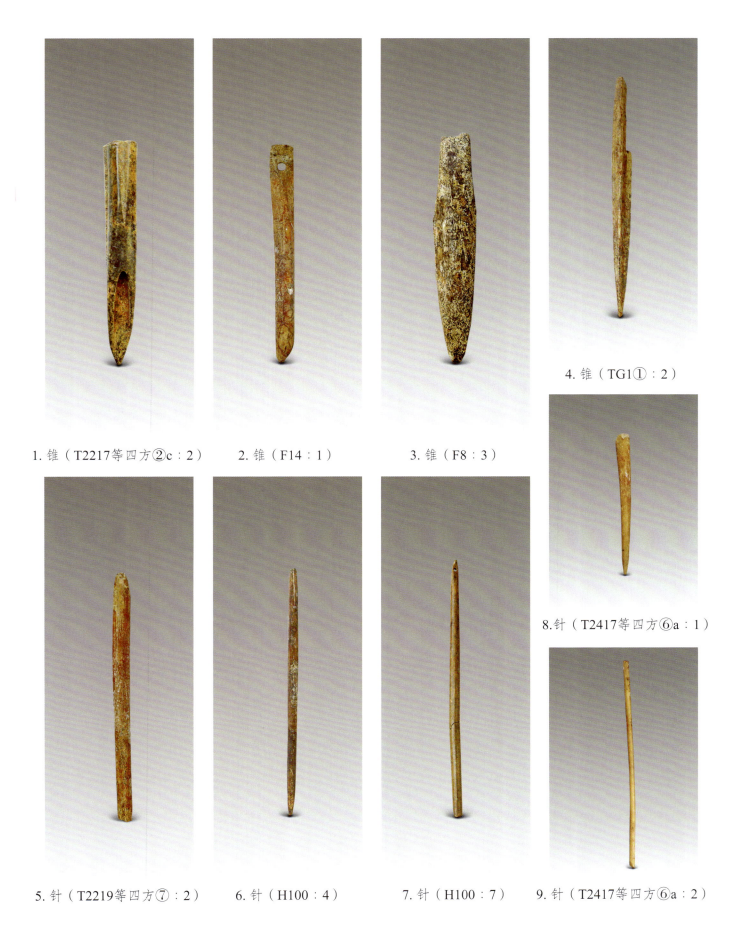

1. 锥（T2217等四方②c：2）　　2. 锥（F14：1）　　3. 锥（F8：3）

4. 锥（TG1①：2）

8.针（T2417等四方⑥a：1）

5. 针（T2219等四方⑦：2）　　6. 针（H100：4）　　7. 针（H100：7）　　9. 针（T2417等四方⑥a：2）

彩版七四　西溪遗址出土骨锥、针

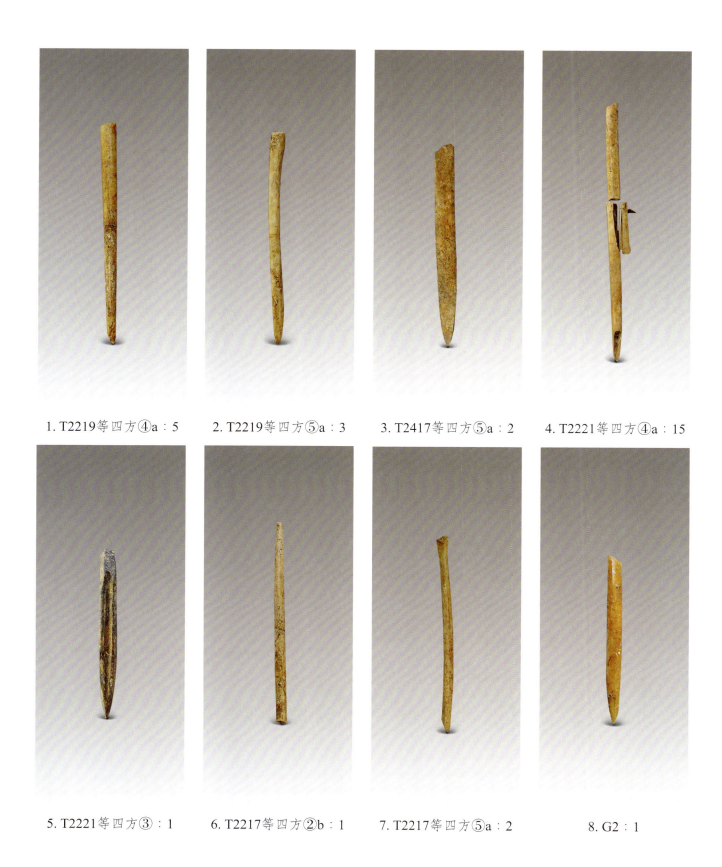

1. T2219等四方④a：5   2. T2219等四方⑤a：3   3. T2417等四方⑤a：2   4. T2221等四方④a：15

5. T2221等四方③：1   6. T2217等四方②b：1   7. T2217等四方⑤a：2   8. G2：1

彩版七五　西溪遗址出土骨针

1. 簪（T3220等方④：9）　　2. 簪（T2419等四方⑤a：1）　　3. 簪（T2221等四方④a：10）

4. 簪（T2221等四方④a：3）　　5. 坠饰（T4028④：3）　　6. 穿孔骨片（T2111⑤：3）

7. 圆柱状角器（F4：2）

彩版七六　西溪遗址出土骨簪、坠饰、穿孔骨片等

1.骨镖（T2219等四方⑦：1）

3.骨镖（T2417等四方⑤a：3）

2.骨镖（T2417等四方⑤a：1）

6.Ⅰ式鹿角靴形器
（T2217等四方⑧：4）

4.骨镖（T2221等四方②b：4）

5.骨镖（F16：5）

7.Ⅱ式鹿角靴形器（T2111⑤：2）

彩版七七　西溪遗址出土骨镖、鹿角靴形器

1. T2819③：1

4. T2419等四方⑤b：2

2. T2217等四方②c：3

5. T2221等四方④a：20

6. T2221等四方②b：6

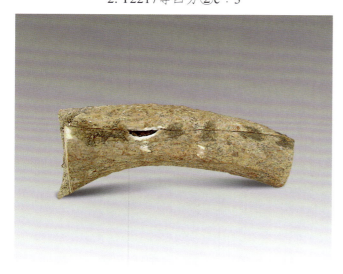

3. T3220等方③：6

7. T2221等四方⑤b：8

彩版七八　西溪遗址出土骨角料

1. M7（西北—东南）

2. 陶双鼻壶（M7：1）

3. 陶鼎（M7：2）

4. 陶罐（M7：3）

5. 陶罐底（M7：4）

彩版七九　良渚时期墓葬M7及其出土器物

1. 瓷罐（M8：1）

3. 青白瓷碗（M5：1）

2. 瓷盏（M8：2）

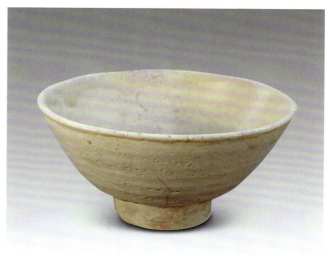

4. 青白瓷碗（M5：2）

5. 瓷钵（M5：3）

彩版八〇　唐宋时期墓葬M8、M5出土器物

1. M1（东北—西南）

2. 铜镜（M1∶1）

彩版八一　宋代墓葬M1及其出土铜镜

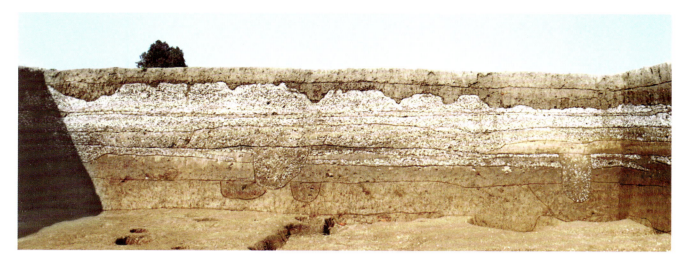

1. T2217等四方北壁蚬蚌螺堆积

2. T2217等四方西壁蚬蚌螺堆积

2003YXT3628

3. T3628等方②a层蚬蚌螺

彩版八二　西溪遗址蚬蚌螺堆积

1. T2217等四方北壁蚬蚌螺堆积局部

2. T2217等四方②b层蚬蚌螺堆积

3. T2217等四方⑤a层蚬蚌螺堆积

4. T2217等四方⑤a层蚬蚌螺堆积局部

彩版八三　西溪遗址蚬蚌螺堆积